Wieland (Hrsg.) · Religion als Gegenstand der Philosophie

# Religion als Gegenstand der Philosophie

Herausgegeben von Georg Wieland

Tagung der Arbeitsgemeinschaft deutschsprachiger Philosophiedozenten im Studium der Katholischen Theologie

vom 2. bis 5. Januar 1996, Stuttgart-Hohenheim

Ferdinand Schöningh
Paderborn · München · Wien · Zürich

Die Deutsche Bibliothek – CIP-Einheitsaufnahme

**Religion als Gegenstand der Philosophie:** Tagung der Arbeitsgemeinschaft Deutschsprachiger Philosophiedozenten im Studium der Katholischen Theologie vom 2. bis 5. Januar 1996, Stuttgart-Hohenheim / hrsg. von Georg Wieland. – Paderborn; München; Wien; Zürich: Schöningh, 1997
ISBN 3-506-79756-5

Umschlaggestaltung: INNOVA GmbH, D-33178 Borchen

Gedruckt auf umweltfreundlichem, chlorfrei gebleichtem und alterungsbeständigem Papier ♾ ISO 9706



Printed in Germany. Herstellung: Ferdinand Schöningh, Paderborn

ISBN 3-506-79756-5

# Inhalt

GEORG WIELAND

# Einführung

Vor gut zehn Jahren widmeten sich die »Kolloquien zur Gegenwartsphilosophie« (unter der Leitung von W. Oelmüller) dem Thema »Religion und Philosophie«. Sie verhandelten ihren Gegenstand unter den Gesichtspunkten: Wiederkehr der Religion, Wahrheitsansprüche der Religionen heute und Leiden. Deren Aktualität und Bedeutsamkeit lassen sich durch unabweisbare gesellschaftliche Befunde ebenso belegen wie durch die Breite einschlägiger Diskussionen in humanwissenschaftlichen und theologischen Zusammenhängen. Die deutschsprachige Philosophie zeigt dabei aufs Ganze eine bemerkenswerte Zurückhaltung.

Anders als bei den aktualitätsbezogenen Themen dieser Kolloquien geht es hier um die Frage, ob und wie Religion (und Religionen) Gegenstand der Philosophie werden kann. Daß die meisten (oder doch viele) Fragen der Philosophen auch Themen der Religion waren und weiterhin sind, das gilt zumindest dann, wenn die Philosophie ihre metaphysische Herkunft und Grundgestalt erinnernd bewahrt. Doch die inhaltliche Gleichartigkeit der Themen darf nicht zu der Annahme verleiten, Religion sei von Anfang an Gegenstand der Philosophie gewesen; das wäre ein Mißverständnis, nämlich die unzulässige Identifizierung von natürlicher Theologie und Religionsphilosophie. Denn es ist etwas anderes, Gott zum Thema des Denkens zu machen oder das Verhältnis des Menschen zu Gott zu betrachten; während jenes seit Anbeginn zur Philosophie gehört, wird dieses erst unter neuzeitlichen Bedingungen zu einem philosophischen Hauptthema.

Ungeachtet dieser geistesgeschichtlichen Lage steht die Philosophie von Anfang an in einem spannungsreichen Verhältnis zur Religion, das sich in unterschiedlichen Ausfaltungen realisiert. Man könnte – vereinfacht gesprochen – zwei einschlägige Typen von Philosophie unterscheiden, einen, der Religion als das andere seiner selbst begreift, und einen anderen, der Religion der Sache und dem Bewußtsein nach im wesentlichen außer sich hat. In diesem Sinne haben viele christliche Autoren der alten Kirche und des Mittelalters beispielsweise den Unterschied zwischen der platonischen und der aristotelischen Philosophie verstanden: Plato als den Philosophen der doctrina christiana, Aristoteles als den Repräsentanten einer profanen Rationalität. Es dürfte nicht von ungefähr kommen, daß die mittelalterliche und moderne Form der Theologie, die sich als Wissenschaft unter Wissenschaften begreift, damit implizit und später explizit eine Pluralität von Wahrheitsansprüchen anerkennt und deshalb gezwungen ist, ihren eigenen Anspruch ausdrücklich zu rechtfertigen und zu begründen, daß diese Theologie im Kontext profaner Rationalität, nämlich im Zusammenhang mit der Aristotelesrezeption des Mittelalters entstanden ist. Nur eine derartige pluralitätsfähige Reflexionsgestalt des Christentums vermag übrigens eine Theologie der Religionen zu entfalten, während jene Theologie, die sich als »wahre Philosophie«, als Vollendungs- und Heilsgestalt alles Wissens begreift, keinen wirklichen Wahrheitsanspruch außer sich anerkennen und folglich weder der profanen Philosophie noch anderen Religionen überhaupt Wahrheitsfähigkeit zusprechen kann.

Es ist einer eigenen Frage wert, ob alle oder nur einige Religionen oder ob gar nur das Christentum eine derartige Reflexionsgestalt entwickelt haben oder grundsätzlich zu entwickeln in der Lage sind. Der Blick auf das »Religionsverständnis im traditionellen und heutigen China« sowie auf »Religion und Philosophie in der islamischen Welt« ist unter anderem in diesem Interesse begründet.

Nachdem sich die Theologie als eigene partikuläre Gestalt von Wissenschaft etabliert hatte, standen und stehen der neuzeitlichen und modernen Kultur wenigstens drei verschiedene Möglichkeiten zur Verfügung, sich das Phänomen Religion verständlich zu machen: neben der Theologie gibt es religionswissenschaftliche und philosophische Verfahren. Die Religionswissenschaft strebt eine neutrale, »undogmatische« Erforschung des religiösen Lebens in seinen geschichtlich bezeugten Erscheinungen an. Die methodischen Schwierigkeiten dieses Ansatzes liegen auf der Hand: sie reichen von der Identifizierung der Objekte (Gehören alle »Religion« genannten Phänomene wirklich in die Kategorie des Religiösen?) bis zu dem Problem der wissenschaftstreibenden Subjekte, sich angesichts ihres die menschliche Existenz so umfassend bestimmenden Gegenstandes jeder Stellungnahme zu enthalten. Demgegenüber kann Religionsphilosophie der Sache nach nicht auf die Normativität der Vernunft verzichten. Für den Religionsphilosophen können letztlich nur solche Phänomene als »religiös« gelten, deren Grundelemente philosophischer Kritik standhalten. Die Möglichkeit philosophischer Gottesbegriffe ist die rationale Bedingung dafür, daß Religion überhaupt zum Gegenstand der Philosophie werden kann. Die beiden letzten Beiträge des Bandes (»Sinn und Problematik eines philosophischen Verstehens von Religion«; »Religiöse Gottesnamen und philosophische Gottesbegriffe«) gehen auf diese Frage ein.

Zwischen die ersten Beiträge, die die Aufmerksamkeit auf nichtchristliche Religionen lenken, und die religionsphilosophischen Untersuchungen am Ende des Bandes sind die geschichtlichen Analysen gestellt. Sie zeigen am Beispiel der Aufklärung, wann, warum und auf welche Weise Religion zum Gegenstand der Philosophie geworden ist, behandeln Schleiermachers philosophische Theorie der Religion, stellen den Religionsbegriff bei Franz Brentano vor, analysieren das religionsphilosophische Denken Paul Tillichs und setzen sich mit der analytischen Religionsphilosophie der Gegenwart auseinander.

Es liegt in der Natur der Sache, daß eine Tagung nicht alle Positionen zur Sprache bringen und nicht alle Fragen zur Diskussion stellen kann; die Absicht der Veranstaltung und dieses Bandes, der die Beiträge der Tagung vom 2. bis 5. Januar 1996 in der Katholischen Akademie Stuttgart-Hohenheim enthält, war und ist es, ein Thema lebendig zu halten, das jedenfalls in der deutschsprachigen philosophischen Debatte nur am Rande gepflegt wird.

Tagungen und Publikationen verdanken sich mannigfaltiger Hilfe und Unterstützung. Ich möchte allen, die zum Gelingen der Tagung und zur Entstehung dieses Bandes beigetragen haben, auch an dieser Stelle danken; ein besonderer Dank gilt Herrn Christian Hermes, der die Stuttgarter Veranstaltung und das Manuskript in gleicher Weise umsichtig betreut hat.

Roman Malek SVD

# Religion – Ideologie – Kultur

## Bemerkungen zum Religionsverständnis im traditionellen und heutigen China

### Vorbemerkungen

»Religion ist ein hochkomplexes gesellschaftliches und kulturelles Phänomen« – mit dieser Feststellung von Zhuo Xinping[1], einem prominenten chinesischen Religionswissenschaftler aus dem Institut für Weltreligionen der Chinesischen Akademie der Sozialwissenschaften (ChAS), könnte man das Religionsverständnis sowohl im traditionellen (bis zum Ende des Kaiserreiches im Jahre 1911) wie auch im heutigen China (die Zeit der Republik seit 1912 und die Zeit der Volksrepublik seit 1949) zusammenfassen. Denn nicht nur die chinesischen Religionen bzw. die chinesische Religiosität sind in verschiedener Hinsicht ein einmaliges, paradoxes und kompliziertes Phänomen, sondern auch die »Beschäftigung« mit diesem Phänomen, dem sog. »Religionsproblem« (»zongjiao wenti«), nahm spätestens seit der Entstehung der konfuzianischen Schule und der Durchsetzung des Konfuzianismus als Staatsorthodoxie in der Han-Zeit[2] höchst denkwürdige Formen an. Dabei wurde dem offiziellen, dem Gentry-China, oft, nicht nur von chinesischen Gelehrten, jegliche Religion bzw. Religiosität aberkannt. Nichtsdestoweniger gab es im traditionellen China und gibt es bis zum heutigen Tag – auch im athei-

---

1 Zhuo Xinping, *Überlegungen zur Frage der Religion heute*, in: *China heute* 12 (1993), 172 (nachfolgend zit. als » Zhuo Xinping, *Überlegungen*«).

2 Vgl. hierzu u. a. H. H. Dubs, *The Victory of Han Confucianism*, in: *Journal of the American Oriental Society* 58 (1938), 435-449; O. Franke, *Studien zur Geschichte des konfuzianischen Dogmas und der chinesischen Staatsreligion*, Hamburg 1920.

stisch-kommunistischen China – nicht nur verschiedene »Religionsdebatten«[3], sondern auch unterschiedliche Formen der Religiosität.[4]

Liang Qichao (1873-1929), ein herausragender Gelehrter der neueren Zeit, sagte, daß China einmalig in der Welt sei, denn es habe keine Religion, und dies unterscheide China von anderen Ländern.[5] Ein anderer bekannter Philosoph, Liang Shuming (1893-1988), Altersgenosse von Mao Zedong, schrieb: »Die Chinesen sind die einzigen Menschen der Welt, die wenig Interesse an Religion zeigen und damit nicht viel zu tun haben; man könnte von ihnen sagen, sie seien ein ›areligiöses Volk‹.«[6] Solche Meinungen wurden jedoch auch von marxistischen Theoretikern kritisiert und abgelehnt. Einer der einflußreichsten unter ihnen, Ya Hanchang, sagte über Liang Qichao:

> »Obwohl Liang Qichao die Ansichten der bürgerlichen ›Religionswissenschaft‹ verwarf, war seine eigene Ansicht ebenso falsch, denn China war nicht ein ›religionsloses‹ Land, sondern eines mit vielen Religionen. Der Unterschied besteht darin, daß in China keine einzelne Religion je eine beherrschende Stellung im gesamtem Land errang, wie es den christlichen Kirchen in den westlichen Ländern gelungen war.«[7]

Ebenfalls in Europa gab es seit der Aufklärung verschiedene Ansichten über Religion in China.[8] Leibniz und Wolff[9], die Jesuitenmission in

---

3 Zahlreiche Beispiele und inhaltliche Angaben hierzu gibt: Wing-Tsit Chan, *Religiöses Leben im heutigen China*, München 1955. Vgl. auch Lin Jinshui, *Chinese Rites vs. Western Rites. Debates Among Traditional Scholars of the Ming-Qing Transitional Period*, in: *Lishi yanjiu 1993*, 20-37 (Chin.); D. L. Overmyer, *Attitudes Towards Popular Religion in Ritual Texts of the Chinese State: The Collected Statutes of the Great Ming*, in: *Cahiers d'Extrême Asie* 5 (1989-1990), 191-221.

4 Vgl. hierzu u. a. R. Malek, *Das Tao des Himmels. Die religiöse Tradition Chinas*, Freiburg i. Br. 1996 (nachfolgend zit. als »R. Malek, *Tao*«).

5 Zu dieser u. ä. Meinungen vgl. Wing-Tsit Chan, a. a. O., bes. 13-50.

6 *How to evaluate Confucius today?*, in: *Pay Sing* Semi-Monthly 96 (1985), 18.

7 Zitiert nach D. MacInnis, *Religionspolitik im kommunistischen China. Theorie und Praxis in Dokumenten*, Göttingen 1972, 111 f. (nachfolgend zit. als »MacInnis, *Religionspolitik*«).

8 Hierzu gibt es umfangreiche Literatur. Man vgl. z. B. W. R. Berger, *China-Bild und China-Mode im Europa der Aufklärung* (*Literatur und Leben*, Neue Folge, Bd. 41), Köln 1990; Yu-ming Shaw, *Die chinesische Kultur im Urteil des Westens*, in: *Concilium* 15 (1979), 347-357; ders., *China and Europe in the Twentieth Century*, Taipei 1986; Thomas H. C. Lee (Hg.), *China and Europe. Images and Influences in Sixteenth to Eighteenth Centuries*, Hong Kong 1991.

9 Vgl. z. B. J. Ching u. W. G. Oxtoby, *Moral Enlightenment. Leibniz and Wolff on China* (*Monumenta Serica Monograph Series*, Bd. 26), Sankt Augustin u. Nettetal 1992;

China[10] und die Missionstätigkeit anderer Orden[11], der Ritenstreit[12] – all das wären Stichworte, anhand deren man das »Religionsproblem« in China umschreiben könnte.[13]

Im heutigen China, nicht zuletzt unter dem Einfluß des marxistischen Denkens und der kommunistischen Ideologie, ist das »Religionsproblem« immer noch aktuell. Religion als Aberglaube, Religion als Opium für das Volk, Religion als integraler Bestandteil des geschichtlichen und kulturellen Erbes – dies sind die Konnotationen, zwischen denen sich die heutige »Religionsdebatte« bewegt. Die folgenden Bemerkungen, die das recht komplexe Religionsverständnis in China zusammenfassend skizzieren wollen, setzen sich aus drei Teilen zusammen. Im ersten Teil (I) wird die traditionelle chinesische Sicht der Religion besprochen, vor allem aber wird auf die Spezifik der chinesischen Religiosität und die konfuzianische Haltung gegenüber dem Religiösen hinge-

---

R. Widmaier (Hg.), *Leibniz korrespondiert mit China. Der Briefwechsel mit den Jesuitenmissionaren 1689-1714*, Frankfurt a. M. 1990.

10 Hierzu vgl. z. B. George H. Dunne, *Generation of Giants. The Story of the Jesuits in China in the Last Decades of the Ming Dynasty*, Notre Dame 1962; Federico Masini (Hg.), *Western Humanistic Culture Presented to China by Jesuit Missionaries (XVII-XVIII Centuries)*, Roma 1996; C. Ronan and B. C. Oh (Hg.), *East Meets West. The Jesuits in China, 1582-1733*, Chicago 1988; P. A. Rule, *K'ung-tzu or Confucius? The Jesuit Interpretation of Confucianism*, Sydney 1986. Vgl. auch die umfangreiche Bibliographie zur Jesuitenmission in China von E. Zürcher, N. Standaert SJ u. A. Dudink, *Bibliography of the Jesuit Mission in China ca. 1580 - ca. 1680*, Leiden 1991.

11 Vgl. z. B. J. Beckmann, *Die katholischen Missionare und der Taoismus vom 16. Jahrhundert bis zur Gegenwart*, in: *Neue Zeitschrift für Missionswissenschaft* 26 (1971), 1-17. Siehe auch: ders., *Neuerscheinungen zur chinesischen Missionsgeschichte von 1945-1955*, in: *Monumenta Serica* 15 (1956), 378-462, sowie C. von Collani, *Die europäische Forschung zur katholischen Missions- und Kirchengeschichte Chinas nach dem 2. Weltkrieg*, in: China heute 9 (1990), 102-108.

12 Vgl. hierzu u. a. A. Huonder, *Der chinesische Ritenstreit*, Aachen 1921; G. Minamiki, *The Chinese Rites Controversy from the Beginning to Modern Times*, Chicago 1985; D. E. Mungello (Hg.), *The Chinese Rites Controversy. Its History and Meaning* (*Monumenta Serica Monograph Series*, Bd. 33), Sankt Augustin u. Nettetal 1994; Y. Raguin, *Das Problem der Inkulturation und der chinesische Ritenstreit*, in: M. Sievernich SJ u. Günter Switek SJ, *Ignatianisch. Eigenart und Methode der Gesellschaft Jesu*, Freiburg i. Br. 1990.

13 Wie schwierig das »Religionsproblem» in der Begegnung Chinas u. Europas war, zeigt die Analyse von J. Gernet in seinem Werk: *Christus kam bis nach China. Eine erste Begegnung und ihr Scheitern*, Zürich u. München 1984. Vgl. auch Chen Ning, *The Problem of Theodicy in Ancient China*, in: *Journal of Chinese Religions* 22 (1994), 51-74; D. Doty, *Why did the Ancient Chinese not Develop a Creator-God?*, in: *Tamkang Review* 20 (1990), 317-331.

wiesen. Im zweiten Teil (II) wird versucht, das heutige Religionsverständnis zusammenzufassen, indem zunächst (1) die Hauptetappen in der Entwicklung des Religionsverständnisses in der Volksrepublik China aufgezeigt werden, um dann vor diesem historischen Hintergrund die »Hauptrichtungen« der Religionstheorie (2), die Definitionen und Interpretationen der Religion im heutigen China (3) und das Verhältnis zwischen Religion und Kultur (4) zu skizzieren. Im dritten Teil (III) wird das »Kulturchristentum«, das als Ausdruck eines neuen Religionsverständnisses in der Volksrepublik China verstanden werden kann, vorgestellt.

Selbstverständlich können alle oben angesprochenen Fragestellungen hier nur skizzenhaft dargestellt werden. Es wird sich also mehr um eine Beschreibung des »Religionsproblems« in China als um eine Auseinandersetzung mit ihm handeln, wobei insbesondere auf eine gewisse Kontinuität zwischen dem traditionellen und heutigen Kontext sowie auf das im Entstehen begriffene neue Religionsverständnis eingegangen werden soll.

## I. Zur traditionellen chinesischen Sicht der Religion

Die religionswissenschaftliche Einordnung der Religion bzw. Religiosität in China und die Beschäftigung mit ihr (»Religionswissenschaft«, zongjiao xue) ist in der Tat ein schwieriges Unterfangen, denn – wie der französische Sinologe Marcel Granet (1884–1940) gesagt hat: »Weder Dogma noch Klerus leiten das religiöse Leben der Chinesen (...). Es besteht aus einer Vielzahl kleiner Praktiken (...) und aus einer Menge diffuser Glaubenssätze, doch man kann nur sehr schwer sagen, welchen Glauben ein jeder dieser Sätze dem einzelnen vermittelt.«[14] Der Theologe und Missionar Maurus Heinrichs (gest. 1996) stellte dazu treffend fest, daß die einzelnen Religionen bzw. Traditionen in China (Daoismus, Konfuzianismus und Buddhismus) wohl Scheidung im System bedeuten, aber keine Trennung im praktisch-religiösen Verhalten, denn die östlichen Menschen billigten den religiösen Formen und Systemen nur einen approximativen Wert in der Wahrheitsfindung zu.[15]

---

[14] Zitiert nach T. Spengler, *Religion*, in: B. Staiger (Hg.), *China*, Stuttgart 1980, 124.

[15] M. Heinrichs, *Katholische Theologie und asiatisches Denken*, Mainz 1963, 68.

Religiös-soziale Abgrenzungen im Sinne unseres abendländischen Religionsbegriffes sind für das traditionelle China scheinbar nicht möglich, denn auch Religion und Philosophie werden im traditionellen China nicht scharf voneinander abgegrenzt. Philosophie (Weltanschauung, Weltverständnis), Kultur und Religion(en) waren überlappende Aspekte einer einzigen »Soteriologie« (wenn man so sagen darf), die gleichzeitig eine Lebensauffassung und einen »Heilsweg« darstellte. Bei den chinesischen Traditionen handelt es sich sowohl um eine Philosophie, die im Grunde eine »religiöse (magische?) Weltanschauung« war, wie um eine Religiosität, die eine Lebensphilosophie darstellte. Das typische Beispiel ist hierfür bis heute der Konfuzianismus, der weder Religion noch ausschließlich Philosophie ist und je nach (z. B. staatlichem) Bedarf entweder als Philosophie (Ideologie) oder aber als Religion erklärt wird. »Es waren nämlich innerhalb des Konfuzianismus immer zwei Grundhaltungen der Weltauffassung einander begegnet, eine mystisch-religiös gestimmte und eine philosophische. Man muß sogar sagen, diese beiden Grundhaltungen haben einander durchdrungen in der Weise, daß sie für die Chinesen selbst nie eindeutig voneinander geschieden werden konnten.«[16] Im Grunde aber ist der Konfuzianismus »einem Wege zu vergleichen, den jeder gehen kann, wenn er will, und den jeder so weit geht, als seine Kräfte und Neigungen es zulassen. Das Ziel, das man auf diesem Wege erreicht, (...) (ist) einfach die Erlangung des vollen Menschtums, der wirklichen Güte (...); als Voraussetzung zur Erreichung des Weges (...) genügt das ehrliche Streben.«[17]

Bis in die moderne Zeit gab es im Chinesischen kein eigentliches Wort, das diese »chinesische Religion« im allgemeinen umfassend und abstrakt beschrieb. Der klassische Begriff für Gruppen von Trägern bestimmter religiös-philosophischer Ideen in China war »jia« (Familie, Schule); man sprach aber auch von »jiao« (Lehre, Doktrin) oder »xue« (Lehre). In der frühkonfuzianischen Schrift *Zhongyong* (»Innehalten der Mitte«) heißt es dazu: »Was der Himmel (dem Menschen) aufträgt, das nennt man sein Wesen. Dem Wesen folgen, das nennt man den Weg (»dao«). Den Weg kultivieren, das nennt man Lehre (»jiao«).« Das Zeichen »jiao«, das heute in der Zusammensetzung »zongjiao« für »Religion« gebraucht wird, bezog sich also im alten China auf eine Lehre oder Unterweisung, die eine (eventuell auch spezifisch religiöse, kulti-

---

16 R. Trauzettel, *Denkwege*, in: *minima sinica* 1994/1, 17.

17 Li Gi. *Das Buch der Sitte des älteren und jüngeren Dai*, üb. v. R. Wilhelm, Jena 1930, II.

sche) Autorität beanspruchte. Der deutsche Sinologe Wilhelm Grube (1855-1908)[18] hat in diesem Zusammenhang treffend festgestellt, daß man in China

> »einen prinzipiellen Unterschied zwischen Religion und Lehre nicht kennt, und daß folglich auch im Sprachgebrauch eine Unterscheidung dieser beiden Begriffe fehlt. Man muß sich (...) klar werden, daß die Religion als solche in den Augen des Chinesen nichts anderes ist, als eine Lehre unter so und so vielen anderen«.[19]

Die chinesische Religiosität, war immer in das Gefüge von Familie und Gesellschaft, später auch von Philosophie und Kultur, eng hineingewoben, so daß sie auch begrifflich keine Selbständigkeit besaß. Erst im modernen Chinesisch (seit dem 19. Jh. und in Anlehnung an das Japanische) wird die Zeichenkombination »zongjiao« (wörtl. »Lehre über die Ahnen« oder »von den Ahnen erteilte Belehrung«) als ein allgemeiner und unterscheidender Begriff für »Religion« verwendet.[20] Das Zeichen »zong« bedeutet Ahnen(tempel), Vorfahren, Stammesverbindung, Verehrung. Das Zeichen »jiao« bedeutet Lehre, Doktrin, Belehrung und Erziehung. Im »Buch der Wandlungen« (*Yijing*) wird es folgendermaßen erklärt: »Der Heilige benutzt den göttlichen Weg, um Belehrung (»jiao«) zu spenden, und die ganze Welt fügt sich ihm.« Diese Begriffsbestimmung ist insofern wichtig, als sie ermöglicht, die traditionelle chinesische Sicht der Religion richtig zu beurteilen, denn Religion in China ist – anders als im Abendland – »ein Bestreben, sich dem Rhythmus des Universums anzupassen«, und die Gottheiten sind – wie Werner Eichhorn[21] bemerkt – lediglich Vertreter oder Aufseher dieses Ablaufs, sofern man ihrer überhaupt noch bedarf.

Häufig wendet man auf die religiösen Traditionen in China den Ausdruck »san jiao wei yi« an, d. h. Konfuzianismus, Daoismus und

---

18 Zu W. Grube vgl. M. Leutner, *Zur Genese des Universismus-Konzepts. J. J. M. de Groots Ansichten zur Religion in China im Vergleich mit W. Grube*, in: B. Gransow u. M. Leutner (Hg.), *China Nähe und Ferne. Deutsch-chinesische Beziehungen in Geschichte und Gegenwart* (FS Kuo Heng-yü zum 60. Geburtstag), Frankfurt a. M. 1989, 155-174.

19 W. Grube, *Religion und Kultus der Chinesen*, Leipzig 1910, 9.

20 Um die einzelnen Traditionen als philosophische Schulen bzw. Religionen zu bezeichnen, bedient man sich im Chinesischen heutzutage folgender Begriffe: Daoismus: »daojia – daojiao«; Konfuzianismus: »rujia – rujiao«; Buddhismus: »fojia – fojiao«; Islam: »yisilanjiao«; Christentum: »tianzhujiao« (katholische Kirche) und »jidujiao« (protestantische Kirche); Nestorianismus: »jingjiao«; Judentum: »youtaijiao«.

21 W. Eichhorn, *Die alte chinesische Religion und das Staatskultwesen*, Leiden 1976, 82.

Buddhismus stellen eigentlich nur eine Religion bzw. Religiosität dar. Der niederländische Sinologe J. J. M. de Groot (1854–1921) hat hierfür den Begriff »Universismus« geprägt:

> »China besitzt (...) drei Religionen: den Taoismus, den Konfuzianismus und den Buddhismus. Man wendet jedoch auf sie das Wort an: ›han san wei yi‹, d. h. es (China; R. M.) umfaßt drei (Religionen), und doch sind diese nur eine. (...) In Wirklichkeit sind (...) (die Religionen Chinas; R. M.) Äste eines gemeinsamen Stammes, der seit uralten Zeiten bestanden hat; dieser Stamm ist die Religion des Universums, des Weltalls, seiner Teile und seiner Erscheinungen. Universismus (...) ist die *eine* Religion Chinas; die drei oben genannten Religionen aber bilden nur ihre integrierenden Bestandteile. Deshalb fühlt sich auch der Chinese gleichmäßig heimisch in ihnen, ohne durch widerstrebende und einander unverträgliche Dogmen beschwert zu sein.«[22]

Es geht dabei um Vorstellungen, Erkenntnisse, Lehren, Übungen, die sich auf alle Lebensbereiche erstrecken und in denen das »chinesische Wesen« dicht und deutlich manifestiert wird. Es handelt sich um einen – wie der Tübinger Sinologe und Erforscher der Religionsgeschichte Chinas, Werner Eichhorn, sagt – geradezu unbegrenzten Glauben an »Götter, Geister, Dämonen und Mirakel aller Art«[23], den Max Weber eine »magische Religiosität« nannte.[24]

Mit der Formel »Universismus«, die als bequemes Interpretationsschema bereits vor de Groot benutzt wurde, sollte die Ansicht geäußert werden, daß man im traditionellen China Makro- und Mikrokosmos, die Natur und den Menschen ganzheitlich als eine Einheit gesehen habe und daß diese starke kosmische Bezogenheit der chinesischen Kultur und Zivilisation ein besonderes Charakteristikum Chinas gewesen sei. Sein philosophisches (und inzwischen auch theologisches)[25] Äquivalent

---

22 J. J. M. de Groot, *Universismus*, Berlin 1918, 1 f. Ein zeitgenössischer chinesischer Forscher sagt im selben Sinne: »For the average Chinese (...) religion is not an institution, not something external, but rather the cultivation of one's interior life and making the best possible response to one's situation. It is precisely in this sense that religion for the Chinese is considered to be something relative and thus man made. The interior attitute of man is what is important, and it manifests itself as a harmony of intuition and affection.« (A. Chang, *Understanding the Religious Heritage of China*, in: Tripod 1989/3, 39).

23 W. Eichhorn, *Die Religionen Chinas*, Stuttgart 1973, 267.

24 Max Weber, *Gesammelte Aufsätze zur Religionssoziologie*, Tübingen 1920, 515.

25 Vgl. hierzu A. Chang Ch'un-shen, *Dann sind Himmel und Mensch in Einheit. Bausteine chinesischer Theologie*, Freiburg i. Br. 1984. Zu einer auf der Formel »Tian ren he yi« aufgebauten Theologie vgl. auch L. Gutheinz, *Schritte auf dem Weg zu einer chinesi-*

ist die Formel »Tian ren he yi« – »Einheit des Menschen und der Natur (des Himmels)« –, die eine systematische (kosmische) Einheit suggeriert. Weil dies aber nur zum Teil zutrifft, wird die Universismus-Formel oft als Klischee betrachtet und nicht mehr gern gebraucht. Die chinesische Kultur und Religiosität seien grundsätzlich differenzierter zu sehen, meinen einige Forscher.[26] So scheint es adäquater zu sein, nicht von Universismus bzw. universistischer Religion, sondern einfach von chinesischer Religiosität bzw. der religiösen Tradition Chinas zu sprechen.

Bei der Betrachtung des »Religionsproblems« in China wird es aber nichtsdestoweniger nötig sein, wie einige religionsgeschichtliche und phänomenologische Studien zeigen, auf gewisse allgemeinere bzw. für die chinesische Religiosität gemeinsame und grundlegende Inhalte hinzuweisen, die ich – in der Tradition von J. J. M. de Groot, Marcel Granet und Henri Maspero (1883-1945) – doch als »universistische« Axiome verstehen möchte, trotz aller Kritik des Begriffes »Universismus« in der heutigen Sinologie. Damit ist gemeint, daß es in China ein spezifisches Konzept von (der Einheit) der Welt gibt, dem eine besondere geistige Aneignung der Wirklichkeit, eine eigenartige Denkweise mit einer bemerkenswerten Religiosität zugrunde liegen.

Die Spezifik dieser Religiosität, auf die schon an anderer Stelle eingehend hingewiesen wurde[27], beschreibt der Daoismusforscher John Lagerwey folgendermaßen:

> »Wo der Westen seit Platon unaufhörlich versucht hat, sich von der Erde zu erheben, sich vom sinnlich Wahrnehmbaren zu lösen, um in das Reich des rein Verstandesmäßigen vorzudringen, hat China nie den Gedanken aufgegeben, daß das sinnlich Wahrnehmbare nur in dem Maße bestehen kann, wie es seit jeher dem Verstand zugänglich ist. In China ist das sinnlich Wahrnehmbare

---

*schen Theologie. Bericht über Inhalt und Arbeitsmethode von drei theologischen Publikationen*, in: R. Malek (Hg.), *»Fallbeispiel« China. Ökumenische Beiträge zur Religion, Theologie und Kirche im chinesischen Kontext*, Sankt Augustin u. Nettetal 1996. Gutheinz beschreibt hier seine bisher nur in Chinesisch vorhandene »Trilogie«: L. Gutheinz u. Chiang Chi Lan, *Himmel – Erde – Mensch: Theologische Anthropologie*, Taipei 1991; L. Gutheinz u. P. Chao Sung Chiao, *Himmel – Erde – Mensch: Gotteslehre*, Taipei 1992; L. Gutheinz u. T. Y. S. Liau, *Himmel – Erde – Mensch: Christliche ökologische Theologie*, Taipei 1994.

26 So z. B. H. Roetz, *Mensch und Natur im alten China. Zum Subjekt-Objekt-Gegensatz in der klassischen chinesischen Philosophie. Zugleich eine Kritik des Klischees vom chinesischen Universismus*, Frankfurt a. M. 1984. Vgl. auch die Besprechung dieses Werkes von R. Moritz, in: *Orientalistische Literaturzeitung* 83 (1988), 219-222.

27 Siehe R. Malek, *Tao*, bes. 9-16 u. 208-211.

von seiner Definition her erkennbar, das heißt göttlich: Die Tatsache, daß es existiert, setzt seine Übereinstimmung mit den Kräften und Normen voraus, die dafür zuständig sind, daß das Universum ein Ort und nicht ein Chaos ist. Mit anderen Worten, da jedes Ding ein Ort, ein Körper ist, der einen Raum einnimmt, ist es auch eine Kult- und eine Kulturstätte.«[28]

In diesem Sinne muß nun festgestellt werden, daß die chinesische Religiosität eine Herausforderung für unseren abendländischen Religionsbegriff ist und daß das »Fallbeispiel« China sich ausgezeichnet eignen würde, die heutzutage theologisch und religionswissenschaftlich relevante Problematik der Bestimmung und Abgrenzung der Begriffe »Religion« und »Religiosität« zu erörtern[29], denn weder der westliche Begriff »Religion« noch der chinesische Begriff »zongjiao« scheinen adäquat zu sein, die religiöse Eigenart Chinas zu beschreiben.

Die chinesischen Theoretiker sind sich der Schwierigkeiten der Religionsbestimmung in China durchaus bewußt. Der chinesische Religionsphilosoph Wang Zhixin bemerkt dazu:

> »Wenn wir an ›Religion‹ denken, assoziieren wir hochaufragende Tempel und erhabene Kirchen sowie die ganzen strukturierten und organisierten materiellen Aspekte (dieses Phänomens; R. M.). Es ist kaum zu glauben, daß diese formgewordene materielle Religion gänzlich einem nicht faßbaren Geist entspringt. (...) Ursprünglich bedeutet das Wort ›Religion‹ nicht nur ein System, sondern umfaßt sämtliche menschlichen Gefühle von Verehrung. Doch die Übersetzung ›zongjiao‹ verengt diese ursprüngliche Wortbedeutung. Sobald von ›zongjiao‹ die Rede ist, denkt man an eine geformte Organisation, die einem Teil der Menschen eigen ist.«[30]

Daher sucht man auch in China nach einem neuen Begriff. Der zeitgenössische chinesische Religionsphilosoph Xie Fuya macht dazu einen Vorschlag:

> »Zwischen dem heutigen Gebrauch des westlichen Begriffs ›Religion‹ und unserem ›zongjiao‹ bestehen in der Tat große Unterschiede. Wenn man in chinesischen Lexika nach Synonymen von ›Religion‹ sucht, ließe sich zur Not nur

---

[28] J. Lagerwey, *Der Kontinent der Geister. China im Spiegel des Taoismus. Eine Reise nach Innen*, Olten u. Freiburg i. Br. 1991, 168.

[29] Vgl. hierzu u. a. H. Waldenfels, *Phänomen Christentum. Eine Weltreligion in der Welt der Religionen*, Freiburg i. Br. 1994, bes. 23–30; E. Feil, *Zur Bestimmungs- und Abgrenzungsproblematik von »Religion«*, in: *Ethik und Sozialwissenschaften* 1995 (Sonderdruck).

[30] Wang Zhixin, *Zhongguo zongjiao sixiangshi dagang (Abriß der religiösen Ideengeschichte Chinas)*, Shanghai 1988, 1.

›Dao‹ anführen. ›Dao‹ beeinhaltet gleichzeitig die beiden Aspekte von Substanz und Funktion (tiyong), Religion die von Zielsetzung und Methode. ›Dao‹ kann gänzlich die Harmonie zwischen Individuum und Kosmos ausdrücken, ohne dabei (die Aspekte; R. M.) Aktivität und Anpassung des Individuums gegenüber der Gesellschaft zu vernachlässigen.«[31]

Zu ähnlichen Ergebnissen gelangte man auch in der westlichen Forschung zur chinesischen Religiosität, die von Hans Küng und Julia Ching folgendermaßen zusammengefaßt wurden:

»Keine Religion ist nur eine Lehre von Gott, eine Theorie über Gott, ein Denken Gottes; keine Religion ist nur eine Philosophie. Wie die prophetischen Religionen, Judentum, Christentum, Islam, so entstammen auch die chinesischen Religionen nicht einfach der gedanklichen Reflexion, gar dem streng geführten rationalen Beweis einer anderen, höheren Wirklichkeit. Allerdings gilt umgekehrt: Religionen entstammen auch nicht, wie frühere Religionsgeschichtler vereinfachend meinten, den rein irrationalen, geistfremden Schichten der menschlichen Psyche. (...) Religionen gründen in einer erfahrungsmäßigen Einheit von Erkennen, Wollen und Fühlen, und diese Einheit wird weder in den prophetischen noch in den chinesischen Religionen einfach als eigene Leistung verstanden. Denn dies gilt auch mit dem Blick auf die alten Weisen der chinesischen Urreligion, auf die sich die Klassiker beziehen: Religion ist auch da ursprünglich Antwort: Antwort auf eine wie immer geartete Begegnung oder Erfahrung mit dem Heiligen, dem Himmel, dem Göttlichen, mit Gott, oder wie immer man es nennt.«[32]

Der Theologe und Religionsphilosoph Paul Tillich (1886-1965) hat vor Jahren angeregt, Religion neu zu definieren, und zwar als einen Zustand des Ergriffenseins von einem »letzten Unbedingten«.[33] Eine solche Betrachtung der Religion, nämlich als »das letzte Unbedingte« eines

---

[31] Xie Fuya, *Zongjiao zhexue (Religionsphilosophie)*, Beijing 1950, 250. In diesem Zusammenhang sei auf Martin Heidegger hingewiesen, der zur Konnotation von »Dao« folgendes sagte: »Vielleicht verbirgt sich im Wort ›Weg‹, Tao [Dao], das Geheimnis aller Geheimnisse des denkenden Sagens, falls wir diese Namen in ihr Ungesprochenes zurückkehren lassen und dieses Lassen vermögen. Vielleicht stammt auch noch und gerade die rätselhafte Gewalt der heutigen Herrschaft der Methode daher, daß die Methoden, unbeschadet ihrer Leistungskraft, doch nur die Abwässer sind eines großen verborgenen Stromes, des alles bewegenden, allem seine Bahn reißenden Weges. Alles ist Weg.« (M. Heidegger, *Unterwegs zur Sprache*, Pfullingen 1959, 198).

[32] H. Küng u. J. Ching, *Christentum und chinesische Religion*, München u. Zürich 1988, 59.

[33] Siehe P. Tillich, *Dynamics of Faith*, New York 1951.

Prinzips (Gott, »Tian«, »Li« oder »Dao«), bietet m. E. einen besseren Rahmen, die chinesische Religiosität darzustellen. Denn auch die Chinesen setzen sich, wie noch zu zeigen wird, mit den – wie auch immer genannten – »unbedingten« Prinzipien auseinander, die sich allerdings vom Gott des Abendlandes unterscheiden. Tillichs Auffassung von Religion bietet auch einen geeigneteren Rahmen, die religiösen Ideen und Vorstellungen des Daoismus, Konfuzianismus, Buddhismus sowie die Volksreligiosität und die »Fremdreligionen« eben als Formen einer chinesischen Religiosität, des chinesischen »Ergriffenseins von einem letzten Unbedingten«, zu beschreiben.

Nach diesen allgemeinen Hinweisen auf das traditionelle chinesische Religionsverständnis sind noch zwei Bemerkungen notwendig, die relevant sind auch für das heutige Religionsverständnis in China. Es sind: (1) die »typisch« konfuzianische Haltung zur Religion, und (2) das Problem der sog. Orthodoxie im chinesischen Denken.

### *1. Die »typisch« konfuzianische Haltung zur Religion*

Die traditionelle konfuzianische (offizielle) Sicht der Religion ist, wie oben schon mehrmals bemerkt, vielschichtig und widersprüchlich. Man könnte sie im allgemeinen als Skeptizismus und Agnostizismus bezeichnen; eine Haltung, die das eigentlich Religiöse im chinesischen Denken (auch das Mythologische) bewußt zugedeckt (»euhemerisiert«) oder aber in den Aberglauben bzw. die Heterodoxie »abgeschoben« hat. Man könnte die philosophischen Schulen des Konfuzianismus oder die einzelnen Philosophen nach Religion befragen, wie das in einigen Fällen bereits geschehen ist[34], man würde immer mit dem »Religionsproblem« konfrontiert und das Schwanken bzw. die Spannung zwischen Agnostizismus/Euhemerismus und einer bestimmten Religiosität feststellen.

---

34 Vgl. z. B. W. T. Chan, *Chu Hsi. Life and Thought*, Hong Kong 1987, 139-*161 (Chu Hsi's Religious Life)*; Ren Jiyu, *Chu Hsi and Religion*, in: W. T. Chan (Hg.), *Chu Hsi and Neo-Confucianism*, Honolulu 1986, 355-376; P. M. B. Tsui, *Li Ch'un-fu's Theory of Harmonization of the Three Teachings*, in: *Journal of Chinese Philosophy* 13 (1986), 69-100; P. K. H. Lee, *Hu Shih and Controversies over Science: With Theological Reflections*, in: *Ching Feng* 17 (1974), 95-118.

Konfuzius weigerte sich, Aussagen über Götter, Geister, Leben und Tod zu machen.[35] Er hält nicht viel von außerordentlichen Erscheinungen, geheimnisvollen Kräften und Geistern (*Lunyu* XX, 20). Er weiß auch keine Auskunft über das Jenseits zu geben; er möchte eher den Menschen richtig dienen als den Geistern (XI, 11), von denen er ehrfürchtig Abstand hält (VI, 20). Andererseits ist in seinen »Gesprächen« (*Lunyu*) unverkennbar die übergeordnete Rolle des Himmels (»Tian«) sichtbar und häufig von Opfern für die Ahnen die Rede (z. B. III, 10. 11. 12 u. ö.).[36] Deutlich kommt diese ambivalente Haltung auch bei dem bedeutendsten neokonfuzianischen Philosophen Zhu Xi (1130-1200) zum Vorschein. In einem Kommentar zu den *Gesprächen* des Konfuzius (*Lunyu* III, 12) sagte er: »Es zeugt von Verwirrung, daß die Menschen so fest an die Geister glauben. Wer aber nicht an sie glaubt, kann ihnen nicht Respekt erweisen. Die Geister zu respektieren und (sie) doch fernzuhalten, das kann man Weisheit (d. h. Philosophie; R. M.) nennen.«[37]

In der heutigen Interpretation der konfuzianischen Haltung überwiegt sowohl in der westlichen Sinologie als auch in China – im Gegensatz zu der 4.-Mai-Bewegung von 1919[38] und zu früheren Zeiten der Volksrepublik, als man den »Konfuzius-Laden« total zerstören wollte[39] – eine positive Meinung, die besagt, daß, auch wenn sich Konfuzius über Gott und das zukünftige Leben ausschweigt, sein Schweigen nicht als Unglauben gedeutet werden darf. So meint Zhuo Xinping – mit einigen anderen Gelehrten und im Gegensatz zu der Überzeugung berühmter Denker wie Liang Qichao, die in Anlehnung an Konfuzius behaupteten, China sei das einzige Land der Welt »ohne Religion« –, daß Konfuzius »die Grundfrage des religiösen Denkens nicht verlassen« und daß der Konfuzianismus – trotz allen anderen Merkmalen – doch »das wesentliche Attribut aller Religionen« habe. Als Argument wird die Verehrung

---

35 Zur Frage nach Konfuzius' religiöser Haltung siehe u. a. G. Arbuckle, *An Unnoticed Religious Metaphor in the Analects?* in: *Journal of Chinese Religions* 21 (1993), 1-12; Th. Hang, *Das kosmische Jen. Eine Begegnung von Christentum und Konfuzianismus*, Frankfurt a. M. 1993, bes. 39-41; Liu Shu-hsien, *On Confucius' Attitude Towards Gods, Sacrifice and Heaven*, in: *Ching Feng* 34 (1991), 16-27.

36 Vgl. Kungfutse, *Gespräche. Lun Yü*, üb. v. R. Wilhelm, Düsseldorf u. Köln 1976. Die röm. Ziffern beziehen sich auf die Kap., die arab. auf die Nr. der Sprüche.

37 Zitiert nach R. Trauzettel, *Denkwege, minima sinica* 1994/1, 17.

38 Vgl. hierzu Wing-Tsit Chan, a. a. O. (Anm. 3), bes. 181-198; Kiang Wen-han, *The Chinese Student Movement*, New York 1948; K. S. Liao, *Anti-Foreignism and Modernisation in China 1860-1980*, Hong Kong 1984.

39 Siehe hierzu B. Staiger, *Das Konfuzius-Bild im kommunistischen China*, Wiesbaden 1969; dies., *Wird Konfuzius wieder zitierfähig?* in: *China aktuell* 1977, 935-942.

des Himmels genannt, die »dem religiösen Theismus und der theologischen Ontologie zuzurechnen« sei. »Was im Konfuzianismus über den ›Himmel‹ gedacht wird, ist dem ›Gott‹ in der christlichen Metaphysik im wesentlichen vergleichbar.« Weil aber die »göttliche Idee« »eine hohe Ebene der philosophischen Spekulation erreicht« habe, sei die Frage nach einem persönlichen Gott, z. B. bei Konfuzius, *Lunyu* XI, 11, vermieden worden. »Also darf man den religiösen Geist im Konfuzianismus nicht übersehen.«[40]

Der Nestor der chinesischen Religionstheoretiker Ren Jiyu, der früher ein Verfechter der marxistischen These von der Religion als Opium des Volkes war, veröffentlichte am 19. November 1995 in der renommierten Zeitung *Guangming ribao* einen Artikel mit dem Titel »Chinesische Religion und traditionelle Kultur« (*Zhongguo de zongjiao yu chuantong wenhua*), in dem er zugibt, daß die Feststellung »China hat keine Religion« ein Fehler sei, denn China habe eine traditionelle Religion, und das sei der Konfuzianismus (»rujiao«). Als Hauptargument für seine These nennt er die Idee des Himmels (»Tian«). Die »konfuzianische Religion« gehöre zu der Hauptströmung der traditonellen chinesischen Kultur und sei darüber hinaus die Grundlage des chinesischen nationalen Charakters (»guoqing«).[41]

## *2. Das Problem der Orthodoxie*

Unter dem auch für das heutige Religionsverständnis in China relevanten Begriff Orthodoxie (»zheng«) versteht man die Durchsetzung des Konfuzianismus durch den kaiserlichen Staat als eine offizielle

---

40 Zhuo Xinping, *Religion und Kultur aus chinesischer Sicht*, in: *Dialog der Religionen* 3 (1994), 199 (nachfolgend zit. als »Zhuo Xinping, *Religion und Kultur*«). Zum Vergleich zwischen Himmel (»Tian«) und der christlichen Gottesvorstellung siehe u. a. Fu Pei-jung, *The Confucian Heaven and the Christian God*, in: P. K. H. Lee (Hg.), *Confucian-Christian Encounters in Historical and Contemporary Perspective*, Lewiston u. a. 1991, 213-222.

41 Siehe hierzu R. Malek, *Konfuzianismus als Religion. Neue Einsichten von Ren Jiyu*, in: *China heute* 15 (1996), 55-58. Zur Religiosität im Konfuzianismus siehe auch J. Berthrong, *Trends in Interpretation of Confucian Religiosity*, in: P. K. H. Lee (Hg.), a. a. O., 226-254; L. Pfister, *The Different Faces of Contemporary Religious Confucianism. An Account of the Diverse Approaches of Some Major Twentieth Century Chinese Confucian Scholars*, in: *Journal of Chinese Philosophy* 22 (1995), 5-80; R. L. Taylor, *The Religious Dimensions of Confucianism*, Albany, New York 1990.

Lehre samt der oben angesprochenen ambivalenten Haltung zum Religiösen. Das bedeutet, daß die Ideen und Werke, die mit der konfuzianischen Schule identifiziert wurden, spätestens in der Han-Zeit über alle anderen erhoben wurden, daß (nur) diese Werke die Grundlage jeder formellen Erziehung und aller staatlichen Prüfungen waren, daß der Zugang zur Klasse der Gelehrten und Beamten auf die beschränkt war, die diese Werke beherrschten, und daß diese Lehre den chinesischen Staat, die Gesellschaft und die Kultur umfassend formte und prägte. Die nicht-konfuzianischen Lehren und Schriften wurden in diesem Sinne entweder als neutral oder aber als heterodox, abweichend (»bu zheng«, »bu jing«, »xie«), bezeichnet. Im religiösen Kontext bedeutet Orthodoxie, daß das ganze Gewicht des rationalistischen, humanistischen Charakters des Konfuzianismus gegen die religiösen Traditionen (Buddhismus, Daoismus, später auch Christentum) bzw. gegen die Religiosität und vornehmlich gegen die als Aberglaube angesehene Volksreligiosität geworfen wurde mit der Begründung, die konfuzianische Lehre schließe die »volle Wahrheit« in sich ein. In diesem Sinne waren die meisten konfuzianischen Philosophen »Dogmatiker« (Fundamentalisten?)[42] und standen im Banne alter Tradition, die sie – nach dem Motto »shu er bu zuo«, »Überliefern, aber nicht (neu) schaffen« – tradierten, aber nicht entwickelten.[43]

Hingewiesen sei hier noch auf die Tatsache, daß es im orthodox-konfuzianisch geprägten China geschehen konnte, daß einer Religion verwehrt wurde, eine Lehre (»jiao«) zu sein und damit auch Autorität beanspruchen zu können. Die Frage, welche Religion als Lehre (»jiao«) anzuerkennen sei, wurde im Laufe der Geschichte immer wieder erörtert und in dieser oder jener Richtung entschieden, d. h. einige Formen der Religiosität wurden als heterodox abgestempelt und galten

---

[42] Hellmuth Wilhelm schreibt zur Frage der Orthodoxie in China: »What the term wants to convey is that this school was recognized as the only correct one by the political establishment as its ideological arm and, in later times, as the correct link in the recognized line of transmission of confucianist doctrine. What it furthermore wants to convey is that the adherents of this school never considered themselves ›innovators‹, even when they were, but as guardians of the received doctrine and as defenders of the correct faith. To this extent they were emotionally conservatives and shared with other conservative philosophers the pride as well as the sense of responsibility which this vocation imparts to its executors.« (*On Ming Orthodoxy*, in: *Monumenta Serica* 29 (1970-1971), 2)

[43] Zu diesem Motto vgl. H. Schmidt-Glintzer, *Traditionalismus und Geschichtsschreibung in China. Zur Maxime »shu erh pu-tso«*, in: *Saeculum* 28 (1977), 42-52.

nicht als »echte Lehren«. Als sich im 5. Jh. der Daoist Kou Qianzhi (gest. 448) bemühte, für den Daoismus den Status einer »Lehre« (»jiao«) zu erreichen, um ihn auf eine Stufe mit der konfuzianischen (»rujiao«) und buddhistischen (»fojiao«) Lehre zu stellen, wurde dies abgelehnt mit der Begründung, die »Dao-Schule« (»daojia«) habe keinen Anspruch darauf, eine Lehre (»daojiao«) genannt zu werden, weil ihr der Lehrbegründer fehle und weil sie in der offiziellen Geschichte der Han-Dynastie nicht als solche verzeichnet gewesen sei.[44] Auch die Volksrepublik China definiert offiziell – aus welchen Gründen auch immer –, daß es nur fünf »anerkannte Religionen« (Buddhismus, Daoismus, Islam, Katholizismus und Protestantismus) gibt, und hat verfügt, daß nur sie legal seien. Alles andere ist »Aberglaube«.[45]

## II. Das Religionsverständnis im heutigen China

Es gibt bis heute noch keine größere systematische Darstellung der Theorien über Religion in der Volksrepublik China. Es läßt sich aber konstatieren, daß das Religionsverständnis in China nach der kommunistischen Machtübernahme (der sog. Befreiung, »jiefang«) im Jahre 1949 sich zwar einerseits von dem des traditionellen China unterscheidet – es wurde marxistisch-kommunistisch, andererseits aber läßt sich im Religionsverständnis doch eine frappierende Kontinuität feststellen, auf die schon an anderen Stellen und in anderen Zusammenhängen hingewiesen wurde.[46] Die orthodox-konfuzianischen Spuren sind auch im Religionsverständnis nach 1949 bis heute deutlich sichtbar.

---

44 Vgl. hierzu H. Schmidt-Glintzer, *Viele Pfade oder ein Weg? Betrachtungen zur Durchsetzung der konfuzianischen Orthopraxie*, in: W. Schluchter (Hg.), *Max Webers Studie über Konfuzianismus und Daoismus. Interpretation und Kritik*, Frankfurt a. M. 1983, 298-341.

45 Siehe hierzu D. MacInnis, *Religion im heutigen China. Politik und Praxis*, hg. von R. Malek, Sankt Augustin u. Nettetal 1993, 521-550 (nachfolgend zit. als »MacInnis, *Religion im heutigen China*«).

46 Man vgl. dazu u. a. R. Malek, *Theorie und Praxis der chinesischen Religionspolitik. Eine frappierende Kontinuität*, in: B. Mensen (Hg.), *China, sein neues Gesicht*, St. Augustin u. Nettetal 1989, 151-179; ders., *Der traditionelle chinesische Staat und die Religion(en)*, in: R. Malek u. W. Prawdzik (Hg.), *Zwischen Autonomie und Anlehnung. Die Problematik der katholischen Kirche in China, theologisch und geschichtlich gesehen*, Sankt Augustin u. Nettetal 1989, 31-53.

Die Diskussion um Religion in der Volksrepublik China, die sich auf die Frage der Natur und der »Essenz« der Religion konzentriert (das »Religionsproblem«), findet zwar im Kontext der marxistischen Philosophie statt, genauso wie die Diskussion um die Kultur und die Philosophie selbst[47], anzumerken ist hier aber, daß sowohl der Konfuzianismus als auch der Marxismus Lehren sind,

> »welche sich auf klassische Bücher berufen und deren Diskurs sich auf die Feststellung der Orthodoxie bzw. der Heterodoxie (...) konzentriert. (...) Der Verpflichtung auf ›das Buch‹ entsprechend, spielen sowohl im Konfuzianismus – die Mandarine – als auch im Marxismus – die Ideologen – die wichtige Rolle von Hütern der Orthodoxie«.[48]

Dementsprechend ist die theoretische Voraussetzung für die Interpretation der Religion im heutigen China weiterhin der Marxismus, aber (heutzutage) mit »chinesischen Charakteristika« und nicht mehr buchstäblich angewandt. Denn das kontinuierliche Fortbestehen der Religion(en) und das gegenwärtig zu beobachtende starke Aufblühen der Religiosität in verschiedensten Formen in China stellt eine fundamentale Herausforderung für die orthodoxe marxistische Theorie dar, genauso wie die Religiosität für die konfuzianische Orthodoxie im traditionellen China herausfordernd war. Die Tatsache, daß Religion nicht verschwindet, wie einige marxistische Theoretiker (früher) voraussagten, verpflichtet sie zur Revision der Analyse des religiösen Phänomens. Im Zuge dieser Revision sind recht unterschiedliche Meinungen entstanden.

Es ist leider an dieser Stelle nicht möglich, die höchst interessante Evolution im Religionverständnis in der Volksrepublik China ausführlich und in allen Nuancen kontextuell zu besprechen.[49] Hier seien ledig-

---

[47] Zu dieser Diskussion vgl. u. a. Z. Wesolowski, *Entwicklungen in der chinesischen Philosophie*, in: *China heute* 12 (1993), 183-187; ders., *Kultur in China. Immer noch ein heikles Problemwort*, in: *China heute* 14 (1995), 171-172, sowie im allgemeinen K.-H. Pohl, G. Wacker u. Liu Huiru (Hg.), *Chinesische Intellektuelle im 20. Jahrhundert. Zwischen Tradition und Moderne* (*Mitteilungen des Instituts für Asienkunde*, Bd. 220), Hamburg 1993.

[48] G. Kirch u. K. Mackscheidt, *China. Ordnungspolitik in einem konfuzianischen Land*, Baden-Baden 1988, 84.

[49] Zur Evolution des Religionsverständnisses im heutigen China vgl. u. a. Zhuo Xinping, *Theorien über Religion im heutigen China und ihre Bezugnahme zu Religionstheorien des Westens*, Frankfurt a. M. 1988 (nachfolgend zit. als »Zhuo Xinping, *Theorien*«); He Qimin, *A General Survey of Religious Studies*, in: *Social Sciences in China* 13 (1992), 209-214. Einen umfassenden Überblick gibt die Zeitschrift *Shijie zongjiao yanjiu (Studien zu Weltreligionen)* in der Nr. 4 des Jahres 1994 anläßlich des 30jährigen Be-

lich die Hauptetappen, in denen sich die Theorie, die Ideologie und die religionspolitische Praxis vermischen, in ihrem gesellschaftspolitischen Kontext zumindest kurz genannt, um vor diesem Hintergrund dann die Hauptrichtungen der Religionstheorie in der Volksrepublik China zu nennen.

### *1. Die Hauptetappen in der Entwicklung des Religionsverständnisses*

Die Hauptetappen in der Entwicklung der Religionsverständnisses in der Volksrepublik China lassen sich ziemlich genau anhand einiger politisch relevanter Ereignisse bestimmen.

(1) Die erste Etappe verlief von der Gründung der Volksrepublik China (1949) bzw. der KP Chinas (1921) bis 1956. Es war eine Zeit der großangelegten und überall verbreiteten Übernahme der Prinzipien des Marxismus.[50] Religion wurde dementsprechend streng marxistisch definiert. Die in den damaligen Werken über Religion am häufigsten gebrauchten Marxschen Zitate lauteten: »Staat und Gesellschaft haben die verkehrte Weltanschauung der Religion hervorgebracht, weil sie selbst die verkehrte Welt sind«, und: »Das religiöse Elend ist in einem der Ausdruck des wirklichen Elendes und in einem die Protestation gegen das wirkliche Elend. Die Religion ist der Seufzer der bedrängten Kreatur, das Gemüt einer herzlosen Welt, wie sie der Geist geistloser Zustände ist. Sie ist das Opium des Volkes.«[51] Diese Sicht der Religion wurde im China jener Zeit vorbehaltlos übernommen. Darüber hinaus wurde Religion als imperialistische und reaktionäre Kraft etikettiert, die es zu eliminieren galt.

---

stehens des Institutes für Weltreligionen an der Chinesischen Akademie der Sozialwissenschaften in Beijing.

50 Zu den Ausmaßen der Rezeption des Marxismus in China siehe die Bibliographie von W. Bauer u. a., *Das chinesische Deutschland-Bild der Gegenwart. Teil B: Karl Marx und Friedrich Engels im chinesischen Schrifttum 1970-1984. Eine Bibliographie*, Stuttgart 1989; ders., *Das chinesische Deutschland-Bild der Gegenwart. Teil B: Karl Marx und Friedrich Engels im chinesischen Schrifttum 1985-1986. Eine Bibliographie*, Stuttgart 1991; ders., *Das chinesische Deutschland-Bild der Gegenwart. Teil B: Karl Marx und Friedrich Engels im chinesischen Schrifttum 1987-1988. Eine Bibliographie*, Stuttgart 1992.

51 K. Marx, *Vorwort zur Kritik der Hegelschen Philosophie*, Bd. 1, 1-2 der chinesischen Ausgabe der »Ausgewählten Werke von Marx und Engels«, Beijing 1975 (deutsches Zitat nach Zhuo Xinping, *Theorien*, 31).

Propagiert wurde dagegen der dialektische Materialismus im Sinne von Mao Zedong (1893–1976), der sagte: »Der dialektische Materialismus steht im Gegensatz vor allem zum philosophischen Idealismus und zu den theologischen Begriffen der Religion.«[52]

(2) Im Jahre 1956 begann unter dem Motto »Laßt hundert Blumen blühen, laßt hundert Schulen miteinander wetteifern« eine offene und freiere Phase.[53] Diese Periode zeigte ein großes Interesse an der »Wertung des Idealismus« und an der »Vererbung des philosophischen Vermächtnisses«.[54] Diese Entwicklung wurde jedoch schon bald von der 1957 beginnenden »Anti-Rechts-Kampagne« überschattet. Es folgte die Kritik der »revisionistischen, ideologischen Trends« in der Philosophie, die in eine schonunglose Kritik an der Tradition mündete. Durch die 1962 zum Ausdruck gebrachte Kritik an der Theorie von der »Verschmelzung verschiedener Tendenzen im Zeitgeist«, die Befürwortung der Losung »eins teilt sich in zwei« (»yi fen wei er«) und die Ablehnung des Mottos »zwei zu einem vereinen« (»he er er yi«) im Jahre 1964 wurden »Kritik« und »Kampf« zu Schlüsselbegriffen der Denkhaltung gegenüber der chinesischen Tradition und dementsprechend natürlich auch allem Religiösen.

Während dieses Stadiums – heißt es in einem späteren Parteidokument – ging die Partei durch den »Anti-Rechts-Klassenkampf«. Philosophischer Glaube und politischer Standpunkt seien verwechselt und die Religion sei als »Betäubungsmittel des Geistes« oder »Opium« kritisiert worden, während die Gläubigen als rückständig verachtet worden seien. Die sog. »Linkstendenz« wuchs an Intensität, bis die Kampagne der »Vier Säuberungen« eine Welle der Kritik auslöste, welche »die reaktionäre und betrügerische Natur der Religion enthüllte und die Religionsführer zwang, ›ans Licht zu kommen und Aussagen zu machen‹.« Religiöse Einrichtungen, Schriften usw. wurden zerstört. »Irrtümer in Theorie und leitender Philosophie führten zu Irrtümern in der Religi-

---

52 Zitiert nach MacInnis, *Religionspolitik*, 32.

53 Dies ist der von Mao Zedong am 2. Mai 1956 lancierte Wahlspruch. Er erinnert an die Blüte der klassischen Philosophie zur Zeit der Streitenden Reiche (5. bis 3. Jh. v. Chr.) und zugleich an die Zeit der Reform von Theater und Literatur in den ersten Jahren nach Gründung der Volksrepublik China.

54 *Bewertung und Analyse der gegenwärtigen religiösen Situation Chinas*. Übers. aus der Zeitschrift *Dangdai zongjiao yanjiu (Studien zur Religion heute)* 1991/1, in: *China heute* 12 (1993), 13.

onsarbeit. Zu der Zeit lag der Nachdruck darauf, religiöse Organisationen zum Kollaps und religiöses Denken in Mißkredit zu bringen, sogar bis zur Zerstörung der Religion selbst.«[55] Der Höhepunkt dieser »Kritik« wurde in der sogenannten Kulturrevolution unter dem von der »Viererbande« initiierten »Kampf gegen Konfuzius und die Legalisten« erreicht.[56]

(3) Die Zeit der »zehnjährigen Katastrophe«, d. h. die Zeit der Kulturrevolution (1966-1976 bzw. 1979).[57] Die Kulturrevolution wurde eingeleitet, als Mao öffentlich erklärte, man solle die »Kapitalisten« aus der Partei hinauswerfen und die »Vier Alten« – »alte Ideen, alte Kultur, alte Gewohnheiten und alte Sitten« – zerschlagen. In dem schon genannten Dokument der Partei wird diese Zeit folgendermaßen charakterisiert: Während dieser Periode mißbrauchten Lin Biao und Jiang Qing und ihre Clique »in grober Weise die wissenschaftlichen Theorien von Marx und Mao, welche sich mit der Frage der Religion beschäftigen«. Sie griffen die Religion an als eine

> »abweichende reaktionäre Macht und übten eine Diktatur der Kritik und des Kampfes gegen die religiös Gläubigen aus, die beiseite gestoßen wurden, als ob sie Ungeheuer wären. Die Angriffe gegen die religiösen Führer kamen denen gleich, die gegen die ›kapitalistischen Laufhunde‹ geführt wurden. Die gewöhnlichen Gläubigen wurden kritisiert und beschimpft, Stätten religiöser Verehrung zerstört, geschlossen oder besetzt, Eigentum beschlagnahmt, Bücher verbrannt und viele kostbare Kunstschätze zerstört. Religiöse Verwaltungsabteilungen der Regierung wurden ebenfalls zerstört und religiöse Kader auf's Land geschickt. Die Religionsarbeit erlitt schlimme Verluste, und während jener Jahre wurden harte Lektionen gelernt«.[58]

Alles Religiöse wurde in diesem Geist als Aberglaube definiert und systematisch vernichtet. Eine theoretische Auseinandersetzung mit dem »Religionsproblem« war nicht möglich.

(4) Die Zeit nach der Kulturrevolution, insbesondere nach der Veröffentlichung des sog. Dokumentes Nr. 19 (1982) bis heute. Mit dem Tod

---

55 Ebd.

56 Vgl. hierzu MacInnis, *Religionspolitik*, bes. 270-275.

57 Zur religionspolitischen Situation während der ersten Jahre der Kulturrevolution siehe R. C. Bush jr., *Religion in Communist China*, Nashville, New York 1970.

58 A. a. O. (Anm. 54), 13.

Mao Zedongs (1976) und der Verurteilung der Viererbande (1979) begann eine neue Etappe in der Geschichte Chinas, die entscheidend auch die Diskussion des »Religionsproblems« beeinflußte. Theoretische Grundlagen dafür wurden im sog. Dokument Nr. 19 (»Die grundlegende Sicht und die Politik in der Religionsfrage während der sozialistischen Periode unseres Landes«) aus dem Jahre 1982 gelegt. In diesem Dokument wird Religion neu (aber immer noch marxistisch) interpretiert. Es heißt dort u. a.:

> »Religion ist ein historisches Phänomen, das zu einer bestimmten Periode in der Entwicklung der menschlichen Gesellschaft gehört. Sie hat ihren Zyklus von Entstehung, Entwicklung und Zerfall. Religiöser Glaube und religiöses Gefühl, religiöse Zeremonien und Organisationen, die mit dem entsprechenden Glauben und Gefühl übereinstimmen, sind alle Produkt der Geschichte einer Gesellschaft. (...) In der sozialistischen Gesellschaft sind die klassenbedingten Ursachen für die Existenz der Religion im Grunde genommen verschwunden (...). Jedoch lassen sich altes Denken und alte Gewohnheiten nicht in kurzer Zeit ausmerzen, da das Bewußtsein der Menschen hinter der sozialen Realität herhinkt. (...) Auch können wir nicht in kurzer Zeit alle Schwierigkeiten lösen, die von schweren natürlichen und von Menschen verursachten Katastrophen herrühren. Dazu kommt, daß der Klassenkampf in gewissen Grenzen fortgeführt wird. Und wenn man die vielschichtigen internationalen Faktoren mit einbezieht, so ist klar, daß ein langfristiger Einfluß von Religion auf einen Teil der Menschen auch in einer sozialistischen Gesellschaft nicht vermieden werden kann. Religion wird schließlich aus der Menschheitsgeschichte verschwinden. Nur unter der Bedingung einer langfristigen Entwicklung vom Sozialismus zum Kommunismus und wenn alle objektiven Bedingungen dafür gegeben sind, wird sie auf natürliche Weise verschwinden. Alle Parteimitglieder müssen von der Langfristigkeit der religiösen Frage unter den Bedingungen des Sozialismus klare Kenntnis haben. Zu denken, die Religion würde nach der Einführung des Sozialismus und seiner eindeutigen Entwicklung von Wirtschaft und Kultur rasch aussterben, ist nicht realistisch. Die Meinung aber, man könne auf dem Verwaltungswege oder mit anderen Zwangsmaßnahmen religiöses Denken und Handeln im Handstreich auslöschen, entfernt sich noch weiter von dem marxistischen Standpunkt gegenüber der religiösen Frage. Sie ist völlig falsch und außerordentlich gefährlich.«[59]

Das Dokument nennt sodann die »fünf Kennzeichen« der Religion: Religion ist (1) komplex, (2) auf Massen begründet, (3) langlebig und hat potentielle Beziehungen zu (4) ethnischen Gruppen und (5) zu den Völ-

---

[59] Das Dokument Nr. 19 siehe MacInnis, *Religion im heutigen China*, 41-63.

kern der Welt. Diese »fünf Kennzeichen« (Komplexität, Massencharakter, Langlebigkeit, Ethnizität, Internationalität), die erstmals in den fünfziger Jahren von dem damaligen Premierminister Zhou Enlai (1898-1976) und einem bekannten Religionstheoretiker, Li Weihan, genannt wurden, erscheinen seitdem immer wieder in theoretischen Abhandlungen über Religion und Religionspolitik.

Signifikant für die gewandelte Einstellung zur Religion in der Zeit nach 1979 ist die Wiederbelebung des Instituts für Weltreligionen an der ChAS sowie die Tatsache, daß im Jahre 1980 das Institut für die wissenschaftliche Erforschung des Atheismus an der ChAS in das Institut für die Erforschung der Religionstheorie(n) umbenannt wurde. Zu ihren Mitgliedern zählten Lü Daji, Mou Zhongjian, Lei Zhengchang, Ya Hanzhang, Zhang Ji'a, Chen Zhipin. Einige von ihnen waren bereits vor der Kulturrevolution als Religionstheoretiker tätig. In diesem Institut hat man – nach jahrelanger ausschließlicher Erforschung des Atheismus und zahlreichen Publikationen dazu – die grundlegenden westlichen Theorien der Religion erforscht, mit der Absicht, eine eigene Theorie mit »chinesischen Charakteristika« zu schaffen.

Die klassische Marxsche Sicht der Religion wird aber nach 1982 – im Geiste des Dokumentes Nr. 19 – hinterfragt und immer wieder neu interpretiert. So kann z. B. Zhuo Xinping heute feststellen, daß die Marxsche Definition von Religion zwar immer noch für die Grundeinstellung und -haltung des Marxismus zu Wesen und Bedeutung von Religion gehalten werde, man jedoch daran erinnern und bedenken solle, daß

> »diese Aussage von Marx auf eine bestimmte religiöse Situation in den kapitalistischen Gesellschaften im Europa des 19. Jahrhunderts zielte. Wenn man sie auf die Existenz der Religion in der sozialistischen Gesellschaft Chinas in der zweiten Hälfte des 20. Jahrhunderts anwendet, dann gerät man theoretisch und logisch in eine unvermeidliche und unerträgliche Antinomie. Konkret gesagt besteht die durch diese Gleichsetzung bewirkte Antinomie in folgendem: Entweder man sympathisiert mit der Gerechtigkeit, die die Religion mit ihrer passiven Haltung ausdrückt, und mit der Erlösung, die sie erstrebt; man erklärt sich einverstanden mit ihren Seufzern, ihren Gefühlen, ihren Manifestationen und ihrem Widerstand und sieht in unserem eigenen Land und in unserer eigenen Gesellschaft jene ›verkehrte Welt‹, jenes ›reale Elend‹, jene ›herzlose Welt‹ und jene ›geistlosen Zustände‹ – und das hieße, sie (d. h. Land und Gesellschaft) von Grund auf zu negieren. Oder (und das wäre die zweite Möglichkeit) man betont, daß das sozialistische System Chinas diese traurige Lage bereits grundlegend geändert und eine allgemeine Gerechtigkeit und Gleichheit er-

reicht hat. Außerdem müßte man anhand der Realität eindeutig beweisen, daß die aus der gesellschaftlichen Veränderung resultierende Verbreitung des Einflusses von Religion nachläßt und sie allmählich aufhört zu existieren. Aber ob man nun mit dem natürlichen Bevölkerungswachstum oder mit gelegentlichen Fehlern der Politik argumentiert, die grundlegende Tatsache, daß die Religionen im sozialistischen China weiterhin Zulauf haben und sich entwickeln, ist jedenfalls nicht zu leugnen«.[60]

## 2. *Die Hauptrichtungen der Religionstheorie*

Trotz der Entwicklungen und einer gewissen Evolution im Religionsverständnis, trotz der wissenschaftlichen Öffnung und der neuen Grundlagen der Religionstheorie sowie der Aufforderung zur Erforschung der Religion, formuliert im Dokument Nr. 19, ist man in China immer noch nicht zu einer generell positiven Sicht der Religion gekommen. Auch heute noch, wie in allen oben genannten Etappen des Religionsverständnisses, lassen sich nämlich mindestens drei Grundhaltungen unter den chinesischen Theoretikern unterscheiden.[61] Diese drei Grundhaltungen kann man folgendermaßen einteilen: (1) Offizielle und orthodox-marxistische (negative) Sicht der Religion; (2) Offene, wissenschaftliche (aber immer noch marxistische) Sicht; (3) Ausgesprochen positive Sicht. Zu diesen drei Grundhaltungen läßt sich heutzutage eine vierte, nämlich die der »Kulturchristen«, hinzufügen.

### 2.1. Offizielle und orthodox-marxistische (negative) Sicht der Religion (»Religion ist Opium des Volkes«)

In der Zeitschrift »Akademische Trends« (*Xueshujie dongtai*) wurde diese Sicht folgendermaßen charakterisiert:

---

60 Zhuo Xinping, *Überlegungen*, 172 f.

61 Siehe hierzu auch A. Lazzarotto, *Kultur und Religion in China: Wie schwierig ist der Dialog?* in: *China heute* 7 (1988), 25-28. 44-46. 60-62. 95-99; 8 (1989), 46-52; M. Masson, *Chinese Culture and Christianity. Assessing the Agendas*, in: *Tripod* (71) 1992, 5-29; Peng Yo u. Li Chengdong, *On the Historical Characteristics of Religions in China*, in: *Social Sciences in China* 13 (1992), 166-177.

»Einige Gelehrte stehen der Religion negativ gegenüber. Obwohl die Ausübung der Religion in der sozialistischen Gesellschaft erlaubt wird, verzerren ihre grundlegenden Lehren und Riten die objektive Welt. Die religiöse Weltsicht steht dem Marxismus diametral entgegen, und die narkotisierende Wirkung der Religion besteht auch noch unter dem Sozialismus weiter. Nach Auffassung dieser Gelehrten sollte die atheistische Erziehung verstärkt werden, um die Religion so schnell wie möglich zu eliminieren.«[62]

Diese Sicht der Religion ist konservativ marxistisch, »linksradikal«. Früheres religionswissenschaftliches Schrifttum in der Volksrepublik China liefert zahlreiche Beispiele für diese Haltung.[63] Aber auch heute wird diese Meinung von einigen Theoretikern vertreten, u. a. von Jiang Ping, der in der Parteizeitschrift *Rote Fahne* (*Hongqi*) schrieb:

»Wir sollten in Theorie und Praxis nicht hartnäckig verlangen, daß die religiöse Welt und die gläubigen Massen die Ansicht ›Religion ist das Opium des Volkes‹ übernehmen und die Weltanschauung des Marxismus annehmen. Was Wesen und Funktion der Religion betrifft, so können die religiöse Welt und die gläubigen Massen vollständig ihre eigene Forschung und Auslegung durchführen. Aber wir billigen nicht jenen Standpunkt, der dafürhält, daß der Satz ›Religion ist das Opium des Volkes‹ bereits überholt sei.«[64]

## 2.2. Offenere, wissenschaftliche (aber immer noch marxistische) Sicht (Religion als »phantastische Widerspiegelung«)

In der bereits zitierten Zeitschrift »Akademische Trends« wurde diese Sicht folgendermaßen charakterisiert: »Die Religion in der sozialistischen Gesellschaft unterscheidet sich von den historischen Formen der Religion. Sie geht mit dem Sozialismus eine Verbindung ein. Abgesehen von ihrer Funktion als Opium fürs Volk zeigt die Religion nach Marx das Leiden der Menschheit und ihren Kampf gegen dieses Leiden auf.« Da aber in China Religionen »objektiv noch über längere Zeit hinweg existieren werden, sollte die Regierung nach Meinung dieser Gelehrten die Gläubigen mit Sorgfalt anleiten und den negativen Einflüssen der Religion entgegenwirken.«

62 Zit. nach *Beijing Rundschau* 1985/49, 29 f.

63 Einige Beispiele siehe MacInnis, *Religionspolitik*, bes. 55–113.

64 Jiang Ping, *Die Religionstheorie des Marxismus und die Religionspolitik der Partei sorgfältig studieren!* Aus dem Chin. üb. in: *China heute* 5 (1986), 8–16.

Die Vertreter dieser Sicht sprechen oft als Sozialwissenschaftler. Ihre Einstellung ist, die »Wahrheit in den Tatsachen zu suchen«, indem sie den sog. Realismus des Deng Xiaoping anwenden, der auch auf anderen Gebieten wissenschaftlicher Untersuchungen sehr propagiert worden ist. Diese Sicht der Religion ist u. a. in dem Dokument Nr. 19 sichtbar. Ausgehend von diesem Dokument haben einige Theoretiker ihre frühere Meinung revidiert. So hat z. B. hat Lü Daji auf der Grundlage der marxistisch-leninistischen Werke neue Gedanken zum Verständnis von Religion entwickelt und eine neue Definition von Religion hervorgebracht. Seine revidierte Interpretation der Religion lautet nun:

> »Religion ist ein gesellschaftliches Bewußtsein, das die äußere Kraft, die das alltägliche Leben der Menschen reguliert, in phantastischer Weise als eine übermenschliche, übernatürliche Kraft widerspiegelt. (Religion ist außerdem; R. M.) das daraus entstandene Verhalten von Glauben und Verehrung und ein gesellschaftliches System, das dieses Bewußtsein und Verhalten vereinigt und formalisiert.«[65]

Ein anderer Theoretiker, He Qimo, erkennt die soziale Komplexität des Phänomens »Religion« an, betont aber, daß Religion »grundsätzlich ein Traum der menschlichen Seele« und deshalb nicht in die Gesellschaft involviert sei. »Religion ist völlig unbesorgt um diese Welt«, schreibt He. Sie schaffe eine »Ich-ohne-Du«-Gesellschaft oder eine »Un-Gesellschaft« (»asociety«).[66]

### 2.3. Ausgesprochen positive Sicht (»Religion als geistige Kultur«)

Die Zeitschrift *Akademische Trends* charakterisiert diese positive Sicht der Religion folgendermaßen:

> »In der Anfangsphase der großen Religionen – Christentum, Judentum, Buddhismus und Islam – übertrafen die positiven Elemente der Religion (...) die negativen Faktoren bei weitem. (...) Die Religion bereicherte einerseits die Geschichte, Kultur, Kunst, Architektur und Medizin, andererseits entwickelten

---

65 Lü Daji, *Guanyu zongjiao benzhi wenti de sikao* (Überlegungen zur Frage des Wesens der Religion), in: *Zhongguo shehui kexue* 1987/5, 96 (Chin.).

66 Eine tentative Diskussion des Problems der Kompatibilität der Religion und des Sozialismus, in: *Zhejiang Shifandaxue xuebao*, in: *sheke ban* 1989/4, 113-117. 140 (Chin.).

sich aus der Abkehr von der Religion neue progressive Ideen für das politische Leben. Es ist daher jetzt an der Zeit, der Religion gegenüber eine objektive Einstellung einzunehmen.«

Zwei Namen stehen für diese positive Sicht der Religion im heutigen China: Zhao Fusan und Zhuo Xinping. Beide sind Religionswissenschaftler aus dem Institut für Weltreligionen der ChAS. Zhao Fusan (seit 1989 in den USA) hat bereits 1985 in seinem vielbeachteten Artikel *Religion, geistige Kultur und nationale Einheit* die neue Sicht der Religion eingeleitet, indem er feststellte:

»Religion als Opium anzusehen reicht offensichtlich nicht aus, um sie in ihrer Gänze zu erklären. Deshalb ist es sehr schwer, die Ansicht zu vertreten, es handle sich dabei um eine befriedigende, der Religion gegenüber wissenschaftliche Erklärung. (...) Zu behaupten, Religion sei ›eine Absurdität im subjektiven Bewußtsein der Menschen‹ oder ›ein politisches Instrument der reaktionären Klassen‹, oder ›Opiumrausch‹, nur weil sie nicht Wissenschaft ist, bedeutet zu behaupten, sie spiegele nicht vollständig die objektive Existenz wider und sei deshalb von Übel.«[67]

In diesem Sinne haben chinesische Wisenschaftler in jüngster Zeit ihre frühere Sicht der Religion untersucht, diskutiert und revidiert. Dabei sind einige tiefgründige und originelle Auffassungen entstanden, in denen Religion als »geistige Kultur« Chinas interpretiert wird.

### 3. *Definitionen und Interpretationen von Religion*

Nach der dominierenden Tendenz in der heutigen Religionstheorie in der Volksrepublik China läßt sich Religion folgendermaßen beschreiben: Religion ist eine vielschichtige kulturelle Einheit und besitzt sowohl Massen- als auch Individualcharakter, sowohl nationalen als auch universalen Charakter (»fünf Kennzeichen«), sowohl eine gesellschaftliche als auch eine psychologische Basis; sie besteht sowohl aus rationalen als auch aus emotionalen Faktoren. Religion trägt Sorge sowohl für die letzten Dinge als auch für die alltägliche Realität. Religion bildet vielfältige Beziehungen zur Kultur und Politik heraus. Deshalb sollte das Religi-

[67] Zhao Fusan, *Religion, geistige Kultur und nationale Einheit*, in: *China heute* 5 (1986), 8 f. Vgl. auch MacInnis, *Religion im heutigen China*, bes. 161–177 (Definitionen von Religion im heutigen China).

onsverständnis nach den Überzeugungen der chinesischen Theoretiker räumlich gesehen vielschichtig und umfassend sein, zeitlich gesehen sollte es veränderbar, entwicklungsfähig und dialektisch sein. Wenn man nicht die Haltung eines kulturellen und historischen Nihilismus einnehme, sagt Zhuo Xinping, »könnte man zu einem relativ objektiven und positiven Konsens über Religion gelangen«. Teilweise ist dieser Konsens in dem neueren Schrifttum zu Religion und Christentum in der Volksrepublik China bereits sichtbar. So kommt z. B. Wang Yongkang, ein religionswissenschaftlicher Feldforscher, in seinen Untersuchungen zu der Überzeugung, daß Religion sich aus dreierlei zusammensetze: einem System des Glaubens, einer Norm des Verhaltens und einem sozialen Körper.

> »Sie ist nicht ein reines Gebilde von Ideen oder Anschauungen. (...) Religion ist eine Bewußtseinsform, die verkehrt und schief die Welt widerspiegelt. Nachdem man aber die wissenschaftliche Abstraktion des Wesens erfaßt hat, muß man höher steigen und sie als konkretes Ding begreifen und als eine Verbindung von Glauben, Lebensform und Gesellschaftskörper sehen.«[68]

In einem Artikel der Zeitschrift *Dangdai zongjiao yanjiu* (*Gegenwärtige Religionsforschung*) heißt es auch, daß Religion »ein embryonisches System unter den sozialen Systemen« sei, »eine Art sozialer Ideologie oder Glaubensphilosophie, die aber auch soziale Wirklichkeit werden kann«. Religion sei auf diese Weise ein historisches und soziales Phänomen und besitze »tiefe erkenntnismäßige, soziale und psychologische Wurzeln«. Und Yue Feng, ein Religionswissenschaftler, der sich mit der russischen Orthodoxie beschäftigt, unterscheidet vier konstituierende Elemente der Religion: (1) Religiöses Denken, (2) religiöse Gefühle oder Erfahrungen, (3) religiöses Verhalten und religiöse Aktivitäten, (4) religiöse Organisation. Die zwei erstgenannten sind seiner Meinung nach essentiell.[69]

Zhuo Xinping ist davon überzeugt, daß das, was in diesen Definitionen als die »äußere Kraft, die das alltägliche Leben der Menschen reguliert« umschrieben wird, dasselbe bezeichnet, was westliche Wissenschaftler das »Heilige« (»shensheng«) oder »Übernatürliche« (»chaoziran«) nennen. In diesem Punkt also erreichen chinesische und westliche Religionswissenschaftler heute trotz unterschiedlicher Ausdruckswei-

---

68 Wang Yongkang, *Eine Untersuchung über die evangelische Kirche im Gebiet des Nujiang (Yunnan)*, in: *China heute* 8 (1989), 44.

69 *Untersuchung einiger Fragen in der gegenwärtigen Situation der Religion in China*, in: *Beijing Daxuexuebao* 1989/5, 100–104 u. 121 (Chin.).

sen bis zu einem gewissen Grad einen Konsens – meint Zhuo. Was jedoch bei chinesischen Wissenschaftlern als »phantastische Widerspiegelung« verstanden werde, habe für westliche Wissenschaftler einen wirklichen und objektiven Inhalt und Sinn. Darin liege für beide Seiten erkenntnistheoretisch gesehen ein wesentlicher Unterschied. Kritisch merkt Zhuo allerdings zu den Versuchen, Religion neu zu interpretieren, an, daß es sich dabei meistens um typisch soziologische Definitionen von Religion handele.

Chinesische und westliche Gelehrte stimmten darin überein, stellt des weiteren Zhuo Xinping fest, daß Religion auf Glauben basierende Erkenntnis und Verhalten der Menschheit sowie eine damit zusammenhängende Gruppenorganisation sei. Dabei gibt Zhuo zu bedenken, daß die Interpretation der soziologischen Komponente von Religion besonders die gesellschaftliche Struktur und die Organisation von Religion betone und ein wenig den religiösen Geist der Menschheit und die Existenz religiöser Interessen, die sich außerhalb der Glaubensorganisationen artikulieren, außer acht lasse. Daraus ergebe sich, daß der Deckungsumfang dieser Definition relativ eng sei, weil sich die soziologische Definition von Religion auf die gesellschaftliche Gruppenstruktur beschränke und damit ziemlich konkret sei. Die moderne Interpretation von Religion müsse auch ihre soziologische Bedeutung berücksichtigen, sie dürfe sich aber nicht auf sie beschränken – meint Zhuo Xinping.

Um einen Konsens und »wahre Erkenntnis« im Religionsverständnis zu erreichen, schlägt Zhuo Xinping vor, die Defizite der Definition von Religion in ihrer soziologischen Bedeutung durch die Erforschung der Religion auf ihre kulturelle Bedeutung hin aufzufüllen. Dabei gehe es nicht nur darum, »ihre gesellschaftliche Existenz durch die Analyse ihrer Struktur« zu erklären, sondern auch darum, »ihre kulturelle Existenz in der historischen Evolution« zu verstehen. Diese Aufgabe verlange von den Religionstheoretikern, daß sie nicht nur

> »eine horizontale Analyse des statischen strukturellen Aspektes der gesellschaftlichen Existenz von Religion betreiben, sondern auch die Dynamik des wechselseitigen Prozesses der geschichtlichen Entwicklung von Religion vertikal erfassen. Diese beiden Blickwinkel und Methoden können sich gegenseitig ergänzen, aber nicht einander ersetzen«.[70]

Die heutigen Interpretationen von Religion zusammenfassend, definiert Zhuo Xinping die Religion aus chinesischer Sicht als »das subjektive

---

70 Zhuo Xinping, *Religion und Kultur*, 194.

Verhältnis der menschlichen Existenz zur übermenschlichen Macht, d. h. zu ›Gott‹«. Diese Macht wird als das »Unbedingte«, die »Absolutsphäre«, als die »schlechthinnige Wirklichkeit« oder als der »letzte Sinn-Grund« bezeichnet, der alle Seinsbereiche des Menschen, seine Welt, seine Geschichte, seine Gesellschaft, seine Kultur, seine Sprache, seine Wirtschaft usw. betreffe. Religion liegt für Zhuo einerseits »theoretisch« in der Vorstellung, im Denken, Wollen und Fühlen des Menschen:

> »Sie ist Vorstellung von einer übermenschlichen Macht, Anerkennung dieser Macht und Unterordnung unter sie, ein Gefühl der Furcht vor dieser Macht, der Abhängigkeit von ihr, der Liebe und des Vertrauens zu ihr. In diesem Sinne ist Religion auch ein System von Gedanken und Lehren, die sich auf dieses Verhältnis beziehen und den geistlichen Umgang des Menschen betreffen.«

Andererseits aber ist Religion »praktisch« ein »individuelles oder kollektives, äußeres oder inneres Handeln bzw. eine Geistesbetätigung des Menschen, die seine Ehrfurcht und Hingabe an diese übermenschliche Macht im täglichen Leben ausdrückt.« Auf diese Weise faßt Religion »die verschiedenen symbolischen Ausdrücke tief durchdachter Glaubenswahrheiten zusammen, die für sie unendlichen Wert haben«[71].

## *4. Religion – Kultur*

Religion wird in den neueren Definitionen als »geistige Kultur« verstanden, d. h. man geht davon aus, »daß sie an sich schon typische Strukturmerkmale der Kultur verkörpert«.[72] Zu diesen Strukturmerkmalen gehören: (1) »die theistische Idee, die eigentlich der Kern der Religion ist«; diese Idee gehört wiederum »gleichzeitig zur geistig-psychischen Schicht der Kultur, ihrer tiefsten Schicht, die als Seele oder Kern der Kultur zu beschreiben ist und ihr Wesen einschließlich aller Besonderheiten bestimmt«; (2) »stehen Priesterschaft und religiöse Organisation mit der strukturellen Schichtung der Kultur in engem Zusammenhang«. Auf diese Weise auch hängt »die Säkularisierung oder Modernisierung

---

[71] Zum ganzen siehe ebd. Vgl. auch: Fu Pei-jung, *The Characteristics of Ancient Chinese Religious Thought*, in: *Dongwu zhexue chuanxilu* 1992/1, 1-12 (Chin.); C. R. Neville, *The Chinese Case in a Philosophy of World Religions*, in: R. E. Allinson (Hg.), *Understanding the Chinese Mind*, Hong Kong 1989, 48-74.

[72] Zhuo Xinping, *Religion und Kultur*, 193.

der gesellschaftlichen Struktur direkt oder indirekt mit der Entwicklung oder Veränderung der religiösen Struktur zusammen«; (3) alle religiösen Tätigkeiten gehören »zur lebendigen Praxis der menschlichen Kultur«.[73]

In einer solchen Sicht der Religion haben ihre Inhalte eine wichtige kulturelle Funktion, wie das schon Zhao Fusan 1985 in seinem Artikel feststellte. Zhuo Xinping geht aber noch weiter und meint, daß Religion »als ein Ganzes der tiefsten Schicht der Kultur« angehöre und sogar »den wesentlichen Bestandteil der Kultur« repräsentiere.[74] Man darf aber nach Zhuo die Religion nicht »verallgemeinern« oder mit anderen Formen der Kultur »identifizieren«. Auch in China spiele die »Religion« eine wichtige Rolle, und die drei Religionen (Konfuzianismus, Buddhismus und Daoismus) bildeten »sogar den Mittelpunkt und den wesentlichen Bestandteil der geistigen Tradition Chinas. Ohne diese drei Religionen kann vom chinesischen Geistesleben und von seiner Kulturphilosophie keine Rede sein«, sagt Zhuo und bemerkt treffend, daß der Weg zu dieser Erkenntnis schwierig und lang gewesen sei.[75]

Religion steht also nach der heutigen chinesischen Religionstheorie in enger Beziehung zur Kultur und kann bei der Begegnung und Umformung der Kultur(en) eine wichtige Rolle spielen. Die religiöse Entwicklung Chinas läßt Zhuo Xinpings Meinung nach erkennen,

> »daß es in einer Kultur verschiedene Religionen geben kann, die diese gemeinsame Kultur konstruieren oder tragen; und daß eine Religion auch verschiedene Kulturen in sich reflektieren kann, wenn die geistigen Elemente solcher Kulturen von dieser Religion akzeptiert werden. (...) Die Allgemeinheit und die Universalität der Religion kann man in ihrer Verbindung mit der jeweiligen Kultur sehen. Die konkrete Gestalt einer Religion in einem gewissen Land ist daher erst aus ihrer kulturellen Umwelt zu verstehen. In diesem Sinne sind Religion und Kultur eigentlich untrennbar«.[76]

Zhuo betont die Tatsache, daß Religion Bestandteil der Kultur sei, keinesfalls – wie er sagt – »deshalb, um mit dem Begriff Kultur die Kenntnis der Religion zu universalisieren oder zu verallgemeinern«. Sein Ziel ist es vielmehr, »die Mängel eines ideologisch beschränkten Ver-

---

[73] Ebd.

[74] Ebd., 194. Vgl. hierzu im allgemeinen C. Bell, *Religion and Chinese Culture: Toward an Assessment of »Popular Religion«*, in: *History of Religions* 29 (1989), 35-57 und im besonderen: ders., *Christianity and Chinese Culture*, in: *China News Analysis* 1992/1452, 1-9.

[75] Ebd., 198.

[76] Ebd., 202.

ständnisses von Religion zu beheben und die Kenntnis von Religion in ihrer soziologischen Bedeutung weiter voranzutreiben«. Gleichzeitig geht es darum, von einem möglichst weit gefaßten Verständnis von Kultur ausgehend »die wesensmäßig verschiedenen Kennzeichen und Eigenarten von Religion und anderen kulturellen Phänomenen« herauszufinden. »Es handelt sich dabei lediglich um eine Erweiterung des Blickfeldes, die neue Fragen aufwirft und neue Aufgaben stellt. Für die Religionsforscher bleibt diese Aufgabe schwer, und der Weg (zu ihrer Lösung) ist noch weit.«[77]

Im Kontext der Kultur weist die Religion chinesischen Religionstheoretikern zufolge im allgemeinen folgende wesentliche Charakteristika auf: Sie sei ein kulturelles Phänomen, das in der Entwicklungsgeschichte der Menschheit die geistige Existenz des einzelnen und der Gruppe betone, die Suche nach dem letzten Sinn, die Besinnung auf ein höheres Dasein, das Streben nach dem Wahren als Mittel zur Vervollkommnung, die Überwindung des Selbst durch Frömmigkeit und das Streben nach dem Heiligen. Während sich nämlich die Menschheit in ihrer Begrenztheit und Relativität erfahre, drücke sie durch ihr zivilisatorisches Schaffen ihre Neigung zum und Sehnsucht nach dem Unbegrenzten, Ewigen und Absoluten aus und forme daraus ihre Wertvorstellungen des Strebens nach dem Wahren, Guten, Schönen und Heiligen, die Orientierung ihres Erkenntnisstrebens und ihr praktisches Verhalten.[78] Manche dieser Charakteristika sind jedoch in der chinesischen Religiosität unauffindbar.

## III. »Kulturchristentum« – Ausdruck eines neuen Religionsverständnisses in China?

Vor dem Hintergrund der oben genannten Charakteristika der Religion sowie im Kontext der gegenwärtigen »Religions- und Kulturdebatte« in der Volksrepublik China ist es interessant festzustellen, daß im chinesischen Schrifttum immer öfter das Fehlen einer transzendenten Dimension in der chinesischen Tradition, vornehmlich im Konfuzianismus,

---

77 Ebd.

78 Zhuo Xinping, *Überlegungen*, 175.

bemängelt wird. Die chinesische Religion, die sich – z. B. für Zhuo Xinping – vor allem im Konfuzianismus manifestiert, bezeichnet er als »eine ethische und politische« Religion, die tief in der Seele der Chinesen verwurzelt sei; sie sei jedoch eine »weltliche, ethische Religion«, der es »in gewissem Sinne an einer transzendenten Dimension« fehle.[79]

---

[79] Zhuo Xinping, *Religion und Kultur*, 195. Ein anderer Akademiker, Chen Xuanliang, sagt direkt: »In der traditionellen chinesischen Kultur gibt es nicht die Vorstellung eines transzendenten Seins (chaoyuexing cunzai de guannian). Deshalb gibt es in China auch keine Idealisten, deshalb kann China nur schwer die in der christlichen Zivilisation wurzelnden Prinzipien von Demokratie und Wissenschaft aufnehmen. Alle sogenannten Revolutionen, die sich auf chinesischem Boden ereignet haben, sind schließlich zu ›Rebellionen‹ verkommen. Um den Ansturm der westlichen Zivilisation überstehen zu können, bleibt den Chinesen nur die Möglichkeit, ihre eigene Tradition zu transformieren. Deshalb bedarf es der Aufklärung, um auf der Grundlage der Selbstreflexion der eigenen Tradition zur Transzendenz zu verhelfen.« (Chen Xuanliang, *Zur Frage der Transzendenz in China*, in: *China heute* 9 (1990), 73-76). Und weiter artikuliert Chen Xuanliang, wie er die Transzendenz versteht: »Ideale sind eine Art transzendenten Seins (chaoyuexing de cunzai). Transzendenz ist der Ausgangspunkt des Menschen und gleichzeitig sein Ziel. Was heißt Transzendenz? Für Chinesen ist dies bis heute ein schwer verständlicher Begriff. Von der ontologischen Bedeutung her ist Transzendenz die jenseitige Existenz. Von der erkenntnistheoretischen Bedeutung her ist sie nichts Nachprüfbares, aber dennoch ist sie die Begründung der Erkenntnis jeglicher realer Existenz, sie ist das Prinzip, der Mechanismus und das Axiom, die die Durchführung von jeglichen theoretischen Schlußfolgerungen ermöglichen, sie ist das Fundament von Moral und Gesetz, sie ist die Quelle des Schönen etc. Der Gott des Christentums ist ein äußerst typisches Beispiel für Transzendenz. Das Christentums lehrt uns, daß Gott den Menschen und die Welt erschaffen hat, um damit seine Größe zu beweisen und die Menschen ihn preisen zu lassen. Doch die Menschen haben gesündigt, sie müssen Leid ertragen, um ihre Schuld zu sühnen und zu Gott zurückzukehren. (...) Um es mit alten Begriffen auszudrücken: Es handelt sich hier um die höchsten die Menschheit bewegenden Fragen wie *Was ist der Mensch?*, *Warum lebt er?* Gott ist das Ziel der Menschen, d. h. das Ziel der Menschen ist eine transzendente Existenz. Transzendenz als Transzendenz, als jenseitige Existenz, ist unerreichbar. Aber wenn eine transzendente Existenz die Grundlage menschlichen Seins ist, kann und darf es nicht sein, daß die Menschen nicht nach Transzendenz streben. Das bedeutet, daß Transzendenz die allgemeinste Form menschlicher Existenz ist. (...) Im Denken der Chinesen gibt es nicht den Begriff der Transzendenz. Deshalb sind auch Idealisten rar. Noch deprimierender ist, daß Chinesen zwar seit jeher fremdes Gedanken- und Kulturgut nicht abgewiesen haben, aber fast nur dasjenige annehmen, was der eigenen Tradition verwandt ist, dasjenige hingegen, was ihnen selbst fehlt – und daher am nötigsten wäre – abstoßen oder die Augen davor verschließen. (...) Ich bin nicht imstande, ein durchführbares Programm vorzubringen, das den Chinesen den Begriff der Transzendenz beibringen und sie in Idealisten verwandeln könnte. (...) Es ist die fehlende Bewußtheit des Volkes, die der Diktatur die Skrupellosigkeit ermög-

Interessant ist ebenfalls die Tatsache, daß man in China im Zusammenhang mit der »fehlenden transzendenten Dimension« auf das Christentum gestoßen ist. So ist es zum Schluß wichtig, auf das Phänomen der sog. »Kulturchristen« bzw. auf das chinesische »Kulturchristentum« aufmerksam zu machen, in dem m. E. ein für China zwar nicht ganz fremdes, aber gegenwärtig doch neues Religionsverständnis zum Vorschein kommt, das mit einer außer-kirchlichen, außer-institutionellen Religiosität, einer »religiösen Kultur« (»zongjiao wenhua«) eng verbunden ist.

Angesichts der rasanten Wirtschaftsentwicklung und des aus dem Kollaps der bisherigen Moralvorstellungen resultierenden geistigen Vakuums spricht man in China heute in der Tat viel von einer »religiösen Kultur« (»zongjiao wenhua«). Dazu gibt es sogar eine neue Zeitschrift *Shijie zongjiao wenhua (Religiöse Kultur der Weltreligionen)*.[80] Es handelt sich dabei um die »Kultur der religiös gläubigen Menschen«. In diesem Sinne spricht man auch von »christlicher Kultur« (»jidujiao wenhua«). Diese religiöse Kultur sei ein integraler Teil der traditionellen chinesischen Kultur (»zhongguo chuantong wenhua«) und erfreue sich großen Interesses seitens der Forscher; sie sei »ein Teil der Geschichte und Gegenwart«, habe einen großen Beitrag zur Gestaltung der traditionellen chinesischen Kultur geleistet und sei von nicht zu unterschätzender Bedeutung für die Schaffung einer »geistigen Kultur« (»jingshen wenhua«) angesichts der Modernisierung Chinas, wie es in der Zeitschrift *Shijie zongjiao wenhua* formuliert wurde. Diese »religiöse Kultur« wurde sowohl im traditionellen wie auch im heutigen China jedoch »zugedeckt«, wie das oben skizziert wurde.

Sehr prägnant äußert sich diese neue Tendenz besonders bei den sog. »Kulturchristen« (»jidujiao wenhua tu«) bzw. im »Kulturchristentum« (»jidujiao wenhua«).[81] Bei den »kulturellen Christen« handelt es sich um

---

licht, es ist die Weigerung des Volkes zur Transzendenz, die den Stillstand Chinas verursacht.«

80 Siehe R. Malek, *Shijie zongjiao wenhua. Neue Zeitschrift für »religiöse Kultur«*, in: *China heute* 14 (1995), 146.

81 Die Bezeichnung »Kulturchristen« geht auf den anglikanischen Bischof K. H. Ting (Ding Guangxun) zurück, der in einer Antwort auf die Frage, ob Personen wie der Maler Ting Fang, die Schrifstellerin Sun Xiaoling oder der Philosoph He Guangzhu Christen seien, sie als »kulturelle Christen« bezeichnete, und sagte, daß dies eine »Ausprägung einer Form des Christseins« sei. Vgl. Tan Xing, *Culture-Christians on the China Mainland*, in: *Tripod* 1990/6, 47-55. Zum Begriff »Kulturchristentum« bzw. »Kulturelle Christen« vgl. Liu Xiaofeng, *»Kulturelle Christen« in der Volksrepublik Chi-*

Intellektuelle und Gelehrte, die vornehmlich durch ihr Studium der westlichen Kultur und Religion einen Zugang zur christlichen Theologie gefunden haben. Sie bleiben jedoch optional außerhalb der bestehenden Kirchen, die – ihrer Meinung nach – keine genuin theologische Kraft hätten, entweder weil sie zu stark an die offizielle Gesellschaft, den Staat bzw. die »patriotisch« zu verstehende Nation angelehnt seien oder – wie im Untergrund – zu sektiererisch wirkten. Sie sind (und bleiben) also nicht-getauft, nicht-kirchlich. Sie sind »kulturelle Christen«, und ihr Einfluß auf die chinesische (»gehobene«) Gesellschaft scheint pointierter zu sein als der der institutionalisierten Kirchen.

Bemerkenswert ist auch, daß die »kulturellen Christen« nicht an die missionarischen Aktivitäten in China vor 1949 anknüpfen, sie sind auch nicht ein »Ergebnis« der Evangelisationsarbeit der chinesischen Kirchen in den Jahren nach 1949. Es handelt sich vielmehr um ein spontanes Phänomen, das die Beziehung zwischen der chinesischen Kultur und dem Christentum (einer »fremden«, westlichen Religion) in eine völlig neue Perspektive rückt. Man könnte hier sogar von einer »Selbst-Inkulturation« des Christentums sprechen!

Das Christentum ist für diese »kulturellen Christen« eine – wenn man so sagen darf – »Kulturideologie«, die nicht unbedingt zum Leben aus dem Glauben führt, und das Schrifttum dieser Christen kann nur unter Vorbehalt als theologisches Schrifttum (im kirchlichen Sinne) bezeichnet werden. Chinesische Intellektuelle scheinen – ganz im Sinne der traditionellen Haltung dem Religiösen gegenüber – am Christentum als Religion, Lehre, Philosophie oder als kulturelles System, nicht aber an der Kirche interessiert zu sein. Das Christentum repräsentiert die westliche Kultur; das Verstehen dieser Kultur setzt das Verständnis des Christentums voraus. Das Christentum als Religion beinhaltet des weiteren alle »Humanwerte«, die für die heutige Welt (d. h. China) relevant sind; es ist eine ganzheitliche Sicht des Kosmos, der Geschichte der Zivilisation und des Lebens, also das, wonach in China im Moment »gesucht« wird. Das Christentum gibt auch Trost und Antwort auf verschiedene Situationen im Leben und in der Wirklichkeit. Dieses Interesse gründet jedoch nicht in einer religiösen Erfahrung – sicherlich nicht in einer, die von der Kirche (den Kirchen) vermittelt wäre. Man sucht

---

*na. Beobachtungen zu einer gegenwärtigen Bewegung*, in: *minima sinica* 1993/2, 1-11; Suizi Zhang-Kubin, *Die Hand Gottes. Ein Gespräch mit Liu Xiaofeng*, ebd., 32-46; Guo Hongbiao, *Kritik über Liu Xiaofengs Definition »Kulturelle Christen«*, in: *Laiyin Tongxin* 26 (1993), 42-43 u. 26.

eine universale Grundlage, ein »Verstehen«, nachdem sich der Marxismus in jeder Hinsicht als nutzlos erwiesen hat. Das Abstrakte, das Ideale und das Universale sind gefragt.[82]

Das »Kulturchristentum« offenbart zweifelsohne die Kluft zwischen der Theologie und den Kirchen (insbesondere in China). Ihre vorrangige Aufgabe sehen die »kulturellen Christen« darin, die chinesische Kultur um das christliche Kolorit zu bereichern und »die Ausbreitung des christlichen Geistes im kulturellen, geisteswissenschaftlichen und erzieherischen Bereich zu fördern« – so z. B. der prominente Vertreter dieser Meinung, Liu Xiaofeng.[83] Und in der Tat gibt es in der Volksrepublik China eine Anzahl von Büchern und Artikeln über Theologie und Geschichte des Christentums, die zusätzlich die These belegen, daß das Christentum in China inzwischen eine kulturelle »Kraft« geworden ist. Mehrere renommierte Zeitschriften (u. a. *Jidujiao wenhua pinglun* – »Zeitschrift für christliche Kultur«; *Zhongxi zhexue yu wenhua* – »Zeitschrift für chinesische und westliche Philosophie und Kultur«; *Deguo zhexue* – »Zeitschrift für deutsche Philosophie«) und zahlreiche Bände mit philosophischen und theologischen Übersetzungen sowie Bücherreihen zeugen davon genügend.[84]

Aus dem Blickwinkel der heutigen »Religionsdebatte« findet Zhuo Xinping an den Kulturchristen bzw. dem Kulturchristentum bemerkenswert ihr »Bewußtsein für eine derzeitige Krise und die Hoffnung auf ihre eigene Kultur« einerseits sowie »die neue christliche Hermeneu-

---

82 Dazu vgl. u. a. Li Pingye, *A Preliminary Analysis of the Attitudes of Contemporary Chinese Intellectuals Towards Christianity*, in: *China Study Journal* 9 (1994), Nr. 3, 4–11; Liu Shu-hsien, *Some Reflections on What Contemporary Neo-Confucian Philosophy May Learn from Christianity*, in: *Ching Feng* 32 (1989), 145–158; R. Malek, *Religiosität und Christentum im heutigen China. Notizen zum Buch »All under Heaven«*, in: *Neue Zeitschrift für Missionswissenschaft* 52 (1996), 127–133. Einige Ergebnisse empirischer Forschung in bezug auf die Religiosität in der Volksrepublik China bietet auch der von Luo Zhufeng herausgegebene Band *Religion under Socialism in China*, Armonk, London 1991, an, vor allem in den Appendices.

83 Liu Xiaofeng, *Christianity in the Light of Contemporary Culture in Mainland China*, in: P. K. H. Lee (Hg.), a. a. O. (Anm. 40), 150–157. Zu Liu Xiaofeng und seiner Meinung zur Rolle des Christentums in China siehe A. Sprenger, *Liu Xiaofengs neue Vision für China*, in: *China heute* 9 (1990), 157–171; Sun Jin, *Does Liu Xiao-feng have a concealed agenda?* in: *Ershiyishiji* (Twenty-First Century) 9 (1992), 43–48 (Chin.).

84 Siehe hierzu: *Chinesische »nichtkirchliche« Literatur zu Religion und Christentum*, in: *China heute* 14 (1995), 147–149. 181; *China heute* 15 (1996), 29. Vgl. auch die in jeder Nummer von *China heute* veröffentlichte Bibliographie zur Religion und Religionspolitik in China.

tik der interkultureller Begegnung in der sogenannten ›post-modernen‹ Welt« andererseits:

»Dieses neue Verständnis gewinnt seine Kraft weniger aus der chinesischen Kirche mit all ihren traditionellen Verbundenheiten, sondern hauptsächlich aus einer ganz neuen Generation, nämlich aus derjenigen der Religionswissenschaftler, Philosophen, Theologen, Schriftsteller, Dichter, Künstler und anderer Gelehrter, die sich für die christliche *Kultur* sehr interessieren und damit die traditionelle chinesische Kultur umzuformen und zu erhalten versuchen. Sie sehen in der christlichen Kultur eine der bedeutungsvollen Entwicklungstendenzen der Weltgeschichte, natürlich im Zusammenhang des Inkulturationsprozesses des Christentums in der Gegenwart, und möchten dadurch ihre Tradition im Hegelschen Sinne aufheben oder in der Mitte zwischen Bewahrung und Aufgabe durch Vergleich und Kritik einen dritten Weg, einen ganz neuen Weg für China finden. Auch wenn sie das traditionelle Element betonen und sich nicht davon loslösen möchten, stellt doch die bevorstehende ›Vergrößerung‹ und ›Umgestaltung‹ ihrer Tradition eine große Aufgabe dar. Aufgrund ihrer neuen Einstellung zum wirklichen Leben und zur menschlichen Gesellschaft sehen sie im Christentum die geistige und kulturelle Bedeutung der ›Erlösung‹ und des ›Leidens für die Welt‹. Sie sind tief begeistert von den Ideen: ›Die Welt ging verloren, Christus ist geboren‹, ›Das Wort ward Fleisch‹, ›Jesus am Kreuz‹, ›Heiliger Geist‹ und ›Agape‹, welche ganz fremd für die traditionelle chinesische Kultur und gleichwohl für sie sehr reizvoll sind. Sie sehen darin einen starken Impuls für ihr eigenes Denken mit seinen zwei Extremen, der konfuzianischen und daoistischen bzw. buddhistischen Lebensanschauung. Darum studieren sie die christliche Kultur in aller Ausführlichkeit und treiben einen ernsthaften Dialog zwischen der abendländischen Kultur und ihrer eigenen Kultur. Sie sehen den kulturellen Wert des Christentums nicht nur im Abendland, sondern auch für China. Das meint nämlich das sogenannte ›kulturelle Verständnis‹ der Religion im allgemeinen und des Christentums im besonderen. Diese Affinität zum Christentum liegt allerdings weniger auf gesellschaftlicher und struktureller Ebene, sondern stellt sich vielmehr als eine psychische und geistige Notwendigkeit dar. Daher rezipiert man das Christentum nicht in der Form der kirchlichen Bekehrung, sondern in der kulturellen Reflexion. Damit kann ein richtiges und besseres Verständnis der anderen Kulturen, besonders der abendländischen, in China erreicht werden.«[85]

Eine gewisse Ähnlichkeit mit den »kulturellen Christen« haben die Gelehrten in der Volksrepublik China, die sich mit dem daoistischen Schrifttum in einer zwar nicht gläubig religiösen Weise, aber doch mit

---

85 Zhuo Xinping, *Religion und Kultur*, 197 f. (Zitat mit Modifikationen).

einem hohen Maß an Enthusiasmus befassen; man könnte sie »kulturelle Daoisten« nennen, denn sie messen der daoistischen Tradition einen hohen Wert bei, vor allem angesichts der aktuellen gesellschaftlichen und politischen Situation und der Zukunft Chinas. Gegenstand des – ebenfalls plötzlich erwachten – Interesses ist hier vor allem das *Buch der Wandlungen* (*Yijing*) und die darin vorhandenen Konzepte, insbesondere des »qi« (Atem, Odem, Energie), so daß einige Wissenschaftler sogar von einer »qi-Kultur« sprechen. Ähnliches läßt sich über den Buddhismus und den Islam in China sagen.[86] All diese spontan entstandenen Versuche zeugen von einer Bemühung, das Religiöse (die »religiöse Kultur«) in die allgemeine Reflexion zu integrieren. Inwieweit diese Versuche ein neues Religionsverständnis bereits repräsentieren oder ob sie ein gänzlich neues Verständnis der Religion in China hervorbringen werden, bleibt noch zu untersuchen bzw. abzuwarten.

## Schlußbemerkungen

In der Volksrepublik China hat man seit 1982 (Dokument 19 der KP Chinas) und insbesondere nach 1985 (Veröffentlichungen von Zhao Fusan) angefangen, die Religion im Rahmen der Kultur zu sehen und zu untersuchen. In dieser Bevorzugung des kulturellen Charakters der Religion sieht Zhuo Xinping »schon eine Entwicklungstendenz der Religionstheorie im heutigen China«.[87] Und er fügt hinzu:

> »Bei der heutigen Reform und Öffnung Chinas zur Welt wissen wir genau, daß der Dialog in der Technik und Naturwissenschaft am leichtesten ist, der Dialog in der Politik am wichtigsten und der Dialog im Gedanken und in der Ideolo-

---

[86] Hierzu siehe z. B. S. Feuchtwang, *Observations on the Revival of Popular Religion in China*, in: *China Study Journal* 8 (1993), Nr. 3, 4-7; Gu Bangwen, *»Opening Up« and Religion in Shandong*, ebd., 17-23; Ye Luhua, *Chinese Buddhism in the Period of Opening – An Examination of the Current Circumstance of Buddhism in Fujian Province*, ebd., 24-28; R. Malek, *China im »Religionsfieber«? Bemerkungen zu einem Phänomen*, in: *Stimmen der Zeit* 213 (1995), 808-822.

[87] Zhuo Xinping, *Theorien über Religion im heutigen China*, in: *China heute* 7 (1988), 79.

gie am schwierigsten ist. Aber gerade jetzt ist es Zeit für diesen schwierigen Dialog.«[88]

Das Konzept, Religion als ein kulturelles Phänomen anzusehen, unterscheidet sich beträchtlich von früheren Theorien der Religion in China und ist ein entscheidender Schritt der chinesischen Wissenschaftler im Religionsverständnis. Er wird sicherlich der Vertiefung des Verständnisses von Religion in der Atmosphäre des weltweiten Dialoges und kulturellen Austausches dienen. Für die Suche nach einem wissenschaftlichen Konsens bezüglich der Religion habe, so Zhuo Xinping, erst dieses Konzept die richtigen Bedingungen geschaffen.[89]

---

88 Ebd., 79 f. Vgl. hierzu auch L. Swidler, *What Christianity can offer Asia – especially China in the Third Millenium*, in: *Ching Feng* 37 (1994), 111-146.

89 Zhuo Xinping, *Religion und Kultur*, 202. Siehe auch Ph. L. Wickeri, *Reinterpreting religion in China*, in: *China News Analysis* 1993/1485, 1-9; N. Standaert, *Religious Trends in China*, in: *Areopagus* 6 (1993), 38-42.

Josef van Ess

# Religion und Philosophie in der islamischen Welt

Wenn ein Islamkundler sich aufgefordert sieht, zu dem Thema »Religion als Gegenstand der Philosophie« etwas zu sagen, so mag er, wie mir dies geschah, die Formulierung erst einmal mißverstehen. Er hat sich in den letzten Jahren so sehr daran gewöhnt, über den Islam als solchen aufzuklären, daß er heraushört: Wieweit ist, vergleichbar unserer Scholastik, in der islamischen Welt ein vorgegebenes religiöses Modell in philosophischen Kategorien abgehandelt worden, und wie steht der Islam überhaupt zur Philosophie? Gemeint war aber, wie ich nachträglich merkte, etwas ganz anderes, nämlich: Wie hat die Philosophie (hier also: die islamische Philosophie) sich das Phänomen Religion als solches verständlich zu machen versucht? Ich will mich dieser letzteren Aufgabe nicht entziehen. Dennoch möchte ich, um die Voraussetzungen zu klären, erst einmal der ursprünglich vermuteten Fragestellung nachgehen.

## Philosophie in der islamischen Welt

Man mag, wenn man dem zur Zeit in der Öffentlichkeit vorherrschenden Islambild folgt, sich mit einigem Grund fragen, ob es in dieser uns so fern gerückten Kultur etwas derart Seriöses wie Philosophie überhaupt geben kann. Zwar weiß der eine oder andere, daß es sie dort vor langer Zeit einmal gab; aber heute nimmt selbst ein Gebildeter von ihr nichts mehr wahr. In der Tat wird man kaum behaupten dürfen, daß sie im Augenblick dort in der Gesellschaft Maßstäbe setze. Aber das ist in unseren Breiten ja nicht anders. Im übrigen muß man ein wenig differenzieren. In Saudi-Arabien wird an den Universitäten Philosophie nicht unterrichtet; sie wird dort ebensowenig gefördert wie die systematische

Theologie. In Syrien oder Ägypten ist sie zwar dank der Ausrichtung am europäischen Vorbild auf die Lehrstühle gelangt; jedoch muß sie unter den augenblicklichen Umständen sehr um ihre Daseinsberechtigung kämpfen.[1] In Iran dagegen besteht seit altersher, im Grunde seit Avicenna, eine ungebrochene und lebendige Tradition. Bis ins Kleinbürgertum hinein interessiert man sich dort für Metaphysik, und die »Virtuosen«, mit Max Weber zu reden, verfügen über hohe begriffliche Schulung – ein Paradies für Neuscholastiker. Erst unter der kurzlebigen Pahlavi-Dynastie wurde in den städtischen Eliten Teherans oder Isfahans eine technische Rationalität westlicher Herkunft virulent, zusammen mit einer nationalen Ideologie, die über den Islam hinweg auf die von den Europäern wiederentdeckte altiranische Vergangenheit zurückgriff. Aber diese Umorientierung ist, wie man weiß, fehlgeschlagen. Im Jahre 1993 hatte die theologische Hochschule in Qum wiederum 25.000 Studenten, und der Rektor träumt in seinen öffentlich vorgetragenen Entwicklungsphantasien davon, diese Zahl bis auf 100.000 zu erhöhen.[2]

Philosophie gehört an diesen schiitischen Hochschulen, ähnlich wie an unseren Jesuitenkollegs, zum Kern der Ausbildung. Nur hat sie einen Stich ins Sapientielle; sie ist seit Jahrhunderten versetzt mit gnostischen oder theosophischen Elementen, die aus der Mystik stammen. Vor allem der Spanier Ibn ʿArabī (geb. 1165 in Murcia, gest. 1240 in Damaskus), in seiner geistigen Struktur etwa Swedenborg vergleichbar, hat hier über viele Generationen prägend gewirkt. Noch Khomeini ist in diesem Denken großgeworden; er hat nämlich nicht nur jene juristischen Traktate verfaßt, die seinerzeit in den westlichen Medien als besonders abschrekkende Zeugnisse schiitischen Denkens breitgetreten wurden, sondern auch Glossen zu mystischen Werken, die philosophischen Charakter tragen und in denen er neben Avicenna z. B. Texte wie die »Theologie des Aristoteles« heranzieht. Auch Gedichte über die Gottesliebe hat er geschrieben. Er war dabei weder in seiner Poesie noch als Philosoph originell;[3] aber er war für iranisches Denken repräsentativ.[4] Seine Leistung

---

1 Was nicht daran hindert, daß es dort den einen oder andern Denker gibt, der, wenn er sich zu Gegenwartsfragen äußert, gelegentlich in der nichtislamischen Welt Beachtung findet, so etwa in Syrien Ṣādiq Dschalāl al-ʿAẓm, in Ägypten Ḥasan Ḥanafī. Das größere Gewicht aber hat in beiden Ländern die Jurisprudenz.

2 Vgl. H. Halm, *Der schiitische Islam*, München 1994, 144.

3 Dazu etwa A. Knysh, *Irfan Revisited. Khomeini and the Legacy of Islamic Mystical Philosophy*, in: *Middle East Journal* 46 (1992), 631-653.

4 Zur Entwicklung dieses Denkens allgemein ist lesenswert R. Mottahedeh, *The Mantel of the Prophet. Learning and Power in Modern Iran*, London 1985 (dt.: *Der Mantel des*

lag eher im Bereich des Politischen, in der Entwicklung und Durchsetzung eines staatstheoretischen Modells.[5] Dort aber, wo er ausgetretenen Bahnen folgt, kann er uns neben vielen anderen persischen Universitätslehrern des 19. und 20. Jahrhunderts als Beispiel dafür dienen, daß die schiitische Welt philosophiefreundlich war – ganz anders als die sunnitischen Länder, wo man zwar gleichfalls im allgemeinen gerne über Religion spricht, dies aber eher schriftbezogen tut und darum auch schneller zum Fundamentalismus abdriftet.[6]

Die iranische Philosophie der letzten Jahrhunderte ist von der westlichen Islamkunde erst spät entdeckt worden[7]; sie ist bis heute kaum untersucht. Man ließ die Entwicklung in der islamischen Welt üblicherweise mit Averroes enden[8]; er war Sunnit und lebte in Spanien. Natürlich

---

*Propheten, oder Das Leben eines persischen Mullah zwischen Religion und Politik*, üb. v. K. Krieger, München 1987).

5 Dazu Halm, a. a. O., 146 ff.

6 Wer Fundamentalist ist und wer nicht, ist natürlich eine Frage der Definition. Ich bin mir darüber im klaren, daß im allgemeinen auch die Protagonisten der Entwicklung in Iran nach der islamischen Revolution mit diesem Prädikat belegt werden. Jedoch bleiben, vor allem wenn dies in den Medien geschieht, die Kriterien dabei häufig unscharf. Einen wissenschaftlichen Versuch, iranisch-islamisches und sektiererisch nordamerikanisch-protestantisches Denken aus soziologischer Sicht unter dem Stichwort »Fundamentalismus« zu parallelisieren, hat der protestantische Theologe M. Riesebrodt unternommen: *Fundamentalismen als patriarchalische Protestbewegung. Amerikanische Protestanten (1910-28) und iranische Schiiten (1961-79) im Vergleich*, Tübingen 1990. Die Islamkunde hat auf den Gebrauch des Wortes wenig Einfluß; sie hat den Begriff ja auch nicht erfunden. Mir kommt es an dieser Stelle nur darauf an, ihn aus dem politischen Freund-Feind-Schema herauszulösen.

7 Das Verdienst hierfür kommt Henry Corbin zu (1903-1978), der in seiner Jugend auch als erster Martin Heidegger ins Französische übersetzte. Vgl. zu ihm die Monographien von Chr. Jambet, *La logique des orientaux. Henry Corbin et la science des formes*, Paris 1983 sowie D. Shayegan, *Henry Corbin. La topographie spirituelle de l'Islam iranien*, Paris 1990; auch die Zeugnisse und Nachrufe in: Chr. Jambet (Hg.), *Henry Corbin*, Paris 1981. Sein Erbe hat vor allem der persische Philosophiehistoriker Seyyed Hossein Nasr angetreten, der bis 1978 in der iranischen Universitäts- und Bildungspolitik eine herausragende Rolle spielte und jetzt an der Temple University in Washington unterrichtet. Jedoch geht es ihm stärker darum, den bleibenden Wert dieser geistigen Tradition und ihre Eigenständigkeit gegenüber westlichem Denken herauszustellen.

8 Das gilt für alle älteren Geschichten der islamischen Philosophie, die von S. Munk (1859), T. J. de Boer (1901), Carra de Vaux (1923), G. Quadri (1939), M. Cruz Hernández (1963), im Grunde auch noch die von M. Fakhry (1970), die aber den Begriff der Philosophie etwas weiter faßt. Eine befriedigende zusammenfassende Darstellung, die auch die Zeit nach Averroes gebührend berücksichtigt, fehlt bisher; Corbins eigener Versuch verschiebt, in an sich berechtigter Gegenreaktion, die Ge-

hatte der iranische Raum seit jeher eine wichtige Rolle gespielt; er war die Heimat des Ibn Sīnā/Avicenna oder vor ihm des Rāzī/Rhazes (der in der Gegend des heutigen Teheran geboren wurde), des Fārābī/Alfarabi (der in Zentralasien aufwuchs, dann aber nach Bagdad und schließlich nach Aleppo ging) und des Ghazzālī/Algazel, der dann aufgrund seiner *Destructio philosophorum* vor allem als Kritiker der Philosophie im Gedächtnis blieb.[9] Aber das Land war damals noch nicht schiitisch; es ist dies erst im 16. Jh. geworden, unter der Dynastie der Ṣafaviden. Bis dahin gab es dort Schiiten nur in einigen Enklaven, etwa in Qum; die Staatsgewalt dagegen lag immer bei den Sunniten. Man kann sich darum mit Recht fragen, warum die Philosophie im späteren Mittelalter, nach dem 12. Jh., in der sunnitischen Welt untergegangen ist, im schiitisch beherrschten Persien dagegen seit dem späten 16. Jh. in der sog. Schule von Isfahan wieder gute Lebensbedingungen fand.

## Die gesellschaftlichen Bedingungen der Philosophie

Die genannte Frage ist zu komplex, um sich in einigen Sätzen beantworten zu lassen. Die islamische Welt bildete nie eine monolithische Einheit; man müßte also die jeweiligen politischen und sozialen Rahmenbedingungen in Betracht ziehen. Was den Einfluß der Religion (bzw. der Konfession) angeht, so will ich nur einen Punkt herausgreifen. Die islamische Welt des Mittelalters war arm an Institutionen. Vor allem gab es keine Kirche. Eine Kirche aber hat manche Vorteile. In guten Zeiten kann sie das vordenken, was von den Laien dann nachgedacht wird oder

wichte etwas zu stark zugunsten Irans (*Histoire de la philosophie islamique*, Bd. 1-2, Paris 1964 ff.) Das vorläufig letzte Werk dieser Art ist, wie kaum anders zu erwarten, kumulativ angelegt und darum von recht unterschiedlicher Qualität (S. H. Nasr u. O. Leaman, *The History of Islamic Philosophy*, London 1996). Zur schnellen Orientierung vgl. G. Endreß, *Die wissenschaftliche Literatur*, in: W. Fischer u. H. Gätje (Hg.), *Grundriß der arabischen Philologie*, Wiesbaden 1982-92, Bd. II, 416 ff. u. 448 ff.; Bd. III, 25 ff., wo aber entsprechend der Zielsetzung dieses Handbuchs nur die arabische Welt bzw. arabischsprachige Werke berücksichtigt sind und im übrigen der materiale Aspekt im Vordergrund steht.

9 Seine Einstellung zur Philosophie ist in Wirklichkeit sehr komplex; vgl. neuerdings R. M. Frank, *Creation and the Cosmic System. Al-Ghazālī and Avicenna* (Abh. Heidelberger Akademie d. Wiss., Phil-hist. Kl. 1992, nr. 1), Heidelberg 1992; auch ders., *Al-Ghazālī and the Ashʿarite School*, Duke Univ. Press 1994.

werden soll; in schlechten Zeiten bleibt sie als Skelett selbst dann noch übrig, wenn das corpus mysticum unter Auszehrung leidet. Der Islam dagegen folgt, wie Louis Gardet einmal gesagt hat, dem Ideal der »egalitären Laientheokratie«. In der sunnitischen Welt bestimmen in der Tat weitgehend die Laien, was in der Religion »Sache ist«. Heutige Fundamentalisten, etwa in Ägypten, sind Ärzte oder Naturwissenschaftler – die Theologen laufen allenfalls hinterher. Sie sind aber ohnehin unter Fundamentalisten nicht beliebt, denn sie sind vom Staat bezahlte Professoren. Religiöses Leben und akademische Institutionen sind darum im Grunde meilenweit voneinander entfernt. Nun wäre es vermutlich auch bei uns um die Philosophie schlecht bestellt, wenn sie nicht durch das Skelett akademischer Strukturen gehalten würde; die Gesellschaft zeigt an ihr ja kaum Interesse. Vielleicht darf man deswegen, um in das Problem einzusteigen, die etwas flotte Formulierung wagen, daß die sunnitische Welt sich irgendwann, etwa zur Zeit unserer Hochscholastik, entschieden hat, daß es ohne Philosophie – und dafür mit etwas mehr gelebter Religion – genauso gut gehe. Über die Gründe wird noch zu reden sein. Prinzipiell aber zeigt sich dort früh das Bestreben, das Gerüst der Religion allein der koranischen Offenbarung und der Prophetentradition zu entnehmen; man hat dafür kürzlich den Begriff »Null-Orthodoxie« ins Gespräch gebracht. Zwar hat dieser Trend keineswegs von vornherein das Feld beherrscht, und philosophisch betrachtet ist er ohnehin wohl eine Illusion. Aber Saudi-Arabien z. B. hat ihn sich aus wahhābitischer Tradition heraus ganz zu eigen gemacht und verwendet seit einiger Zeit viel Geld darauf, ihn auch anderswo durchzusetzen.

Wenn man an die Frage so herangeht, dann läßt sich in spiegelbildlicher Argumentation vielleicht sagen, daß die Philosophie in der schiitischen Welt u. a. deswegen überlebt hat, weil es dort einen »Klerus« gibt; ich meine natürlich diejenigen Leute, die uns in den Zeitungen im allgemeinen als »Mollahs« begegnen.[10] Dieser Klerus ist erst im 16. Jh. von den Ṣafaviden aufgebaut worden, um das Land schiitisch zu machen; er war also sozusagen ein Instrument innerer Mission. Man hat dazu Gelehrte aus dem »Ausland« herangeholt, etwa aus dem Südlibanon, dort, wo Israel heute seine »Sicherheitszone« hat; dieses Gebiet ist viel älteres schiitisches Kernland als Iran. Der Klerus aber blieb nicht immer dienstbares Werkzeug; er wurde unbotmäßig, als die politischen Verhältnisse sich änderten. Die theologischen Hochschulen konnten zu

---

10 Ich benutze den Begriff »Klerus« im rein soziologischen Sinne. Theologisch gesehen handelt es sich ja nicht um »Geistliche«; ein Mollah ist nicht ordiniert.

Zentren des Widerstandes werden; die Kleriker gewannen damit Rückhalt im Volk gegen den Staat. Sie waren nicht immer nur Leute mit akademischen Ärmelschonern, sondern politisch aktiv, auch aggressiv oder fanatisch.[11] Nicht immer kam es darum auch zu abgeklärter Philosophie. Aber die Philosophie gehörte – wie noch bei Khomeini – mit zum Outfit; sie genoß Achtung und tat ihrerseits etwas dazu, sich diese Achtung zu verdienen, indem sie sich zum Volk hinunterbeugte durch Aufnahme mystischer Elemente, durch Verschwisterung mit der Poesie und manchmal durch einen gefälligen Diskurs, die Weisheitserzählung.

## Philosophie und Antike

Nun sollte man diesen letzteren Aspekt wiederum nicht überbetonen. Die Weisheitserzählung hat ältere Wurzeln; Parabeln oder philosophische Märchen finden sich, zusammen mit einem gewissen »mystischen« Element, auch schon bei Avicenna oder bei Suhrawardī (gest. 1191), also außerhalb der direkt schiitischen Welt. Grundsätzlich aber gilt, daß die Philosophie der früheren Jahrhunderte viel stärker von hellenistischem Geiste geprägt war: Adaptation aristotelischer und neuplatonischer Systemelemente, schöpferische Adaptation zwar, aber »heidnisch« in den Augen vieler Gläubiger und zudem elitär, abweisend also und abzuweisen in einem. Die Sunniten trafen ihre Entscheidung gegen die Philosophie zu einer Zeit, in der Philosophie und Religion sich noch leichter polarisieren ließen. Daß es aber zu dieser Polarisierung kam, ist wiederum nicht eindimensional zu erklären. Da ist zuerst, wie angedeutet, die Erfahrung des Fremden. Man ließ sich nämlich viel schneller mit dem Corpus Aristotelicum ein als im Abendland; sofort, nicht erst nach Generationen, stand man darum vor Dingen, denen man nicht zustimmen konnte: der Ewigkeit der Welt, der Leugnung der leiblichen Auferstehung, der Vorstellung von einer Allseele usw. Der Schock war also größer; er wurde im übrigen schon dadurch verstärkt, daß man sowohl zeitlich als auch geographisch der Antike ferner stand als das Christentum zur Zeit der Kirchenväter.

---

11 Zu den Einzelheiten verweise ich wieder auf Halm, a. a. O., 146 ff. und die dort genannte Literatur.

Neben diesem Faktor aber ist erneut die gesellschaftliche Komponente zu berücksichtigen. Denn wer war oder wurde damals Philosoph? Nicht die Theologen, sondern die Ärzte oder die Verwaltungsbeamten. Die Ärzte, weil sie um der Diagnose willen die Logik zu brauchen meinten und dann zur Naturphilosophie und zur Metaphysik weiterschritten; schon Galen, ihr großes Vorbild, hatte sich in der Philosophie versucht. Unter den Namen, die wir oben nannten, ist Rāzī das beste Beispiel; in der lateinischen Tradition lebte er, als Rhazes, allein im Gewande des Arztes weiter.[12] Aber auch Avicenna oder Maimonides, die im Westen als Philosophen bekannt wurden, sind unter ihren Zeitgenossen und an den Höfen, wo sie Karriere machten, vornehmlich wegen ihrer medizinischen Kenntnisse zu Ruhm gelangt. Bei Hofe finden wir dann auch am ehesten jene Verwaltungsbeamten, die als Vorsteher der Kanzlei oder eines »Ministeriums« (»dīwān«) über Staatskunst nachdachten und so zur Politischen Philosophie oder zur Ethik kamen. Fürstenspiegel hatten in Iran eine lange Tradition. Schon unter den Umaiyaden wurden auf diese Weise apokryphe dicta des Aristoteles, Ratschläge an seinen Schüler Alexander, die man zu einem Briefroman gestaltet hatte, ins Arabische übersetzt; der Text ist, mannigfach verändert, im Mittelalter als *Secretum secretorum* (arab. *Sirr al-asrār*) bekannt geworden. Aus späterer Zeit wäre Miskawaih (gest. 1030) zu erwähnen, auch er ein Iraner, der in Bagdad unter mehreren Wesiren des Kalifen und dann unter den būyidischen Hausmeiern als »Sekretär« und Bibliothekar diente; er verfaßte ein Handbuch der Ethik, daneben aber ebenso eine Weltgeschichte. Schließlich gehört Fārābī hierher, obwohl wir über seine Ausbildung und seinen Beruf nur Vermutungen anstellen können. Er hat in seinem »Musterstaat« das Konzept der platonischen Πολιτεία, die im Rahmen des aristotelischen Corpus den Weg in die arabische Welt gefunden hatte, in islamischen Kategorien neu formuliert.

Ernst Bloch hat in seiner Schrift *Avicenna und die aristotelische Linke*[13] diesen säkularen Geist hervorgehoben, der die islamische Philosophie

---

12 Die philosophischen Werke des Rhazes sind von P. Kraus herausgegeben worden (*Opera philosophica fragmentaque quae supersunt*, Kairo 1939). Um ihre Deutung hat sich in der letzten Zeit vor allem Lenn E. Goodman verdient gemacht; vgl. seinen zusammenfassenden Artikel in: *Encyclopedia of Islam*, Leiden 1960 ff., Bd. VIII, 474 ff. Jetzt auch D. Urvoy, *Les penseurs libres dans l'Islam classique*, Paris 1996, 142 ff.

13 Berlin 1952 [2]Frankfurt 1963. Die Frankfurter Neuauflage, nach der wir hier zitieren, gehört in die westliche Marxismus-Renaissance der 60er Jahre. Geschrieben dagegen ist der Aufsatz anläßlich des Avicenna-Jubiläums im Jahre 1952, also der Tausendjahrfeier seiner Geburt (nach dem Hidschra-Kalender), die man u. a. in

durchzog. Man spürt bei der Lektüre förmlich, wie der Autor, damals noch getreuer Marxist, aufatmet: endlich einmal keine Theologen wie in der Scholastik, sondern Leute mit einem gesunden Verhältnis zur Wirklichkeit. »Arzt, nicht Mönch, Naturalist, nicht Theologe zu sein«, das ist für ihn die »Eigenschaft der bedeutendsten islamischen Denker«.[14] Zwar folgt er damit einem Islambild, das in der heutigen Öffentlichkeit kaum noch Anhänger finden dürfte; es wurzelt in der Aufklärung und ist durch den Gegensatz zu Kirche und Christentum geprägt.[15] Auch wird kaum noch jemand glauben, daß Leute, die ein gesundes Verhältnis zur Wirklichkeit haben, deswegen unbedingt links stehen müßten. Aber daß in der Zeit, von der Bloch handelt, im Islam ein bestimmter Menschentypus der Philosophie ihr Profil gab und man darum dort vielen jener Themen mit Gelassenheit begegnete, bei denen Theologen normalerweise in Panik gerieten, das ist wohl richtig gesehen. Allerdings war es nicht, wie Bloch meinte, primär die Höherbewertung der Materie, die diesem Denken die Richtung gab[16]; Avicenna hat nicht mit Aristoteles getan, was Marx mit Hegel tat.[17] Vielmehr erklärt sich für den Kulturhistoriker die Akzentverlagerung (über deren Charakter sich im einzelnen streiten ließe) vor allem aus einer lokalen Tradition. Sie ist wiederum iranisch, nur daß sie diesmal in die mitteliranische Epoche zurückreicht.

Denn zwar waren griechische Philosophie und Medizin von Christen ins Arabische übersetzt worden und insofern durch ein syrisches Medi-

---

Hamadan abhielt. Bloch hat dazu anscheinend eine Einladung erhalten, durch »Aufruf des iranischen Friedenskommittees«, wie er schreibt. Letzteres verdankt seine Existenz vielleicht nur realsozialistischem Jargon. Dennoch ist nicht ganz ausgeschlossen, daß es so etwas gerade damals für kurze Zeit in Iran tatsächlich gegeben hat. Das Jahr 1952 fällt nämlich in die Regierungszeit Mosaddeqs, als Iran versuchte, seine Ölvorkommen zu nationalisieren. Diese Phase hat bekanntlich nicht lange Bestand gehabt; sie ist bereits durch den von den USA in die Wege geleiteten Putsch des Schahs im Jahre 1953 wieder zum Abschluß gekommen.

14 Ebd., 15.

15 Bloch hat das gemerkt und schwächt den Gegensatz nachträglich wieder ab (vgl. ebd., 45 ff.).

16 Ebd., 12: »Ein frisch erneuter Blick auf Materie steht zur Frage.«

17 Bloch sagt dies später selber: »Aristoteles ist nicht Hegel, der soziale Anlaß zu den späteren Gabelungen dieser Philosophien ist höchst verschieden.« (ebd., 31). Der von ihm in den Druck gegebene Text hat ohnehin u. U. eine »Schleppe«; den holzschnitthaften Darlegungen, die für den offiziellen Anlaß bestimmt waren, mögen einige differenzierende Bemerkungen nachgeschickt worden sein. Auch die Belegtexte werden gesondert aufgeführt; für Avicenna ist dabei die nicht ganz zuverlässige Teilübersetzung von Max Horten benutzt. Daß Bloch, was den Orient angeht, aus zweiter Hand arbeitet, ist natürlich kaum anders zu erwarten.

um hindurchgegangen; aber der Anstoß dazu, der Gedanke, daß hier ein kulturelles Erbe anzueignen sei, kam den Arabern aus dem Sasanidenreich. »Syrisch« ist in diesem Fall rein sprachlich gemeint, insofern die Christen jenes aramäische Idiom als ihre Kirchen- und Wissenschaftssprache benutzten. Geographisch dagegen vollzog sich der Übernahmeprozeß im Irak; Bagdad war immerhin nur etwa 30 km entfernt von jener Stelle gegründet worden, wo bis zur arabischen Eroberung Seleukia-Ktesiphon gelegen hatte. Als Justinian im Jahre 529 die Schule von Athen schloß, flohen diejenigen, die noch nicht Christen geworden waren (der Aristoteleskommentator Simplikios z. B. oder Damaskios, der Verfasser der *Dubitationes et solutiones de primis principiis*) an den Hof des Chosrau Anoschirwan (531–579). Sie hielten es dort nicht lange aus und konnten insofern auch keine Schule gründen; aber die »sasanidische Renaissance«, von der man mit Bezug auf diese Zeit gesprochen hat, schuf die Voraussetzungen dafür, daß griechische Philosophie und dualistisches Denken eine Verbindung eingingen, in der die Akzente religiöser Problemstellung anders gesetzt waren als im Islam oder im Christentum. Für einen Dualisten war z. B. die creatio ex nihilo kein Thema und die Ewigkeit der Welt darum auch kein Anstoß; er dachte in den Kategorien einer Vermischung von zwei Urprinzipien. Natürlich sah dies für einen Muslim anders aus; aber wenn es zur Konfrontation kam, so auch später nicht so sehr im Bereich der Schöpfungslehre als auf dem Gebiet der Ethik und der Theodizee.

Wichtig ist weiterhin, daß in derselben Epoche, ein halbes Jahrhundert vor dem Aufkommen des Islam, sich eine Tendenz herausbildete, Religion auf einige Grundelemente zu reduzieren: den Gottglauben, die Ethik, die Eschatologie. Man bewegte sich damit weg vom Ritus und bis zu einem gewissen Grade auch weg von den Offenbarungsschriften.[18] Uns mag dieses Bemühen, die allen Religionen gemeinsamen Elemente hervorzuheben, ökumenisch vorkommen – wie eine Art »Weltethos« avant la lettre; aber es war eher aufklärerisch gemeint und wirkte in diesem Sinne auch in die islamische Welt hinein. Man konnte es nachlesen in dem Vorwort zu den Fabeln des Bidpai, das derjenige, der diese aus dem indischen Pantschatantra ins Mittelpersische übersetzte, ein Arzt namens Burzōya, ihnen zur Zeit Anoschirwans vorangestellt hatte; das Werk wurde mitsamt dieser Einleitung schon um die Mitte des

[18] Vgl. dazu G. Widengren, *Iranische Geisteswelt*, Baden-Baden 1961, 94 ff.; auch den Aufsatz von G. Klinge, *Die Bedeutung der syrischen Theologen als Vermittler der griechischen Philosophie an den Islam*, in: *Zeitschrift für Kirchengeschichte* 58 (1939), 346 ff.

8. Jahrhunderts von Ibn al-Muqaffaʿ ins Arabische übersetzt und blieb über Jahrhunderte hinweg unter dem Titel *Kalīla wa Dimna* (das sind die beiden Schakale, die die Geschichten erzählen) einer der größten Bucherfolge des Mittelalters.

Wenn es aber die Ärzte und die Verwaltungsbeamten waren, die diesem weltlichen Geist auch in islamischer Umgebung weiter Heimatrecht gaben, so waren es vor allem die Juristen, die sich ihm widersetzten. Auch sie waren natürlich Laien, keine »Kanoniker«, sondern entweder Sprößlinge reicher Kaufleute, die von ihrer Familie freigestellt wurden, um aus der Religion etwas zu machen, oder Angehörige einfacherer Schichten, Händler und Handwerker, die über das Verständnis der Schrift nachdachten und die Prophetentradition sammelten; beides, Koran und Sunna, war ja die Grundlage des religiösen Rechts. Aber mit dem Hof hatten sie alle normalerweise wenig zu tun; sie waren eher das »Volk«, und sie waren es auch, die in der Philosophie, welche da aufgrund einer Initiative des Kalifen in der Hauptstadt an einer eigens dafür gegründeten »Akademie« ins Arabische übertragen wurde, einen ausländischen Import sahen. Zwei verschiedene Eliten stießen hier zusammen, beide zwar städtisch (oder für uns nur in städtischem Milieu greifbar), aber doch in verschiedener Weise eingebunden in ihre soziale Umwelt. Was die Juristen taten, schien der Allgemeinheit unmittelbar sinnvoll; sie erstellten Fatwās, also Rechtsgutachten, die man von ihnen zu Fragen des Alltagslebens oder des Rituals erbat. (»Todesurteile« waren kaum darunter; dazu besaßen die wenigsten von ihnen die Befugnis.) Die Philosophen waren demgegenüber viel stärker abgehoben; selbst als Ärzte waren sie nicht für jeden da, und unter diesen waren die geschätztesten ohnehin meist Juden oder Christen. Direkt war von ihnen nicht viel zu lernen, und wenn sie sich schriftlich ausdrückten, benutzten sie ein terminologisches Kauderwelsch (zwar nicht unbedingt mit Fremdwörtern gespickt, aber doch an den griechischen Inhalten orientiert), mit dem sich nicht jeder anfreunden konnte. Sie spürten die Abneigung und erwiderten sie auf ihre eigene Art. Sie neigten dazu, Religion und Theologie als bloße Vorstufe zu verstehen, als bildhaft vereinfachte Philosophie für Leute, die nicht abstrakt zu denken vermögen. Sie sagten das manchmal etwas verklausuliert; denn niemals waren sie so zahlreich, daß sie hätten hoffen können, ohne Unterstützung der Obrigkeit unangefochten zu bleiben. Aber man spürte ihren Dünkel sehr wohl, und die einfachen Gläubigen waren dann schnell bei der Hand mit dem Urteil, daß sie es hier mit arroganten Häretikern zu tun hatten, die man im

Grunde in der Gesellschaft nicht brauche. Auch wenn es nie zu einer Lehre von der »doppelten Wahrheit« kam – gewiß nicht bei Ibn Ruschd, aus dem nur die abendländischen Averroisten dies herauslasen –, so entstand doch auf diese Weise ein negatives Image, das mancherorts in den islamischen Ländern bis heute nachwirkt.

## Philosophie und Theologie

Der Weg bis zur völligen Entfremdung war allerdings lang, und unter einer starken Obrigkeit oder mit einer konsequenten Kulturpolitik hätte er keineswegs zu einem solch ruhmlosen Ende führen müssen. Als die Kalifen die Übersetzung antiker medizinischer und philosophischer Schriften in Auftrag gaben, war dies ein Akt bewußter Akkulturation gewesen, mit großen Geldmitteln gefördert wie heutzutage kaum ein »Projekt« und unbeschwert von irgendwelcher Angst vor der Fremdgläubigkeit des Personals. Unterschwellig war man längst mit den Errungenschaften hellenistisch-griechischer Spekulation vertraut, etwa auf dem Gebiet der »Geheimwissenschaften« – die damals gar nicht so geheim waren –, aber auch in jenen Bereichen, die Aristoteles in *De generatione et corruptione* behandelt hatte oder in seiner *Meteorologie*. Da lag es nahe, zu hoffen, die islamische Offenbarung ebenso auf eine universelle, religionsübergreifende Grundlage stellen zu können. Man rechnete da im übrigen gar nicht so sehr mit Aristoteles als mit dem Neuplatonismus; dieser ließ sich aufgrund seiner Betonung der Transzendenz leicht mit dem islamischen Gottesbild vereinbaren. Der erste Philosoph der islamischen Welt, al-Kindī (gest. nach 864), Angehöriger einer vornehmen arabischen Familie (also kein Iraner), überwachte im Auftrag des Kalifen die Übersetzung eines neuplatonischen Corpus, in das Stücke aus den *Enneaden* Plotins (Buch IV-VI) ebenso eingingen wie solche aus der Στοιχείωσις θεολογική des Proklos, seltsam verschwistert mit einigen kürzeren Texten des Alexander von Aphrodisias. Das gesamte Konvolut trug vielleicht den Titel »Theologie nach Art des Aristoteles« (θεολογία κατ' Ἀριστοτέλην, also »Metaphysik«) und gab diesen dann, als es später wieder in seine Bestandteile zerfiel, in der verkürzten Form *Theologie des Aristoteles* an die Exzerpte aus den *Enneaden* und deren kommentierende Zusätze weiter. Die Stücke aus der *Elementatio theologica* des Proklos kursierten im Abendland unter dem Titel *Liber de Causis*; daß dieses Werk nicht von Aristoteles stammte, dem es nun zugeschrieben wurde, hat bekanntlich Thomas von Aquin als erster gemerkt.[19]

In dieser Epoche eines aufgeschlossenen, da selbstbewußten Denkens wurde antikes Erbe auch noch in jenen Kreisen aufgenommen und weiterentwickelt, in denen man es später ablehnte: bei den Theologen. Allerdings war es dort nicht durch Übersetzungen vermittelt, sondern durch eine diffuse und für uns heute weitgehend unkontrollierbare, häufig wohl mündliche Tradition. Die Akkulturation geht hier auch der Übersetzungsbewegung voraus oder läßt dort, wo sie zeitlich mit deren Anfängen zusammenfällt, keinerlei direkten Einfluß von dieser Seite erkennen. Im Ergebnis ist sie darum viel selbständiger, ein Spiel mit vorhandenen Bausteinen zu neuem Zweck. Das beste Beispiel hierfür ist der Atomismus der frühen islamischen Theologen. Er kommt nicht aus der syrisch-christlichen Tradition; dort hatte man für ihn gar keine Verwendung. Er kommt auch nicht aus den Übersetzungen – weder Demokrit noch Epikur sind je ins Arabische übertragen worden. Er ist wahrscheinlich über Iran vermittelt; aber er wurde in der Adaptation mit schöpferischer Geste sozusagen auf den Kopf gestellt. Denn nun wurde er nicht mehr kosmologisch eingesetzt, als Welterklärung aus dem Gesetz des Zufalls, vielmehr nutzte man ihn zum Beweise göttlicher Allmacht. Er hatte auch nur noch wenig mit Materialismus zu tun; denn die Atome waren für die islamischen Theologen keine Korpuskeln, sondern als isolierte »Substanzen« unkörperlich. Körperlich werden sie erst durch Zusammensetzung und Zusammenhalt mit anderen Atomen. Diese »Zusammensetzung« aber ist ein Akzidens, das von Gott hinzugefügt wird; Gott vollzieht in dem Augenblick, wo dies geschieht, sozusagen die Schöpfung des betreffenden Dinges. Er kann dieses Akzidens darum dem Körper, der so entstanden ist, also dem Konglomerat körperlich gewordener Atome, auch wieder entziehen; wir nennen dies Verfall, Tod usw. Er kann ebenso schließlich dieses Akzidens ein zweites Mal hinzufügen – das wird bei der Auferstehung geschehen, wenn die Schöpfung »wiederholt« wird, wie es im Koran heißt. Eine aus sich heraus waltende Natur ist in diesem Denkmodell nur in sehr eingeschränktem Sinne vorgesehen. Das eigendeterminierte Chaos des Demokrit hat sich – wohl auf

19 Zur Überlieferungsgeschichte im einzelnen vgl. F. Zimmermann, *The Origins of the so-called Theology of Aristotle*, in: J. Kraye, W. F. Ryan u. C. P. Schmitt (Hg.), *Pseudo-Aristotle in the Middle Ages*, London 1986, 110 ff.

dem Weg über die Minimalehre des Epikur – verwandelt in die allaugenblickliche Verfügungsgewalt eines transzendentalen Prinzips.

Um etwaiger Verwirrung vorzubeugen, sei freilich noch einmal betont, daß wir uns hier außerhalb dessen bewegen, was normalerweise unter dem Etikett »islamische Philosophie« läuft. Als »Philosophen« bezeichnete man in der islamischen Welt im allgemeinen nur die, die sich selber so nannten: die falāsifa. Das ist ein Plural zu arab. failasūf, und failasūf ist eine etwas hyperkorrekte Adaptation von griech. φιλόσοφος, also ein Fremdwort. Auch dieser Tatbestand mag zur Exotisierung und damit zur Isolation beigetragen haben. Griechische Fremdwörter werden im Arabischen nicht unbedingt mit solch aufnahmebereiten Ohren gehört wie im Deutschen; das ist mit der »Demokratie« heutzutage nicht anders. Solche Wörter klingen fremd; sie lassen sich dem arabischen Sprachmuster nicht einfügen. Die genannten Theologen legten darum kaum Wert darauf, falāsifa genannt zu werden. Sie hatten einen verhältnismäßig guten, jedenfalls rein arabischen Namen; sie hießen mutakallimūn, was vielleicht auf griech. διαλεκτικοί zurückgeht. Bei Maimonides – bzw. in der hebräischen Übersetzung seines ursprünglich arabisch geschriebenen »Führers der Unschlüssigen« – erscheinen sie als medabberim. Thomas von Aquin spricht von den *loquentes in lege Maurorum*. Ihr Denken ist im Abendland völlig unbekannt. Selbst Mediävisten, die auf sie zu sprechen kommen, stützen sich, weil ihnen die nötigen Sprachkenntnisse fehlen, im allgemeinen auf das schon von Hegel benutzte Exposé des Maimonides – und lassen sich genauso wie jener dadurch irreführen.[20]

## Theologische Vorgaben in der islamischen Philosophie

Wenn wir aber nun – mit gutem Grund, wie es scheint – nicht nur von den »Philosophen« reden, sondern auch von den Theologen, dann lohnt es vielleicht doch, direkt und wiederum etwas allgemein zu fragen: Welche Richtung hat denn der Islam dem philosophischen Denken vorgegeben? Es gibt ja manche Gedanken in der abendländischen Philoso-

---

20 Vgl. dazu jetzt M. Schwarz, *Who were Maimonides' Mutakallimun? Some Remarks on Guide of the Perplexed, Part I Chapter 73*, in: *Maimonidean Studies*, hg. von A. Hyman, 2 (1991), 159-209; u. 3 (1992), 143-172.

phie, auf die vermutlich nur ein Christ verfallen konnte. In der coincidentia oppositorum des Nikolaus von Cues steckt – so zumindest scheint es dem Laien – viel Christologie, nämlich die aus der Not des Erklärens geborene Formelwelt der Zweinaturenlehre; in Hegels dialektischem Dreisprung These – Antithese – Synthese erkennt man das Nachdenken über die Trinität. Daß es solche Erscheinungen auch im islamischen Denken gibt, haben bereits die obigen Bemerkungen zum Atomismus gezeigt; hier hat sich unter dem Eindruck eines prononcierten Monotheismus eine Neuorientierung vollzogen. Dieselbe Erklärung drängt sich auf, wenn Avicenna Gott als das notwendig Seiende begreift, das sich selber setzt und von allem Kontingenten immer vorausgesetzt wird.[21] Bezeichnenderweise gab es Muslime, die noch einen Schritt weitergingen und Gott sogar über das Sein stellten, ἐπέκεινα τῆς οὐσίας, so daß er weder seiend ist noch nichtseiend, sondern allenfalls nichtnichtseiend. Um dieses Gottesbild kennenzulernen, muß man sich vor allem bei den Ismāʿīliten umsehen, extremen Schiiten, die uns heute vor allem – aber nicht nur – als Anhänger des Aga Khan begegnen; sie haben im 10. und 11. Jh. eine Anzahl kreativer Philosophen hervorgebracht.[22] Natürlich stehen sie in neuplatonischer Tradition; aber sie haben häufig sogar die Emanation geleugnet, weil Gott ihnen dadurch zu stark an das kontingente Sein gebunden zu sein schien. Einer von ihnen hat in Gott nicht einmal mehr den Schöpfer sehen wollen; die Schöpfung geht vielmehr vom ersten Intellekt aus. Dieser emaniert seinerseits nicht aus Gott, noch wird er irgendwie von ihm ins Dasein gebracht; er setzt sich selber, so wie Avicenna dies von Gott annahm.[23]

Im Gegensatz dazu war den frühen Theologen das Verhältnis von Gott und Sein überhaupt nicht wichtig; auch später übernahmen sie meist nur Avicennas Modell. Wenn man die Frage vom Koran her anging, war Gott ohnehin gar nicht das Sein; er war der Herr des Seins, oder besser: der Herr der Schöpfung.[24] Der islamische Monotheismus ist

---

21 Dazu etwa O. Chahine, *Ontologie et théologie chez Avicenne*, Paris 1962.

22 Vgl. dazu jüngst die Werke von P. E. Walker, *Early Philosophical Shiism. The Ismaili Neoplatonism of Abū Yaʿqūb al-Sijistānī*, Cambridge 1993; und D. de Smet, *La Quiétude de l'Intellect. Néoplatonisme et gnose ismaélienne dans l'oeuvre de Ḥamîd ad-Dîn al-Kirmânî (Xᵉ/XIᵉ siècles)*, Löwen 1995.

23 De Smet, a. a. O., 144 ff.

24 Das gilt auch für jenen Theologen, den man als die Ausnahme ansehen könnte, weil er Gott nicht als »ens« (»Ding, etwas«) bezeichnen wollte und damit dem neuplatonischen ἐπέκεινα τῆς οὐσίας folgte: Dschahm ibn Ṣafwān. Er gehört in das Ende der Umaiyadenzeit und damit in eine Frühphase, in der auch in nichtschiiti-

im Grunde eine Monokratie. »Sprich!«, so heißt es in Sure 17/42: »Wenn es, wie (die Ungläubigen; J. v. E.) sagen, neben Gott (weitere; J. v. E.) Götter gäbe, so würden diese danach trachten, einen Zugang zum Herrn des Thrones zu finden«. Gemeint ist: sie würden ihm die Macht streitig machen, indem sie sich neben ihn auf seinen Thron setzen wollten. Die schlimmste Sünde, die der Koran kennt, ist »Beigesellung« (»schirk«), der Polytheismus der heidnischen Mekkaner. Wir kennen diese Haltung aus dem Dekalog: »Du sollst keine anderen Götter neben mir haben«, nur daß dort die »anderen« im allgemeinen als die »fremden« verstanden werden, ein Aspekt, der im Islam sozusagen keine Rolle spielt. Der moderne Fundamentalismus spricht von »Herrschergewalt, Souveränität« Gottes (»ḥākimiyya«); für seine Wortführer in Pakistan oder in Ägypten ist dies ein ganz zentraler Begriff. Im klassischen Islam erwuchs daraus die Tendenz, autonome Bereiche neben Gott möglichst zu reduzieren.

Das gilt etwa für die Natur; wir sahen es schon im Zusammenhang mit dem Atomismus. Sie wirkt, so sagte man häufig, nicht aus sich heraus, sondern sie wird von Gott gelenkt, und zwar in jedem Augenblick. Das war bereits im Koran insofern vorbereitet, als Gott sich permanent um die Schöpfung kümmert; er ist nicht nur derjenige, der die Welt in die Existenz versetzt, sondern er greift immer wieder in sie ein, er erhält sie. Er ruht sich nicht aus nach seinem Sechstagewerk; ein Herrscher hat seine Augen überall. »Es gibt keinen Gott außer ihm (...). Ihn überkommt weder Ermüdung noch Schlaf«, so betont einer der am häufigsten zitierten Koranverse (Sure 2/255), »ihm gehört (alles), was im Himmel und auf der Erde ist«. Er kann, so sagte man sich, natürliche Abläufe unterbrechen; dann tut er ein Wunder. Was wir also im regelmäßigen Ablauf des Naturgeschehens beobachten, sind nicht Naturgesetze, sondern nur »Gewohnheiten« Gottes. Im Extremfall konnte dieser Denkansatz sich ausweiten bis zu jener Art von Okkasionalismus, wie wir ihn im christlichen Mittelalter bei Nicolas von Autrecourt vorfinden.

---

scher Theologie sich noch neuplatonischer Einfluß zeigt. Aber auch er hat die Allmacht Gottes stark betont. Vgl. dazu R. M. Frank, *The Neoplatonism of Ǧahm Ibn Ṣafwān*, in: *Le Muséon* 78 (1965), 395 ff.; auch van Ess, *Theologie und Gesellschaft im 2. und 3. Jh. der Hidschra*, Berlin 1991 ff., Bd. II, 493 ff. u. Bd. IV, 433 f.

Strikter Okkasionalismus ist allerdings auch im islamischen Denken seltener, als man im allgemeinen annimmt.[25] Die Vorstellung von der »Gewohnheit« hat im übrigen die Muslime entgegen manchmal geäußerten Vermutungen auch nicht daran gehindert, Naturwissenschaft zu treiben; schließlich hat Leibniz gleichfalls von einer »coutume de Dieu« gesprochen, ohne deswegen die Möglichkeit verläßlicher Erforschung der Natur zu leugnen. Ein Alchemist oder ein Bewässerungsingenieur, selbst ein Astronom, konnte mit bloßen »Gewohnheiten« gut leben. Aber es ist doch wohl kein Zufall, daß sogar ein Philosoph wie Avicenna, der im Gegensatz zu den loquentes von okkasionalistischer Versuchung völlig frei war, sich weigerte, die Natur als causa efficiens der Bewegung unbelebter Dinge anzuerkennen. Er meinte nämlich, daß sonst Gottes Freiheit eingeschränkt werde. Zwar folgt die Natur bestimmten Regeln; nur deswegen vermögen wir mit unseren Sinnen die Welt als Ordnung zu erkennen. Aber diese Regeln ruhen im Geiste Gottes, und ihre Notwendigkeit ist nicht Ergebnis einer autonomen Natur, sondern der göttlichen Freiheit; nur Gott ist ja notwendig seiend. Das richtete sich gegen Aristoteles; direkt angegriffen aber waren christliche Philosophen in Bagdad, die dessen Werk übersetzten und kommentierten. Avicenna verwirft hiermit eine Tradition, der er weder religiös noch regional verbunden war.[26]

Man könnte diese Spur weiterverfolgen. Fragen ließe sich etwa, was denn mit der Seele geschieht in der islamischen Philosophie; auch sie ist ein solch autonomer Bereich wie die Natur. Herausstellen würde sich vermutlich, daß man zwar viel über sie nachgedacht hat, aber an ihrer Eigenständigkeit und Individualität nur wenig interessiert war; die frühen islamischen Theologen haben, soweit sie Atomisten waren, manchmal ganz auf sie verzichtet. Abendländisches Denken arbeitet demgegenüber bis heute gerne mit »Hypostasen«, welche über solche autonomen Zwischenreiche regieren. Man halte sich vor Augen, was wir alles mit dem »Markt« erklären. Den gibt es ja gar nicht; es gibt nur Waren und Menschen, die diese kaufen und verkaufen. Muslime neigen eher dazu, die »Kräfte« des Marktes zu personalisieren. »Gott bestimmt die

---

[25] Vgl. die kritischen Bemerkungen von M. Schwarz in: *Maimonidean Studies* 2 (1991), 175 ff. u. 3 (1992), 150 ff. Allgemein zu dem Thema jetzt L. Rubio, *El »ocasionalismo« de los teólogos especulativos islámicos. Su posible influencia en Guillermo de Ockham y en los »ocasionalistas« de la Edad Media*, Madrid 1987.

[26] Vgl. dazu H. V. B. Brown, *Avicenna and the Christian Philosophers in Baghdad*, in: S. M. Stern, A. Hourani u. V. Brown (Hg.), *Islamic Philosophy and the Classical Tradition* (FS R. Walzer zum 70. Geburtstag), Oxford 1972, 35 ff.

Preise«, so heißt es in einem bekannten Prophetenausspruch, und so sehr damit letzten Endes der freien Marktwirtschaft das Wort geredet ist, weil der Mensch unter diesen Umständen ja selber nicht dirigistisch eingreifen kann, so sehr hält man doch daran fest, daß jeder, der Geschäfte treibt, für die Art, wie er das macht, vor dem religiösen Gesetz verantwortlich ist. Beides ist westlichem Denken fremd. Was das islamische Recht selber angeht, so ist vielleicht bezeichnend, daß dort, von einigen Versuchen abgesehen, nie der Begriff der juristischen Person entwickelt worden ist, den wir aus dem römischen Recht ererbt haben. Damit war einer Menge dieser »Hypostasen« von vornherein der Boden entzogen. Es gab keine Vereine; es gab nur Einzelpersonen. Es gab an den mittelalterlichen Lehranstalten keine Fakultäten; es gab nur Professoren und Studenten, die persönlich miteinander Kontakt hielten und aus religiösen Stiftungen alimentiert wurden. Es gab nicht den Staat; es gab nur den Herrscher und seine Stellvertreter. Das wirkt alles, je nachdem wie man es sieht, sehr individualistisch. Aber den Menschen als autonomes Wesen gab es eben auch nicht; er ist »Knecht«, dem göttlichen Gebot unterworfen, und er kann sich, wenn er sich diesem widersetzt, nicht auf eine innere Stimme, sein »Gewissen« berufen. Alle Ordnung ist göttliche Ordnung; ebensowenig wie man die Vorstellung eines Naturgesetzes entwickelt hat, hat man auch naturrechtlichen Ideen (zu denen sich durchaus Ansätze finden) Raum zur Entfaltung gelassen.

Das ist bekanntlich wichtig für die heutige Menschenrechtsdiskussion. Würde man in Einzelheiten gehen, so würde sich allerdings auch hier, ähnlich wie bei der »Gewohnheit« Gottes, herausstellen, daß man nicht zu antithetisch formulieren darf. Auf dem Gebiete der Ethik hat die islamische Philosophie, von Aristoteles inspiriert, Bemerkenswertes geleistet; die Autonomie ethischer Prinzipien ist dabei immer mitbedacht worden. Wiederum hat diese Tradition am besten im iranischen Raum überlebt. Das ist aber lediglich in weiterem Sinne unser Thema. Es sei darum an dieser Stelle nur ein Punkt weiterverfolgt, der in diesen Problembereich gehört: Wenn der Mensch verpflichtet ist, sich an die durch Gott gesetzte Ordnung zu halten, wieweit ist er dann auch verpflichtet zur Gotteserkenntnis? Wenn wir hier nämlich »Gotteserkenntnis« durch »Religion« ersetzen, dann sind wir nun doch bei dem Thema, das diese Tagung sich gestellt hat: Wie haben islamische Denker das Phänomen Religion an und für sich beurteilt?

# Religion als Gegenstand theologisch-philosophischen Denkens im Islam

Man ist geneigt anzunehmen, daß die Quellen zu dieser Frage nicht viel sagen. Religion war damals selbstverständlich; zu streiten lohnte sich nur darüber, welche von ihnen es denn jeweils sein sollte. Dennoch ist das Thema in seiner allgemeinen Form schon früh in der islamischen Theologie, also bei den loquentes, entfaltet worden. Zwar war man anfangs häufig davon überzeugt, daß Gotteserkenntnis – und dann natürlich: die rechte, also die eigene, Gotteserkenntnis – angeboren sei. Der Islam kommt, so sagte man in diesem Fall, aus der anerschaffenen »Natur« des Menschen; jedes Geschöpf hat gewissermaßen eine anima naturaliter moslemica. Dahinter steckte der kokette Anspruch der zuletzt gekommenen nahöstlichen Offenbarungsreligion, dennoch die erste und älteste zu sein. Der Islam ist dann nicht nur, wie im Koran gesagt, von Abraham begründet; er ist sogar die Urreligion, zu der die Offenbarung, welche Muḥammad zuteil wurde, gewissermaßen nur die Ausführungsbestimmungen hinzugefügt hat. Allerdings erhob sich bei dieser Sicht der Dinge sehr bald die Frage, wie denn diese Gotteserkenntnis, die der Muslim immer schon hat, überhaupt noch verdienstlich sein kann. Das Problem war juristisch konzipiert: Jeder Mensch ist nach seiner Mündigkeit für sein Denken selber verantwortlich, also auch dafür, daß und wie er Gott erkennt; nur insofern wird er später belohnt oder bestraft. Wenn auf diese Weise der Akzent auf der Verpflichtung lag, konnte man auf die Dauer der Aporie nicht mehr ausweichen, daß eine Verpflichtung zur Gotteserkenntnis den Gottesbegriff immer schon voraussetzt. Wie sollte man sonst verpflichtet sein, etwas zu erkennen, das man noch gar nicht kennt?

Das war das Dilemma des Menon: Man kann nicht suchen, was man nicht schon gefunden hat. Wenn also schon nicht die Gotteserkenntnis, so ist doch zumindest der Gottesbegriff apriorisch. Einer derjenigen, die diese These vertraten, ein arabischer Literat und Theologe des 9. Jahrhunderts, zog daraus den naheliegenden Schluß, daß die Gottesbeweise, an denen seine Kollegen mit großer Hingabe feilten, im Grunde überflüssig seien. Man mag sie hilfsweise verwenden; aber Neues bringen sie nicht. Erkenntnis ist, so meinte er, ohnehin in erster Linie

Glückssache. Sie läßt sich nicht planen und darum auch nicht befehlen; es ist vielmehr, wie wenn man einen Schatz findet. Er traf mit dieser Ansicht nicht überall auf Zustimmung. Aber diejenigen, die ihm widersprachen, mußten nun beweisen, wie man zu einer Erkenntnis Gottes gelangt, ohne ihn schon zu kennen, und wie man außerdem auch noch dazu verpflichtet sein kann. Da nun dachte sich jemand aus – und wir überschreiten mit ihm die Schwelle zum 10. Jahrhundert –, daß jeder Mensch, wenn er das Alter erreicht, in dem er denken kann, sich, auch ohne Gott schon zu kennen, dessen bewußt wird, daß er von etwas abhängig ist, das ihn erhält. Er reagiert darauf dann mit zwei Empfindungen: mit Dank, weil er ohne diese Fürsorge nicht bestehen könnte, und mit Furcht, nämlich davor, dieser Fürsorge verlustig zu gehen und gar noch bestraft zu werden, wenn er nicht dafür dankt. Dieses Gefühl der Abhängigkeit ist zu Anfang noch diffus. Personal gefüllt wird es erst durch den Denkvorgang, der von den geschilderten beiden Empfindungen ausgelöst wird; denn dieser führt geradlinig und zwangsläufig zur Gotteserkenntnis. Wir würden vielleicht sagen: die Wahrnehmung des Numinosen führt zur Religion.

Diese Theorie ist in der islamischen Theologie schnell wieder aufgegeben worden. Schließlich hatte man die Offenbarung; dadurch war Religion positiv gesetzt. Warum sollte man sich also noch auf Gedankenexperimente einlassen? Und im übrigen: Was war denn dieses Numinosum, von dem der Mensch sich abhängig fühlen sollte? Doch wieder eines jener Zwischenreiche, vor denen man nur warnen konnte. Zwar stellte sich letztendlich heraus, daß dieser Freiraum gar nicht autonom war, sondern längst von Gott besetzt; aber sollte man das nicht besser gleich sagen? Schnell kam man darum auf die Idee, daß auch die beiden Empfindungen, die den Menschen zur Gotteserkenntnis drängen, nicht aus seiner eigenen Seele – und schon gar nicht aus dem Unterbewußten – kommen, sondern ihm von einem Engel eingegeben werden, natürlich auf Befehl Gottes. Damit hatte der Gedanke allen »Biß« verloren; er war nur noch eines jener theologischen Puppenspiele, an denen die Geschichte reich ist.[27]

Bevor man ihn allerdings aufgab, hat man ihn gelegentlich mit einem Beispiel erläutert, das uns zum Schluß noch beschäftigen soll. Man stellte sich vor, daß jener Mensch, der zur Erkenntnis erwacht, einsam

---

[27] Vgl. dazu meinen Aufsatz *Early Islamic Theologians on the Existence of God*, in: K. I. Semaan (Hg.), *Islam and the Medieval West*, New York 1980, 64-81; ähnlich auch schon in: *Ǧāḥiẓ und die aṣḥāb al-maʿārif*, in: Der Islam 42 (1966), 148-168.

aufwächst, auf einem Bergesgipfel oder auf einer Insel, wo niemand ihn lehren kann und ihm die Mühe des Suchens erspart. Sunnitische ebenso wie schiitische Theologen haben mit diesem Motiv gearbeitet. Wir wissen nicht mehr viel darüber; aber wir besitzen einen Text, der uns zeigt, wie das Motiv von den »Philosophen« aufgenommen wurde. Er ist selbst heute einem Gebildeten vielleicht nicht ganz unbekannt: ich meine den *Philosophus autodidactus* des Ibn Ṭufail (gest. 1185 in Marrakesch). Dieser, Leibarzt eines frühen Almohaden und als solcher der unmittelbare Vorgänger des Averroes, erzählt, wie ein Kind auf einer Insel ausgesetzt wird und, von einer Gazelle aufgezogen, die Welt für sich entdeckt. Ḥaiy ibn Yaqẓān, »Lebendig, Sohn des Wachen«, wie er dieses Kind nennt, eröffnet sich in Etappen von je sieben Jahren das Reich des Geistes, von der praktischen Vernunft weiterschreitend zur Logik und Physik und schließlich auch zur Metaphysik. In deren Geheimnisse tritt Ḥaiy ein, als er 28 Jahre alt ist; mit 30 wurde man nach landläufiger Vorstellung endgültig erwachsen. Über die Beobachtung der Gestirne gelangt er zur Frage nach dem Urheber der Welt; wiederum ist es also die Ordnung des Kosmos, aus der sich die Existenz Gottes erschließt. Allerdings vorläufig auch nicht mehr als dies, lediglich dessen Existenz und Vollkommenheit; Gottes Wesen wird ihm erst durch Visionen offenbar, nachdem er in einer Art rituellem Tanz, mit dem er die kosmische Kreisbewegung nachahmen wollte, die Sinne verloren hat.[28]

Der Erkenntnisvorgang wird hier anders beschrieben als bei den Theologen, viel antikischer und im Kern sehr rationalistisch, trotz des zum Schluß sich hereindrängenden mystischen Elementes. Hinzu kommt die abweichende literarische Form; wir haben so etwas wie einen Bildungsroman vor uns. Beides hat wohl dazu beigetragen, daß die europäische Aufklärung dem Text sehr zugetan war. Als Edward Pocock[29], Inhaber des Laudian Chair of Arabic an der Universität Oxford, ihn im Jahre 1671 edierte und ins Lateinische übersetzte, folgte gleich im nächsten Jahr eine holländische Übersetzung, 1674 dann auch eine englische. 1728 erschien das Buch zum erstenmal auf deutsch, 1783 erneut, diesmal unter dem Titel *Der Naturmensch*. Leibniz schätzte den Text, Spinoza hatte anscheinend seinerzeit die Anregung zu der holländischen Über-

---

28 Dazu jetzt U. Rudolph, *Abū Bakr Ibn Ṭufail*, in: F. Niewöhner (Hg.), *Klassiker der Religionsphilosophie von Plato bis Kierkegaard*, München 1995, 126–141. Allgemein zu diesem Text auch die Aufsätze in: L. I. Conrad (Hg.), *The World of Ibn Ṭufayl. Interdisciplinary Perspectives on Ḥayy Ibn Yaqẓān*, Leiden 1996.

29 Oder, weniger richtig, aber eher gebräuchlich: Pococke.

setzung gegeben, Lessing empfahl die Lektüre. Ob auch bereits Daniel Defoe sich davon zu seinem *Robinson Crusoe* inspirieren ließ, ist umstritten. Wichtiger aber ist ohnehin für unsere Belange, daß im Unterschied dazu die islamische Welt dem Werk kaum Interesse entgegengebracht hat; rezipiert wurde es dort, wenn überhaupt, so nur in Philosophenkreisen.

Und noch etwas fällt auf: Der Text selber rechnet nicht mit seinem Erfolg. Denn er nimmt zum Schluß eine Wendung, die von den europäischen Lesern im allgemeinen nicht recht wahrgenommen wurde: Als der »Sohn des Wachen« durch seine Visionen gleichsam die visio beatifica im Paradies vorausgenommen und damit die Glückseligkeit erworben hat, erhält er plötzlich Besuch. Auf einer Nachbarinsel lebt ein Volk, das einer geoffenbarten Religion anhängt; die Menschen halten sich dort an Symbole und Bilder, die ihnen durch die Schrift und die Tradition ihres Propheten vermittelt werden, ohne daß sie deren tiefere Bedeutung verstünden. Jedoch gibt es unter ihnen zwei wißbegierige junge Leute, Salamān, der sich der Realität zuwendet und sie sich dienstbar macht, und Absāl, der eher nach dem tieferen Sinn sucht wie Ḥaiy Ibn Yaqẓān; beide Namen übernimmt Ibn Ṭufail übrigens ebenso wie den der Titelfigur von Avicenna, der sie in Schriften gleichen Namens – aber andern Inhalts – verwendet hatte. Absāl, der Grübler, sucht Ruhe und begibt sich darum auf die Insel, auf der Ḥaiy aufgewachsen ist. Als er diesen dort antrifft, vertragen die beiden sich gut, will sagen: der Philosoph Absāl erkennt, daß seine Einsichten mit denen des »Naturmenschen« übereinstimmen. Er fühlt sich bestätigt und versteht dies als Anregung, auch seine Landsleute, die ja aus seiner Sicht die Spannweite rationaler Erkenntnis noch nicht ganz ausgeschöpft haben, an diesem Wissen teilhaben zu lassen; zusammen mit Ḥaiy kehrt er in seine Heimat zurück. Aber auf letzteren wartet dort eine Enttäuschung. Zwar wird er von der Bevölkerung geehrt; er kommt gewissermaßen ins Fernsehen. Aber das bringt ihm nichts – denn im Grunde stört er bloß. Die meisten Leute sind, wie sich herausstellt, mit ihren Bildern ganz glücklich; tiefere Wahrheiten strengen sie zu sehr an. Ḥaiy und Absāl ziehen es darum vor, Außenseiter zu bleiben; sie reisen auf die einsame Insel zurück.

Noch ist von Verfolgung nicht die Rede. Aber das Schicksal der Philosophie zeichnet sich ab. Die Welt der Bilder ist das, was die Massen brauchen, die Religion also, nicht die Metaphysik. Ibn Ṭufail hat resigniert. Schon vor ihm hatte, ähnlich wie er, Ibn Bādschdscha/Avempace (gest. 1139) in seinem *Regiment des Einsamen* klargemacht, daß der Weise auf Erden ein Fremder ist. Wer Sicherheit wollte und ein bequemes Auskommen, wurde besser Jurist. Averroes, der von Ibn Ṭufail an den Hof empfohlen wurde, war nicht nur Arzt, sondern auch Richter; er hatte also einen religiösen Brotberuf. Mit dem Untergang der Almohaden verlor der Staat dann das Interesse an der Philosophie: es war aus mit ihr. Man sieht: Philosophie mag zwar wie die Religion einem Menschheitsbedürfnis entsprechen; aber Lehrstühle (und Konkordate) haben keine Ewigkeitsgarantie. Wer hindert uns daran, auch unter diesem Gesichtspunkt einmal über das Schicksal der Philosophie im sunnitischen Islam nachzudenken?

KONRAD FEIEREIS

# Die Religion – ein Hauptthema der deutschen Aufklärung

## Thesen zu einer noch nicht beendeten Diskussion

Wie Falk Wagner festgestellt hat, ist der »eigenständig und pointiert gebrauchte Religionsbegriff (...) ein Kind der europäischen Aufklärung«; »Begriff und Thema der Religion« verselbständigen sich »gegenüber der Tradition der positiv-christlichen Religion« in eben jener Periode der Geistesgeschichte, als die Religionsphilosophie als »spezielle philosophische Fachdisziplin« in Erscheinung tritt.[1] Unsere Arbeitsgemeinschaft befaßt sich mit dem Thema »Religion als Gegenstand der Philosophie« und versucht, in verschiedenen Beiträgen – so über Paul Tillich, über die Möglichkeiten und Grenzen der analytischen Religionsphilosophie und über »Religiöse Gottesnamen und philosophische Gottesbegriffe« – die wissenschaftliche wie aktuell-konkrete Bedeutung der damit zusammenhängenden Fragen aufzuzeigen.

Mir wurde die Aufgabe übertragen, eine Brücke zu schlagen zu der Geschichte dieser religionsphilosophischen Diskussion, die zwar unlösbar schon mit dem Anfang unserer geistig-kulturellen Tradition in der Antike verbunden ist, jedoch in der Aufklärung jene Akzente setzt, von denen wir bis zum heutigen Tag immer noch entscheidende Impulse erhalten. Die folgenden Ausführungen dienen dem Ziel, am Beispiel der Aufklärung zu zeigen, warum und in welcher Weise Religion zum Gegenstand der Philosophie geworden ist. Methodisch sind verschiedene Beschränkungen notwendig. Wir begnügen uns mit einem Blick auf die

---

1 F. Wagner, *Was ist Religion. Studien zu ihrem Begriff und Thema in Geschichte und Gegenwart*, Gütersloh 1986, 334. Zum Begriff »Religionsphilosophie« in der heutigen Diskussion vgl. F. Niewöhner (Hg.), *Klassiker der Religionsphilosophie. Von Platon bis Kierkegaard*, München 1995, 7-12.

Aufklärung in Deutschland, was nicht nur angesichts der Fülle des sonst zu behandelnden Stoffes geboten erscheint, sondern sich auch daraus ergibt, daß hier die Religionsphilosophie als eine eigenständige Wissenschaft geboren wurde. Unser Augenmerk soll zunächst auf die Vorbereitung jenes Prozesses gerichtet sein, der dazu geführt hat, daß Religion zum Gegenstand der Philosophie werden konnte; die Wurzeln reichen bis zum Ausgang des Mittelalters zurück. Der zweite Blick soll sich auf die Entwicklung der Aufklärungsphilosophie in den deutschsprachigen Ländern richten; sie führte von der Popularisierung der philosophischen Gotteslehre zur Thematisierung des Phänomens Religion in der Philosophie. Schließlich blicken wir auf den Beitrag der Theologie, die sich in unterschiedlicher Weise mit der damaligen Diskussion über Religion und Christentum befaßte und die Entstehung der Religionsphilosophie als eigenständiger Wissenschaft auf ihre Weise vorangetrieben hat.

## Die Vorbereitung des neuzeitlichen religionsphilosophischen Denkens

Schon im Jahre 1800 erschien in Berlin ein Buch mit dem Titel *Geschichte der Religionsphilosophie*, verfaßt von dem Kantschüler Immanuel Berger. Der Verfasser spricht von der »Geschichte des freyen Nachdenkens über die Religion«, worunter er die rein philosophische, von jeder Theologie losgelöste Behandlung der Religion versteht.[2] Ähnliche Auffassungen vertraten im 19. Jahrhundert O. Pfleiderer und G. Ch. B. Pünjer.[3] Zu Beginn unseres Jahrhunderts stellte H. Straubinger die These auf, J. F. Fries und G. W. F. Hegel seien diejenigen Denker gewesen, welche –

[2] I. Berger, a. a. O., IV.

[3] Pfleiderer beschränkte sich darauf, das religionsphilosophische Denken der Neuzeit zu untersuchen und sieht zunächst in Lessing den »Anfänger unserer Religionsphilosophie«. (*Religionsphilosophie auf geschichtlicher Grundlage*, Berlin 1878, 5) Später läßt er mit Spinoza »die *erste* Periode der Geschichte der Religionsphilosophie« beginnen. (*Geschichte der Religionsphilosophie von Spinoza bis auf die Gegenwart*, Berlin $^{3}$1893, 30) Pünjer erklärt, seine Darstellung diene dem Ziel zu zeigen, was »die Denker früherer Zeiten in dem Bestreben geleistet haben, das göttliche Geheimnis der Religion mit den schwachen Mitteln menschlichen Denkens zu begreifen«. (*Geschichte der christlichen Religionsphilosophie seit der Reformation*, Braunschweig 1880, Bd. I: Bis auf Kant, IV).

beide im Jahr 1832 – zum ersten Mal die Religionsphilosophie als selbständige Disziplin behandelt hätten.[4] Später äußerte man sich weitaus vorsichtiger und in vorwiegend allgemeinerer Form. So hat Heinrich Fries festgestellt, daß die wissenschaftliche Behandlung der Religion in der Philosophie als eine Folge des Bruches der ursprünglichen Einheit von Philosophie und Offenbarungsglauben anzusehen sei.[5] Inzwischen haben verschiedene Untersuchungen nachgewiesen, daß der Entwicklung der philosophischen Gotteslehre eine Schlüsselrolle in diesem Prozeß beizumessen ist.[6] Erst unter diesem Aspekt wird verständlich, weshalb die deutsche Aufklärung eine von den Bindungen des Glaubens losgelöste Begründung der Religion angestrebt hat. Daher ist es auch nicht gerechtfertigt, den von der Philosophie Kants unbeeinflußten Philosophen und Theologen jener Zeit – wie J. Hessen es getan hat – jedes religionsphilosophische Denken abzusprechen.[7] Es geht auch nicht an, das 18. Jahrhundert nur unter dem Aspekt des Jahres 1781, mit dem die kritische Philosophie auf den Plan tritt, zu betrachten, oder die moderne Religionsphilosophie mit Kant beginnen zu lassen. Natürlich haben Kant und seine Schüler wesentlich dazu beigetragen, daß die Religion zum Thema der Philosophie wurde und Religionsphilosophie als Disziplin entstand, doch haben sie die charakteristischen Fragen- und Problemstellungen aus ihrer Zeit, der Aufklärung, übernommen.

Die zu Beginn der Neuzeit einsetzende Verselbständigung der philosophischen Gotteslehre hat wesentlich dazu beigetragen, daß scholastische Grundpositionen erschüttert und schließlich aufgelöst wurden. Zu diesen gehört in unserem Zusammenhang einerseits die Abgrenzung der

---

4 *Die Religion und ihre Grundwahrheiten in der deutschen Philosophie seit Leibniz*, Freiburg i. Br. 1919, 3.

5 *Die katholische Religionsphilosophie der Gegenwart*, Heidelberg 1949, 15.

6 Vgl. K. Feiereis, *Die Umprägung der natürlichen Theologie in Religionsphilosophie. Ein Beitrag zur deutschen Geistesgeschichte des 18. Jahrhunderts.* (*Erfurter Theologische Studien*, Bd. 18) Leipzig 1965; E. Lewalter, *Spanisch-jesuitische und deutsch-lutherische Metaphysik des 17. Jahrhunderts*, Darmstadt 1967; J. S. Freedman, *Deutsche Schulphilosophie im Reformationszeitalter (1500-1650). Ein Handbuch für den Hochschulunterricht*, Münster ²1985; U. G. Leinsle, *Das Ding und die Methode. Methodische Konstitution und Gegenstand der frühen protestantischen Metaphysik*, Augsburg 1985; S. Wollgast, *Philosophie in Deutschland zwischen Reformation und Aufklärung 1550-1650*, Berlin 1988; E. Feil, *Religion. Die Geschichte eines neuzeitlichen Grundbegriffs vom Frühchristentum bis zur Reformation*, Göttingen 1986; E. Rudolph (Hg.), *Die Vernunft und ihr Gott. Studien zum Streit zwischen Religion und Aufklärung*, Stuttgart 1992.

7 In: *Religionsphilosophie*, Bd I: *Methoden und Gestalten der Religionsphilosophie*, München u. Basel ²1955, 20.

Aufgabenbereiche von Philosophie und Theologie überhaupt, andererseits die Einbeziehung der philosophischen Erkenntnisse in die Offenbarungswahrheiten. Bezogen auf den erstgenannten Themenkreis bestehen noch immer Desiderate der wissenschaftlichen Forschung; meines Erachtens gibt es bis heute noch keine ausführliche Darstellung der philosophischen Gotteslehre im Mittelalter. Maßgebend dürfte weithin die Auffassung des hl. Thomas gewesen sein, der darauf beharrte, daß die res divinae niemals eigentlicher Gegenstand der Metaphysik sein dürften; spreche man daher von theologia, dann sei zu unterscheiden, ob damit die Gotteslehre der Philosophen gemeint sei oder ob es sich um Offenbarungswahrheiten handele. Zwar könne man von theologia sprechen, wo der Metaphysiker zu Gott als der Ursache des ens commune vorstoße, die res divinae aber würden zum Gegenstand der Wissenschaft erst in der Offenbarungstheologie. Thomas hat demnach die verschiedenen Aussagen des Aristoteles – prima philosophia, metaphysica und theologia – zu einer Einheit zusammengefaßt, als er mit Entschiedenheit betonte: »Haec autem triplex consideratio, non diversis, sed uni scientiae attribui debet«; ihr wesentlicher Gegenstand sei das »ipsum solum ens commune«.[8] Thomas hält also an der Einheit der Metaphysik fest. Der systematisch-methodische Neuaufbau der Metaphysik und die Bestimmung des ens qua ens zu ihrem Gegenstand erfolgten bekanntlich erst im 16. Jahrhundert durch die spanische Jesuitenschule.

Dennoch vollzog sich bereits in der ersten Hälfte des 15. Jahrhunderts ein wesentlicher Bruch mit der bisherigen Tradition, der nachweislich bis in die Aufklärung schwerwiegende Folgen nach sich gezogen hat. Die Verselbständigung der Theologia naturalis begegnet uns bereits bei dem spanischen Arzt und Theologen Raimund von Sabunde (gest. nach 1436). Sabunde wiederum knüpft an Gedankengut seines Landsmannes Raimundus Lullus (1232 oder 1233 bis 1315 oder 1316) an.[9] Sabunde räumt in seinem als *Theologia naturalis* bezeichneten Werk der philosophischen Gotteserkenntnis eine in der christlichen Tradition

---

8 *In duodecim libros Metaphysicorum Aristotelis expositio.* Ed. iam a M.-R. Cathala exarata retractatur cura et studio Fr. R. M. Spiazzi, Turin u. Rom 1964, prooemium, 1. Vgl. L. Oeing-Hanhoff, *Ens et unum convertuntur. Stellung und Gehalt des Grundsatzes in der Philosophie des hl. Thomas von Aquin* (A. M. Landgraf (Hg.), *Beiträge zur Geschichte der Philosophie und Theologie des Mittelalters. Texte und Untersuchungen*, Bd. XXXVII, Heft 3), Münster 1953, 7-20.

9 Vgl. dazu W. Philipp, *Das Werden der Aufklärung in theologiegeschichtlicher Sicht.* (*Forschungen zur Systematischen Theologie und Religionsphilosophie*, Bd. 3), Göttingen 1957, 52 f.

bisher nicht bekannte Vorzugsstellung ein. Nach seiner Ansicht lehre die natürliche Theologie alles, was für das Heil und die Vervollkommnung des Menschen notwendig sei; ja durch sie könne er den Weg zum ewigen Leben finden. Jede Frage bezüglich Gottes und des Menschen werde durch sie beantwortet, soweit sie in den Bereich des Wissens falle.[10] Die natürliche Theologie sei das Alphabet aller Gelehrten, daher müsse man sich zuerst deren Kenntnis aneignen: sie sei »radix et origo et fundamentum omnium scientiarum«[11], sie sei die Voraussetzung für das Verständnis der Hl. Schrift und deren Interpreten.[12] Sie argumentiere mit untrüglichen Argumenten, denen niemand widersprechen könne.[13] Der natürlichen Theologie, von Sabunde auch als »liber universitatis creaturarum«[14] bezeichnet, stehe der »liber sacrae scripturae« gegenüber, der dem Menschen gegeben worden sei, als er nicht mehr im Buch der Schöpfung zu lesen verstand[15]; doch sei letzteres das allen Menschen gemeinsame Buch, was von dem Buch der Schrift nicht gelte, da nur die

10 »(...) sed ista scientia docet omnem hominem cognoscere realiter sine difficultate et labore omnem veritatem homini necessariam tam de homine quam de deo. (...) Et omnia quae sunt necessaria homini ad salutem et suam perfectionem et ut perveniat ad vitam aeternam.« Zitat nach der Ausgabe von Deventer aus dem Jahre 1487. Sie enthält kein Titelblatt, sondern beginnt mit dem Satz: »Incipit theologia naturalis sive liber creaturarum, specialiter de homine et de natura ejus inquantum homo, et de his quae sunt ei necessaria ad cognoscendum seipsum et deum et omne debitum ad quod homo tenetur et obligatur tam deo quam proximo.« (Prol.) Es handelt sich offenkundig nicht um den Wiegendruck, aber um eine der frühesten Ausgaben des Werkes von Sabunde. Nach F. Stegmüller entstand das Werk zwischen 1434 und 1436 und wurde zuerst in Lyon im Jahre 1484 publiziert (s. ders. in: K. Galling u. a. (Hg.), *Die Religion in Geschichte und Gegenwart*, Tübingen $^3$1961, Bd. V, 771). Vgl. L. Hain, *Repertorium bibliographicum, in quo omnes ab arte typographica inventa usque ad annum MD*, Stuttgart u. Paris 1838, Bd. II, II, Nr. 14067. Die Jahresangabe der Ausgabe von Deventer wird bezeugt von J. Vogt, *Catalogus historico-criticus librorum rariorum*, Hamburg 1753, 594.

11 Ebd.

12 Ebd.: »(...) ista scientia est sicut alphabetum omnium doctorum. Et ideo sicut alphabetum primo debet sciri (...). Quare quilibet si vult intelligere omnes doctores et totam sacram scripturam, habeat istam scientiam quia est lumen omnium scientiarum.«

13 Ebd.: »Praeterea haec scientia arguit per argumenta infallibilia, quibus nullus potest contradicere.«

14 Ebd.

15 Ebd.: »Primus liber fuit datus homini a principio dum universitas rerum fuit condita (...). Secundus autem liber scripturae datus est homini secundo (...) et hoc in defectu primi libri eo quia homo nesciebat in primo legere quia erat caecus.«

Kleriker in ihm zu lesen wüßten.[16] Da beide Bücher von demselben Urheber stammen, seien sie aufeinander hingeordnet und könnten sich nicht widersprechen.[17]

In diesen Überlegungen des Raimund von Sabunde werden verschiedene Auffassungen der späteren Aufklärung vorweggenommen. Sabunde zieht eine deutliche Grenze zwischen der natürlichen Theologie, die er als »connaturalis« bezeichnet und der positiven Offenbarung, die er »supernaturalis« nennt.[18] Die philosophische Gotteslehre gewinnt eine bisher nicht gekannte Bedeutung, da sie als evident für alle Menschen ausgegeben wird. Die Aufklärung wird die Ansicht vertreten, die natürliche Religion sei die allen Menschen gemeinsame Religion. Mit der Behauptung, die Hl. Schrift sei zuerst ein Buch für den Klerus, öffnet Sabunde dem Rationalismus und seiner Bibelkritik das Tor. Sabunde erklärt, die natürliche Theologie könne jede wesentliche, die Religion betreffende Frage beantworten; die Vertreter der Aufklärung werden die Religion als einen Gegenstand der Philosophie betrachten und jede natürliche Religionslehre dem Offenbarungs- und Kirchenglauben voran- und gegenüberstellen. Man beachte, daß Sabunde von der Kraft und Sicherheit der rationalen Erkenntnis in einer Weise überzeugt ist, daß er aus ihr sogar die Untrüglichkeit und Wahrheit der gesamten katholischen Glaubenslehre erweisen will.[19] Die Forschung – bisher noch äußerst unzulänglich – vertritt die Ansicht, Sabunde habe den gesamten Glaubensinhalt dem Wissen überliefern wollen.[20] Sabunde steckt den Rahmen der Theologia naturalis so weit, daß sie zugleich die wichtigsten anthropologischen und ethischen Fragen als ihr ureigenstes Gebiet behandeln soll.[21] Methodisch wird die Aufklärung ebenso denken und vorgehen.

---

16 Ebd.: »(...) sed tamen primus liber creaturarum est omnibus communis sed liber scripturae non est communis quia solum clerici legere sciunt in eo.«

17 Ebd.: »Et ideo conveniunt adinvicem, et non contradicit unus alteri.«

18 Ebd. In tit. CCXII heißt es: »(...) liber creaturarum servit et famulatur libro sacrae scripturae quasi imperanti mandanti et praecipienti.«

19 Prol.: »(...) per istam scientiam tota fides catholica infallibiliter cognoscitur et probatur esse vera.«

20 So D. Matzke, *Die natürliche Theologie des Raymundus von Sabunde. Ein Beitrag zur Dogmengeschichte des 15. Jahrhunderts*, Breslau 1846, 37.

21 Prol.: »Quia ista scientia docet hominem cognoscere seipsum et propter quid factus sit, et a quo factus sit. Quid est bonum suum, et quid malum suum, quid debet facere et ad quid est obligatus et cui ipse obligatur.«

W. Philipp hat nachgewiesen, daß sich die deutschen Physikotheologen noch im 18. Jahrhundert auf Sabunde beriefen; er hat festgestellt, daß sich bis in die Aufklärungszeit hinein nicht weniger als 35 verschiedene Ausgaben seines Werkes ermitteln lassen.[22] Unter den katholischen Theologen, die sich ausdrücklich auf Sabunde beriefen, ist zuerst Robert Bellarmin (1542-1621) zu nennen; nicht zuletzt durch ihn ist das physikotheologische Denken im katholischen Raum beheimatet worden; Bellarmin glaubt, daß die Anfänge dafür schon im Werk des hl. Bonaventura zu finden seien.[23] Von Einfluß auf das Denken der Aufklärung in Deutschland waren ferner Nikolaus Cusanus, die Philosophie der spanischen Jesuiten und die deutsche Schulphilosophie des 17. Jahrhunderts.

Zweifellos bildete die Philosophie des Kardinals Nikolaus Cusanus (1401-1464) eine geistige Brücke zwischen Mittelalter und Neuzeit. Es dürfte heute nicht mehr angehen, in ihm nur einen Repräsentanten mittelalterlichen Denkens zu sehen.[24] Die in seinen Werken *De docta ignorantia*, *De conjecturis*, *Idiota* und *De possest* vorgetragenen Ideen haben sowohl die Philosophie von Leibniz wie die des deutschen Idealismus angeregt und befruchtet. Cusanus weiß um die Notwendigkeit, den religiösen Glauben vor der Vernunft zu verantworten; er nennt Gott »exemplar universitatis« und fügt hinzu, daß ohne ein Wissen von Gott weder die Schöpfung noch irgendein Teilgebiet von ihr erkannt werden

22 W. Philipp, a. a. O., 47-53. Der *Prologus* des Werkes von Sabunde wurde auf den Index gesetzt und aus verschiedenen Ausgaben herausgeschnitten. M. de Montaigne übersetzte das Werk Sabundes in das Französische und publizierte es im Jahre 1569. Diesen Hinweis verdanke ich Herrn Kollegen H. P. Balmer, welcher mich auch darauf aufmerksam machte, daß Montaigne in seinen *Essais* (II, 12) eine beachtenswerte *Apologie de Raimon Sebond* schrieb (hauptsächlich 1576 verfaßt), worin er aber — »ganz entgegen dem Titel« — in der »Auseinandersetzung mit den Problemen der sogenannten Natürlichen Theologie zu einer ausgesprochen skeptischen Position — und damit zu einer entscheidenden Grundlage der philosophischen Neuzeit« gefunden habe. (Zitat nach einem mir freundlicherweise übersandten Auszug aus einem Montaigne-Typoskript von H. P. Balmer.)

23 Die Schrift Bellarmins *De ascensione mentis in Deum per scalas rerum creatarum* von 1595 bezeugt, daß physikotheologisches Denken auch in der katholischen Kirche heimisch war. In dieser Schrift heißt es: »(...) S. Bonaventurae exemplo admonitus, qui in simili recessu scripsit itinerarium mentis in Deum, tentavi scalam ex creaturarum consideratione conficere, per quam utcumque ad Deum possit ascendi.« (*Opera omnia. Editio nova iuxta Venetam anni MDCCXXI*, hg. v. C. P. Lauriel, Bd. VI-II: *De Scriptoribus Ecclesiasticis*, Palermo, Neapel u. Paris 1872, 210)

24 So z. B. E. Gilson u. Ph. Böhner, *Die Geschichte der christlichen Philosophie von ihren Anfängen bis Nikolaus von Cues*, Paderborn [2]1952, 632 u. 643 f.

könne.[25] Allein durch die ewige Weisheit gelange der individuelle Intellekt zur Einsicht.[26] Bekanntlich stellt Cusanus in seiner Schrift *De pace fidei* von 1453 die Frage, wie das Problem der vielen Religionen zu einer Lösung geführt werden könne. Hier wird der Gedanke einer Universalreligion aufgegriffen, der im 18. Jahrhundert zu einem Generalthema der Philosophie geworden ist. Cusanus erklärt, bei aller Verschiedenheit der äußeren Erscheinungsformen sei nur eine einzige Religion die wahre und liege allen Glaubensrichtungen zugrunde: »(...) quomodo non est nisi religio una in rituum varietate«; Gott sei nur ein einziger, daher könne es nur eine Religion und eine Weise der Gottesverehrung geben.[27] Die Aufklärung wird ebenso antworten und sich dabei in der Begründung allein auf die ratio berufen. Cusanus hat sich ferner mit der Frage auseinandergesetzt, worauf die Vielheit der religiösen Bekenntnisse zurückzuführen sei. Er geht auf das Skandalon der Zwistigkeiten ein, welche die Anhänger verschiedener Religionsgemeinschaften zu Feinden werden ließen und verweist auf das Christentum als der einzig denkbaren Universalreligion, deren Grundlehren in allen religiösen Bekenntnissen wiedergefunden werden könnten.[28] B. Decker spricht hier von einer »Präsuppositions-Dialektik« des Kardinals, in welcher bereits »ein Stück Aufklärung« zum Vorschein komme.[29] Andererseits sollte Cusanus nicht der Vorwurf gemacht werden, er habe irgendeiner Form des Indifferentismus das Wort reden wollen. Cusanus dürfte der erste deutsche Gelehrte gewesen sein, welcher – unter dem Eindruck der Kreuzzüge und ihrer Auswirkungen – diesen religionsphilosophischen Anliegen größere Aufmerksamkeit gewidmet hat und deren Lösung anstrebte. Die Vertreter der deutschen Aufklärung wiederum hatten die Folgen des Dreißigjährigen Krieges vor Augen und suchten ebenfalls Argumente zur Wiederher-

---

[25] *Idiota de sapientia, de mente, de staticis experimentis*, hg. v. Ed. L. Baur (*Opera omnia, iussu et auctoritate Academiae Litterarum Heidelbergensis ad codicum fidem edita*, Bd. V, Leipzig 1937), 91: »(...) scientiam cuiuslibet praecedit scientia Dei et omnium.«

[26] *Idiota*, 14: »Sola enim aeterna sapientia est, in qua omnis intellectus intelligere potest.«

[27] *De pace fidei. Cum epistula ad Ioannem de Segobia*, hg. u. erl. v. R. Klibansky u. H. Bascour (*Opera omnia*, Bd. VII, Hamburg 1959), 7: »(...) ut sicut tu unus es, una sit religio et unus latriae cultus.«

[28] *De pace*, 11: »Non aliam fidem, sed eandem unicam undique praesupponi reperietis.«

[29] *Nikolaus von Cues und der Friede unter den Religionen*, in: J. Koch (Hg.), *Studien und Texte zur Geistesgeschichte des Mittelalters*, Bd. III: *Humanismus, Mystik und Kunst in der Welt des Mittelalters*, Leiden u. Köln 1953, 119.

stellung und Wahrung des religiösen und konfessionellen Friedens; sie fanden sie vor allem in der Philosophie ihrer Zeit.

Daß im Denken der Renaissance Religion ein herausragendes Thema der Philosophie gewesen ist, sei hier nur am Rande vermerkt. In den Schriften der italienischen Platoniker kehrt die Frage nach Wesen und Inhalt der Religion häufig wieder. Größere Wirkung ging später von der Schrift *Civitas solis* von Thomas Campanella (1568-1639) aus, in welcher das Christentum mit einer natürlichen Religionslehre fast auf eine Stufe gestellt wird. Nach Campanella kommen diejenigen, welche »nichts anderes als das Naturgesetz kennen (...), dem Christentum erstaunlich nahe«. Das Christentum habe »dem Naturgesetz nichts hinzugefügt (...) außer den Sakramenten«; die Sakramente aber seien »nur dazu« gegeben worden, um »die Gesetze der Natur getreulich zu befolgen«.[30] Nach der »Beseitigung der eingeschlichenen Mißbräuche« werde das Christentum daher in der Zukunft »über den ganzen Erdkreis herrschen«.[31]

Ideen dieser Art fanden in der gesamten europäischen Aufklärung einen starken Widerhall; schon wenige Jahrzehnte später werden sie in England – man denke nur an die Schriften von John Toland und Matthews Tindal – aufgegriffen, entfaltet und in verschiedener Form verbreitet werden. Es dürfte aber keinem Zweifel unterliegen, daß geistesgeschichtliche Verbindungslinien in die vorhergehenden Jahrhunderte gezogen werden können.

Die *Theologia naturalis* von Sabunde war eher ein physikotheologisches, nicht so sehr ein metaphysisches Werk. Daher wird verständlich, daß noch mehr als anderthalb Jahrhunderte vergingen, ehe die Verselbständigung der natürlichen Theologie auch als philosophische Disziplin ihren Anfang nahm. Zur Verbreitung des Rationalismus der Aufklärung in Deutschland hat die Schulphilosophie des 17. Jahrhunderts einen wichtigen, vorbereitenden Beitrag geleistet.[32] Denn durch sie erfolgte die Herauslösung der natürlichen Theologie aus der Metaphysik; die von Christian Wolff vorgenommene Gliederung der philosophischen Disziplinen basiert auf dieser Entwicklung. Mit Recht hat M. Wundt darauf hingewiesen, daß die Schulphilosophie das gesamte Bildungswesen be-

---

30 *Der Sonnenstaat. Idee eines philosophischen Gemeinwesens*, üb. von G. Brauns, G. Heise u. a., Berlin 1955, 102.

31 Ebd.

32 Vgl. M. Wundt, *Die deutsche Schulmetaphysik des 17. Jahrhunderts*, (A. Faust u. H. Glockner (Hg.), *Heidelberger Abhandlungen zur Philosophie und ihrer Geschichte*, Bd. 29), Tübingen 1939 (nachfolgend zitiert als » Wundt, *Schulmetaphysik* «).

herrschte. Sie gehörte zum Studienplan eines jeden Gymnasiasten und Studenten; sie sei »in alle Poren des Zeitalters« eingedrungen.[33]

Durch neueste Forschungen ist der Nachweis gelungen, daß die deutsche Schulphilosophie eine starke Prägung durch die philosophische Theologie Philipp Melanchthons erfahren hat. Eine gerade jetzt vorgelegte Dissertation von G. Frank hat sich eingehend mit der Stellung der Gottesbeweise im Werk Melanchthons befaßt.[34] Zu beachten ist darüber hinaus, daß die deutsche – nicht zuletzt die protestantische – Schulphilosophie von den bedeutendsten spanischen Jesuiten beeinflußt worden ist.

In seinem 1562 veröffentlichten und mehrfach – auch noch nach 1600 – aufgelegten Hauptwerk vertritt Benedictus Pererius (gest. 1610) die Ansicht, daß die philosophische Gotteslehre von der allgemeinen Metaphysik getrennt werden sollte. Zunächst stellt er fest, daß man bisher üblicherweise drei Hauptteile in der Metaphysik unterschieden habe. Der erste behandle die Intelligenzen und Gott; dieser Teil sei der wichtigste, er sei als die eigentliche Metaphysik, als Theologie oder vornehmste aller Wissenschaften zu bezeichnen.[35] Der zweite befasse sich mit der Transzendentalienlehre, der dritte erläutere die Kategorienlehre.[36] Pererius setzt sich im Gegensatz dazu für die Trennung der profanen Metaphysik von der natürlichen Theologie ein und plädiert für die Reduzierung der bisherigen Konzeption auf zwei metaphysische Hauptgebiete.[37] Daß Pererius von Melanchthon beeinflußt worden ist, darf vermutet werden, diese Frage ist aber bisher noch kein Thema der Forschung gewesen.

---

33 Wundt, *Schulmetaphysik*, 3.

34 *Die theologische Philosophie Philipp Melanchthons (1497-1560)* (K. Feiereis u. G. Hentschel (Hg.), *Erfurter Theologische Studien*, Bd. 67), Leipzig 1995.

35 *Physicorum sive de principiis rerum naturalium, libri quindecim*, Rom 1562. Später erschien dieses Werk unter dem Titel *De communibus omnium rerum naturalium principiis et affectionibus, libri quindecim*. Hier wird zitiert nach der Kölner Ausgabe von 1603, welche den geänderten Titel trägt. Darin heißt es: »Ego sic statuo, tres partes esse Metaphysicae (...). Una est principalis et quasi finis ceterarum (...) in qua tractantur res seiunctae a materia secundum rem et rationem, cuiusmodi sunt intelligentiae, et Deus (...) talis scientia dicitur Metaphysica, Theologia, et omnium nobilissima.« (*De communibus*, 22)

36 Zu den Transzendentalien werden gezählt ens, unum, verum, bonum; die »tertia pars complectitur decem praedicamenta«. (ebd.)

37 Ebd. 23: »Necesse est esse duas scientias distinctas inter se.«

Im Jahre 1597 erscheinen die *Disputationes metaphysicae* von Franz Suarez (1548-1617). Bei dem Versuch, die Metaphysik in Deutschland zu erneuern, konnte niemand dieses überragende Werk unberücksichtigt lassen. Schon in seinem Vorwort weist Suarez auf die enge Verflochtenheit der Offenbarungstheologie mit der philosophischen Gotteslehre hin; gerade wegen deren Bedeutung habe er diese große Arbeit auf sich genommen.[38] Suarez beharrt darauf, die natürliche Theologie als integrierenden Bestandteil der Metaphysik zu betrachten; die spekulative Erkenntnis Gottes in der philosophischen Gotteslehre setze die Kenntnis der metaphysischen Grundbegriffe und -lehren voraus. Die Entfaltung der Gotteslehre erfolgt dann bekanntlich am Beginn des zweiten Hauptteils der *Disputationes metaphysicae.*[39] Nach Suarez vermag die Metaphysik bis zur Erkenntnis eines Weltschöpfers vorzustoßen.[40]

In der deutschen Schulphilosophie wurden die gegensätzlichen Auffassungen der spanischen Jesuiten stark beachtet. Die lutherische Richtung folgte zunächst Suarez. Der herausragendste Metaphysiker des lutherischen Bekenntnisses war Christoph Scheibler (1589-1653), der in Gießen lehrte. Der Einfluß der *Disputationes metaphysicae* auf Scheibler ist nachweisbar; er betrachtet zunächst Metaphysik und philosophische Gotteslehre als eine einheitliche Wissenschaft.[41] Aus praktischen Erwägungen – weil er in seinem Lehrbuch der Metaphysik die Gotteslehre zu kurz behandelt habe und der studierenden Jugend einen Dienst erweisen wolle – entschließt er sich dennoch im Jahre 1621 zur Herausgabe einer eigenen *Theologia naturalis.*[42] Seltsamerweise spricht er in diesem Werk davon, daß es prinzipiell keine hinreichende Begründung dafür gebe, die natürliche Theologie aus der Metaphysik herauszunehmen.[43]

---

38 *Disputationes metaphysicae, universam doctrinam duodecim librorum Aristotelis comprehendentes,* pars I (*Opera omnia,* hg. v. C. Berton, Bd. XXV, Paris 1861), *Ratio et discursus totius operis. Ad lectorem:* »(...) ut non dubitaverim (...) quo huic doctrinae metaphysicae suum quasi locum ac sedem darem, vel potius restituerem.«

39 *Disputationes metaphysicae (...),* pars II (*Opera omnia,* hg. v. C. Berton, Bd. XXVI, Paris 1877): Die Gotteslehre beginnt mit disp. XXVIII.

40 Ebd., disp. XXIX, sect. I, n. 41: »(...) metaphysicus discurrit ad inquirendum non jam primum motorem coeli, sed primum factorem rerum«. Vgl. J. Leiwesmeier, *Die Gotteslehre bei Franz Suarez,* Paderborn 1938, 24 f.

41 Vgl. Wundt, *Schulmetaphysik,* 122. 219. Über die Abhängigkeit Scheiblers von Suarez siehe 120 f.

42 *Theologia naturalis et Angelographia, Hoc est summaria repetitio totius Doctrinae Metaphysicae de Deo et Angelis,* Gießen 1621.

43 Ebd., 4: »Ac non apparet idonea causa, cur id fieri debeat, ut ex Metaphysica haec nobilissima doctrina eximatur.« Er habe sich dennoch dazu entschlossen, »quia

Auf reformierter Seite schloß man sich von Anfang an der Konzeption des Pererius an. Der in Marburg lehrende Professor Rudolf Göckel (Goclenius) (1547-1628) erwarb sich großes Ansehen durch seine 1598 erschienene Metaphysik, in der er für die Trennung beider Bereiche plädiert und sich dabei ausdrücklich auf Pererius stützt.[44] Ihm folgte der Metaphysiker des reformierten Bekenntnisses Bartholomäus Keckermann (1571-1609), der zuerst in Heidelberg, später in Danzig lehrte; ferner Heinrich Alstedt (1588-1638) aus Herborn und schließlich Johann Combach (1585-1651) aus Marburg.[45] Die Vertreter der lutherischen Richtung entschieden sich schließlich auch für die Verselbständigung der philosophischen Gotteslehre. Unter ihnen verdient Johannes Scharf (1595-1660) aus Wittenberg eine besondere Beachtung; er beruft sich in seinem 1629 erschienenen Hauptwerk ausdrücklich auf Pererius und tritt entschieden für eine eigenständige natürliche Theologie ein.[46] Besonders unter den Lutheranern zeigt sich verstärkt die Tendenz, der natürlichen Theologie die beherrschende Stellung unter den philosophischen Disziplinen einzuräumen und die Ontologie nur noch als ein Lexikon zur Klärung der Begriffe anzusehen, wie wir es beispielsweise bei dem Lehrer von Leibniz, dem Leipziger Professor Jakob Thomas (1622-1684) sehen können.[47]

Im Blick auf die Entwicklung, die zur Entstehung und zum Verlauf der Aufklärung in den deutschsprachigen Ländern geführt hat, läßt sich folgende These vertreten: Es gibt sowohl allgemeine wie spezifische Ursachen dafür, daß seit dem Beginn der Aufklärung in Europa verstärkt Kritik an der Institution der Kirche, am Christentum und schließlich an der Religion als solcher entstand. Die allgemeinen, politischen, gesell-

---

studiosae juventuti sic hac iterata tractatione, ad eiusdem publicum exercitium me gratificari putarem.« (Ebd., *Epistola ad Lectorem*)

44 *Isagoge in Peripateticorum et Scholasticorum Primam Philosophiam, quae dici consuevit Metaphysica*, Frankfurt 1598: »(...) non displicet mihi, si doctrina de mentibus separatim tractetur, et Metaphysica a prima Philosophia distinguatur.« (*Praefatio ad lectorem*, Nr. 5) Weiter unten heißt es: »Metaphysica, a parte praestantiore dicta Theologia (...) Alias divina scientia.« (Nr. 21) Vgl. Wundt, *Schulmetaphysik*, 57.

45 Vgl. Wundt, *Schulmetaphysik* 71. 83 f.

46 *Pneumatica, seu Pneumatologia, hoc est Scientia spirituum naturalis*, Wittenberg 1629. In seiner *Praefatio ad Lectorem* weist er auf Pererius und dessen Unterscheidung zwischen der Philosophia prima und der eigentlichen Metaphysik hin; das Vorgehen von Pererius sei begründet. Die Pneumatica könne auch Theologia naturalis genannt werden, »cum primaria ejus pars sit de Deo, et tradit notitiam Dei naturalem.« (ebd., 2)

47 Vgl. Wundt, *Schulmetaphysik*, 143.

schaftlichen und sozialen Ursachen für diesen Prozeß verdienen Beachtung, bedürfen aber einer gesonderten Behandlung. Daß Religion zum Gegenstand der wissenschaftlichen Philosophie wurde, ist nicht zuletzt einer spezifischen geistesgeschichtlichen Entwicklung zu verdanken, in welcher der Verselbständigung der philosophischen Gotteslehre eine entscheidende Bedeutung zukam. Der Weg hierfür wurde im deutschsprachigen Raum bereits vor der Aufklärung, also schon im 17. Jahrhundert, eröffnet. Vor allem in der zweiten Hälfte dieses Jahrhunderts mehren sich umfangreiche Werke, die sich mit den besonderen Themen der theologia naturalis befassen. Die Idee einer selbständigen Gotteslehre in der Philosophie ist als die entscheidende Vorstufe und als Voraussetzung dafür anzusehen, daß Religion zum Thema in der Philosophie und in den Geisteswissenschaften geworden ist. Wenn auch die Schulphilosophie dafür den ersten wichtigen Beitrag geleistet hat, reichen die Anfänge dieser Entwicklung bis in das 15. Jahrhundert zurück; sie wirken ebenfalls fort in der Renaissance und in der besonderen Form der Barockfrömmigkeit, der Physikotheologie. In der Erforschung der hiermit zusammenhängenden Probleme eröffnet sich der Wissenschaft ein weitgehend noch unerschlossenes Feld.

## Von der theologia naturalis zur philosophischen Religionslehre – ein für die deutsche Aufklärung charakteristischer Prozeß

Der Schulphilosophie ist der verspätete Beginn der Aufklärung in Deutschland zuzuschreiben. Sie verhinderte auch jenen verhängnisvollen Bruch mit der Theologie, der für die Aufklärung in England und Frankreich kennzeichnend gewesen ist. Als sich die Aufklärung in den deutschsprachigen Ländern ausbreitete, wurde deutlich, daß die philosophische Gotteslehre im Vordergrund der Auseinandersetzungen zwischen Philosophen und Theologen stand. Der ursprünglich eng gefaßte Rahmen der theologia naturalis wird gesprengt, neue Fragestellungen in diese Disziplin einbezogen, bis sie schließlich zu einer philosophischen Religionslehre weiterentwickelt wird. Im folgenden soll nachgewiesen werden, daß an dieser Entwicklung die Vertreter der Philosophie maßgeblich beteiligt gewesen sind.

Es dürfte keinem Zweifel unterliegen, daß Gottfried Wilhelm Leibniz (1646–1716) in der Übergangsperiode von der Schulphilosophie zur Philosophie der Aufklärung die Kontinuität dieser Wissenschaft gewahrt hat. Er wußte sich nicht nur der Tradition der Schulphilosophie verbunden, sondern ebenso dem Denken der Scholastik, nicht zuletzt dem des hl. Thomas von Aquin.[48] Er hat Wesentliches dazu bewirkt, daß sich die deutsche Aufklärung weder die Theologiefeindlichkeit Englands noch den Atheismus Frankreichs zu eigen machte. Bekanntlich stellt er die These auf, daß zwischen Glaube und Vernunft kein Widerspruch möglich sei. Er selbst läßt aber die christliche Glaubenslehre unangetastet und hält daran fest, daß es »veritates supra rationem« und »veritates contra rationem« gebe.[49] Doch finden sich in seinen Abhandlungen über die Eucharistie und die Trinitätslehre bereits Ansätze dafür, die Dogmen als vernunftgerecht zu erweisen.[50] Richtungweisend für die Aufklärung wurde ferner seine Forderung, philosophische Kriterien zu erarbeiten, an denen jede Offenbarungslehre gemessen werden sollte; die positiven Religionen wurden somit zum Gegenstand philosophischer Reflexionen.[51] Den Gedanken einer Universalreligion nimmt Leibniz ebenfalls vorweg; die wahre Religion werde – wenn man mit Hilfe einer ars combinatoria eine von allen Mißverständnissen freie Sprache geschaffen ha-

---

48 Leibniz wollte mit seiner eigenen Philosophie »die frühere Philosophie in gewisser Weise wieder zu Ehren« bringen; es sei bedauerlich, daß manche Gelehrte »dem heiligen Thomas und anderen großen Männern seiner Zeit nicht die genügende Gerechtigkeit widerfahren lassen«; unzweifelhaft sei, »daß manche Lehren der scholastischen Philosophen und Theologen auf viel festerem Grunde ruhten, als man sich gewöhnlich vorstellt«. (*Hauptschriften zur Grundlegung der Philosophie*, hg. v. E. Cassirer: *Schriften zur Metaphysik*, Bd. III, XXV: *Metaphysische Abhandlung*, Leipzig 1906, 147)

49 *Essais de Theodicée sur la bonté de Dieu, la liberté de l'homme et l'origine du mal*, Amsterdam 1710. Hier wurde folgende Ausgabe zugrunde gelegt: *Die philosophischen Schriften von Gottfried Wilhelm Leibniz*, hg. v. C. J. Gerhardt, Bd. VI, Zweite Abtheilung, Berlin 1885 (Nachdr. Hildesheim 1961), 50 f. 64.

50 Vgl. die *Demonstrationes catholicae*, darin besonders die Abhandlungen *Demonstratio possibilitatis mysteriorum Eucharistiae* und *Defensio Trinitatis contra Wissowatium*. (*Sämtliche Schriften und Briefe*, hg. v. d. Preußischen Akademie der Wissenschaften: *Philosophische Schriften*, Bd. I, Darmstadt 1930), 489–559.

51 *Leibnitzens* (sic!) *System der Theologie, nach d. Manuskripte von Hannover (den lateinischen Text zur Seite)* ins Dt. üb. v. A. Räß u. N. Weis, Mainz 1820, 20: »Porro revelatio notis quibusdam insignita esse debet (quas vulgo motiva credibilitatis vocant), ex quibus constet id quod in ea continetur, nobisque ostenditur, Dei esse voluntatem, non illusionem mali ingenii, neque nostram sinistram interpretationem (...) si quae vero talibus notis destituitur revelatio, huic impune non paretur.«

be – mit der Vernunft in »genauer Übereinstimmung« stehen und »einen Abfall von ihr wird man in Zukunft ebensowenig zu fürchten haben, als man eine Abkehr der Menschen von der Arithmetik und Geometrie (...) befürchtet«.[52] Ein oft wiederkehrender Gedanke der Aufklärung war ferner die Verbindung von Gotteserkenntnis und Frömmigkeit. Bereits Leibniz sieht in der Erkenntnis der göttlichen Vollkommenheiten die Voraussetzung für die Liebe zu Gott und betont, daß diese Erkenntnis die Prinzipien der wahren Frömmigkeit beinhalte.[53]

Mit Christian Wolff (1679-1754) wird – wie wir wissen – eine neue Einteilung der philosophischen Disziplinen vorgenommen und die Verselbständigung der natürlichen Theologie zum Abschluß gebracht. Wolff definiert sie als eine Wissenschaft, zu deren Bereich nicht nur die Lehre von den Gottesbeweisen, sondern alle Aussagen, die durch die Philosophie über Gott gemacht werden können, gehören.[54] Damit geht er sowohl über die Scholastik wie über die Schulphilosophie weit hinaus. Hier zeigt sich unübersehbar, wie sehr die Vertreter der Aufklärung an die Kraft der Erkenntnis glaubten. Wie Sabunde behauptet auch Wolff, daß das Studium der natürlichen Theologie eine sichere Gotteserkenntnis gewährleiste, da alle mit ihr zusammenhängenden Fragen beweisbar seien oder bewiesen werden müssen.[55] Wolff ist der Ansicht, die natürliche Theologie sei das sicherste Bollwerk gegen jeden Atheismus.

Bekanntlich ging Wolff bei der Übernahme und Systematisierung der Philosophie von Leibniz eklektisch vor. Während er dessen Monadologie außer acht ließ, widmete er dem Verhältnis zwischen Philosophie und Theologie große Aufmerksamkeit. Der Philosophie spricht er die Kompetenz zu, in den Fragen der Offenbarung das letzte Urteil zu fäl-

---

52 Leibniz suchte nach einem Weg, »die Sätze der Moral und Metaphysik nach einem unfehlbaren Rechenverfahren zu beherrschen«. So könnten die Menschen auch zu einer einzigen und weltumspannenden Religion finden. »Wer endlich von der Wahrheit der Religion und ihren Folgerungen fest überzeugt ist und zugleich in seiner Liebe zum Menschengeschlechte dessen Bekehrung ersehnt, der wird (...) gestehen müssen, daß (...) zur Ausbreitung des Glaubens kein wirksameres Mittel gedacht werden kann.« (*Hauptschriften zur Grundlegung der Philosophie, Schriften zur Logik und Methodenlehre III*, Bd. I, Leipzig 1904, 35. 37)

53 *Theodicée*, a. a. O., 28.

54 *Theologia naturalis est scientia eorum, quae per Deum possibilia sunt, hoc est, eorum, quae ipsi insunt, et per ea, quae ipsi insunt, fieri posse intelliguntur.* (*Theologia naturalis methodo scientifica pertractata*, pars prior (Frankfurt a. M. u. Leipzig 1736), hg. u. bearb. v. J. École (Chr. Wolff, *Ges. Werke*, hg. u. bearb. v. J. École u.a., II. Abt.: *Lat. Schriften*, Bd. 7, Hildesheim u. New York 1978), § 1)

55 Ebd., § 2: »Quae in theologia naturali traduntur, demonstranda sunt.«

len.[56] Er setzt den Vorschlag von Leibniz in die Tat um und legt in den beiden Bänden seiner *Theologia naturalis* von 1736 und 1737 philosophische Kriterien für jede Offenbarung fest, die vorgibt, sich auf einen göttlichen Ursprung berufen zu können.[57] Auch befaßt er sich mit Fragen der Exegese.[58] Im zweiten Band seiner *Theologia naturalis* findet sich ferner eine allgemeine Definition der Religion, die er als »modus colendi Deum» bezeichnet. Wolff unterscheidet sodann zwischen der »religio naturalis«, die sich auf die Vernunftprinzipien und darauf stütze, was in der theologia naturalis von Gott gelehrt werde, und der »religio revelata«, die auf die Prinzipien einer Offenbarung gegründet sei.[59]

Hier wird sichtbar, daß der traditionelle Charakter der theologia naturalis als philosophischer Disziplin aufgesprengt worden ist. Ihr wird zunehmend die Behandlung religionsphilosophischer Fragen übertragen; ihr wird sodann nicht nur eine Vorrangstellung über die Theologie eingeräumt, sondern geradezu eine richterliche Funktion in allen Belangen des Glaubens und der Religion zugesprochen. Die in seiner systematischen Philosophie enthaltenen Prinzipien verbreitete Wolff selbst in zahlreichen Schriften, die er in deutscher Sprache schrieb. Er löste damit eine Flut des Popularschrifttums aus, welches für die deutsche Aufklärung so charakteristisch geworden ist. In diesen Schriften verbindet er seine Philosophie mit physikotheologischen Ausführungen; damit schuf er den Übergang von der philosophischen Gotteslehre zur »natürlichen Religion«. Auf diese Weise erreichte er das gesamte Bürgertum. Einen Höhepunkt dieser Gedanken stellt Wolffs Lehre von einer pietas philosophica dar, die sich auf eine natürliche Erkenntnis Gottes gründet, ferner auf eine am Naturgesetz ausgerichtete Ethik, die sogar Kriterien für einen »äußerlichen Gottesdienst« festlegt.[60] Noch vor seiner triumphalen

---

56 Ebd., § 464: »Quamobrem fieri nequit, ut, quae in revelatione continentur, contradicant iis, quae ex principiis rationis demonstrantur, vel etiam factis, quae certa experientiae fide constant.«

57 Ebd., § 425: »Quae divinitus revelata sunt, attributis divinis repugnare minime possunt.« Ebd., § 453: »Quamobrem in revelatione divina contradictiones locum habere minime possunt.«

58 Vor allem ebd., §§ 491–496.

59 *Theologia naturalis, methodo scientifica pertractata*, pars posterior (Frankfurt a. M. u. Leipzig 1737), hg. u. bearb. v. J. École, Hildesheim u. New York 1981, § 512.

60 »Pietas philosophica vocatur habitus conformandi actiones legi naturae vi motivorum ab attributis divinis et providentia divina desumtorum, quatenus lumine rationis innotuerunt.« *Philosophica practica universalis methodo scientifica pertractata*, pars prior (Frankfurt a. M. u. Leipzig 1738), hg. u. bearb. v. J. École (Chr. Wolff, *Ges. Werke*, hg. u. bearb. v. J. École u. a., II. Abt: *Lat. Schriften*, Bd. 10, Hildesheim u.

Rückkehr nach Halle im Jahre 1740, von wo ihn 1723 die pietistischen Theologen verjagt hatten, schreibt er allen Theologen ins Stammbuch: »Da sich nun der Geschmack der Leute geändert hat: so muß man auch die Art, göttliche Wahrheiten vorzutragen, ändern.«[61]

Wir wissen, daß sich die von Leibniz und Wolff vertretenen Ideen an den Universitäten wie auch in den christlichen Kirchen rasch durchsetzten, woran besonders Siegmund Jakob Baumgarten (1706–1757), der Überwinder des Pietismus in Halle, Jakob Carpov (1699–1768) und Gottlieb Canz (1690–1757) entscheidenden Anteil hatten. Karl Barth nennt diese drei Gelehrten »die geistigen Söhne Wolffs und die Großsöhne Leibnizens«.[62]

Der bedeutendste Philosoph der Wolffschen Schule, Alexander Gottlieb Baumgarten (1714–1762) – er lehrte in Halle und in Frankfurt a. d. Oder und begründete die Ästhetik als philosophische Disziplin –, verfaßte ein Lehrbuch der Metaphysik (Halle 1739), welches eine weite Verbreitung fand und das auch Kant für seine Vorlesungen benutzte und noch in seiner kritischen Periode kommentierte. Baumgarten bezieht in seine philosophische Gotteslehre, die einen gesonderten und abschließenden Teil der Metaphysik bildet, eine Wesensbestimmung der Religion ein. Das Wesen der Religion besteht für ihn in der Erkenntnis der göttlichen Vollkommenheiten durch die Vernunft und in der Verehrung Gottes.[63] Was gegen die Prinzipien der Vernunft verstoße, dürfe nicht als geoffenbart betrachtet werden.[64] Als eine bedeutsame Neuerung in der deutschen Aufklärung muß der Versuch Baumgartens gewertet werden, einen durch die Philosophie konzipierten Religionsbegriff zum Ausgangspunkt und zur Grundlage der philosophischen Ethik zu nehmen. Diese Ethik erscheint im Jahre 1740 und behandelt an ihrem Beginn Wesen und Ziel der Religion ebenso wie die äußeren Formen der

---

New York 1971), § 339. Der Begriff der »pietas philosophica« findet sich bereits bei J. Fr. Buddeus, *Selecta juris naturae et gentium*, Halle 1704; er behandelt sie in einem eigenen Abschnitt auf den Seiten 193–267. Kriterien für den Gottesdienst stellt Wolff zusammen in seinem Werk: *Vernünftige Gedanken von der Menschen Tun und Lassen*, Frankfurt u. Leipzig $^{3}$1728, 536.

61 *Gesammelte kleine philosophische Schriften*. Zweiter Teil, Halle, 1737, 823.

62 *Die protestantische Theologie im 19. Jahrhundert. Ihre Vorgeschichte und ihre Geschichte*, Zollikon u. Zürich $^{2}$1952, 144.

63 Die natürliche Theologie bildet den abschließenden Teil der *Metaphysica*, sie sei »scientia de deo, quatenus sine fide cognosci potest.« (§ 800) Religion ist für Baumgarten »gloria dei et illustratio eius.« (§ 947)

64 Ebd., § 995: »Quae vero contra rationem sunt, nec sunt revelatio dei.«

Gottesverehrung in nicht weniger als 138 Paragraphen.[65] Die Religion sei das letzte, einzige Ziel des menschlichen Lebens; jeder Mensch sei zur Religion verpflichtet, weil sie die Erkenntnis und Befolgung der ethischen Aufgaben befördere.[66]

Seit Baumgarten setzten Philosophen und Theologen Religion und Sittlichkeit in engste Beziehung zueinander; auch Kant folgte prinzipiell dieser Auffassung. Durch diese Verknüpfung wurde die Lehre von einer »natürlichen Religion« bzw. »Vernunftreligion« entscheidend vorangetrieben. Im Jahre 1752 trägt erstmals ein Buch den Titel *Die Religion der Vernunft*, in welchem der Verfasser eine philosophische Gotteslehre in popularisierter Form vorträgt und sie dem »blinden«, über die Einsicht des Verstandes hinausgehenden Glauben alternativ gegenüberstellt.[67] Der bedeutendste Schüler Baumgartens war Georg Friedrich Meier (1718-1777); er lehrte in Halle und genoß ebenfalls hohes Ansehen, nicht zuletzt deshalb, weil er seine Lehrbücher in deutscher Sprache verfaßte. Seine *Metaphysik* erschien 1759 und folgt in der Defintion der philosophischen Gotteslehre und des Begriffs der Religion im wesentlichen den Auffassungen Baumgartens. Meier nennt die Vernunft und auch die Philosophie »die rechtmäßigen Richter der übernatürlichen Offenbarung«.[68] Mit ihm übt erstmals ein Aufklärungsphilosoph Kritik am Kanon der Bibel; das Buch »Tobias« könne »unleugbar keine übernatürliche Offenbarung seyn«.[69] Damit beginnt eine Entwicklung, die in der radikalen Bibelkritik des Reimarus ihren ersten Höhepunkt finden sollte.

Als ernsthafter Versuch, den christlichen Glauben durch eine natürliche Religionslehre abzulösen, müssen die Thesen angesehen werden, die Meier in seiner 1753 und 1754 erschienenen *Philosophischen Sittenlehre*

---

[65] Erschienen in Halle. Daß Baumgarten hier selbständig vorging, geht schon daraus hervor, daß die Ethik Wolffs später herauskam (nämlich Halle 1750).

[66] *Ethica*, pars I, cap. I, § 102: »Omnium actionum tuarum liberarum finis sit religio (...) ergo et omnium intentionum tuarum (...). Ergo omnes tui fines intendis, praeter religionem, religioni subordinentur (...) adeoque religio sit finis tuus ultimus (...) hinc simul unicus.«

[67] Entworfen von einem Mitgliede der Königlich Deutschen Gesellschaften zu Königsberg u. Göttingen, Berlin 1752, 6. Der Verfasser ist J. W. Hecker. Vgl. *Deutsches Anonymen-Lexikon 1501-1850*. Aus d. Quellen bearb. v. H. Holzmann u. H. Bohatta, Weimar 1902-1907, Bd. II, 371, Nr. 11903. J. W. Hecker erwähnt die Offenbarung mit keinem Wort.

[68] *Metaphysik*, Bd. I-IV, Halle 1755-1759; das Zitat steht in IV, 478.

[69] Ebd., 476 f.

vertreten hat. Die Bedeutung, welche Meier der natürlichen Religion beimißt, wird daran ersichtlich, daß er dem Thema »Von der innerlichen natürlichen Religion« mehr als 550 Seiten widmet; der Traktat »Von der äußerlichen natürlichen Religion« umfaßt mehr als 330 Seiten.[70] Eine umfangreichere Behandlung der Religion durch die Philosophie ist in der deutschen Aufklärung bisher nicht nachgewiesen worden. Meier erklärt, die »Verpflichtung zur natürlichen Religion« könne durch keine positive Religion »aufgehoben werden«,[71] und spricht unmißverständlich von einem »philosophischen Glauben«.[72] Jede Offenbarungslehre müsse durch die Philosophie auf ihren Wahrheitsanspruch hin überprüft werden; die Philosophie ermögliche eine »mathematische Untersuchung der Religion«.[73]

In dieser Konzeption erscheint die Vernunftreligion in einer vom Christentum nicht zu legitimierenden, autonomen Gestalt, die einzig als Ergebnis philosophischer Reflexion anzusehen ist und deren Konkretisierung im Alltag des Individuums und der Gesellschaft als möglich erscheint, ja angestrebt wird.

In diesem Zusammenhang verdient Erwähnung, daß Hermann Samuel Reimarus (1694–1768) im Jahre 1754 ein Buch unter dem Titel *Die vornehmsten Wahrheiten der natürlichen Religion* veröffentlichte, das sein allgemeines Ansehen begründete und oft auch von katholischen Theologen – zur Widerlegung des französischen Atheismus – zitiert wurde. In diesem Werk spricht er bereits davon, daß es zahllose Christen gebe, die sich zwar äußerlich zu ihrer Kirche bekennen, auf Grund ihrer philosophischen Einsichten sich aber »heimlich mit allerlei Zweifeln quälen«; es sei verfehlt, deshalb »den Teufel anzuklagen, als ob der ihnen solche Gedanken eingegeben hätte«; man solle endlich die »Gründe der gesunden Vernunft« zum Kriterium aller religiösen Auffassungen bestimmen.[74] Für die Wolfenbütteler Fragmente ist bedeutsam, daß die bis dahin ungekannte Schärfe der Kritik an der Bibel, der Lehre der Kirche und der urchristlichen Tradition sowie die Stellungnahmen des Reimarus zur Problematik der Offenbarungsreligionen bewußt von religionsphilosophischen Argumenten gestützt werden. Die Kenntnis der

---

70 *Philosophische Sittenlehre.* Erster Teil, Halle 1753, 73–640. *Philosophische Sittenlehre.* Anderer Teil, Halle 1754, 1–334.

71 *Philosophische Sittenlehre* I, 148.

72 Ebd., 536.

73 Ebd., 136 f.

74 Das Werk erschien in Hamburg. Das Zitat steht im »Vorbericht« (unpag.).

Fragmente darf hier vorausgesetzt werden; zu erwähnen ist, daß Reimarus — als anonymer Verfasser — die »reine, vernünftige Religion« zum Maßstab aller seiner Überlegungen macht; auch dürfte der erste Entwurf der »Schutzschrift« schon vor 1750 fertiggestellt worden sein. Hier liegt keimhaft gleichsam der Beginn für die Etablierung einer »Philosophie der Religionen«; die theologische Reflexion über die Vielheit der Religionen empfing von dieser Entwicklung ihre Anstöße.

Die großen Philosophen und Dichter der deutschen Aufklärung griffen in der zweiten Hälfte des 18. Jahrhunderts diese Anliegen auf und trieben damit eine Entwicklung voran, die dazu führte, daß Philosophie nicht mehr gedacht werden konnte ohne eine ihr innewohnende, wesensmäßige Relation zur Religion. Hier ist zuerst Moses Mendelssohn (1729-1786) zu nennen, den seit 1754 eine enge Freundschaft mit Lessing verband. Bis zu seinem Tode hielt Mendelssohn daran fest, daß die Grundaussagen der natürlichen Religion »so apodiktisch erweislich sind, als irgend ein Satz in der Größenlehre«.[75] Können wir hierin einen Schritt erblicken in der Verselbständigung einer Religionsphilosophie, die — im Sinne eines neuzeitlichen Wissenschaftsverständnisses — gleichsam subjektlos und ohne Beziehung zu einer historischen Religion gedacht werden sollte? Auch Mendelssohn stellt zwischen der Religion und der »Moralphilosophie« kaum noch Unterschiede fest; die Prinzipien der letzteren erhielten durch die Vernunftreligion eine stärkere Sanktion.[76] Es ist bekannt, daß sich Mendelssohn gegen jede administrative Vereinigung verschiedener Religionen und Konfessionen ausgesprochen hat und in der Vielfalt der religiösen Auffassungen den »Plan und Endzweck der Vorsehung«[77] sah. Er verfaßte eindringliche Appelle zur Förderung der Toleranz; die Staatslenker sollten sich nur mit dem »Thun und Lassen der Menschen« befassen und nur darüber Recht sprechen, niemals aber über »das Denken und Reden«.[78] Sein Anliegen fand bei Herder und Kant einen starken Widerhall.

Die Bedeutung G. E. Lessings (1729-1781) für Philosophie und Theologie der deutschen Aufklärung ist in der Forschung wiederholt und

---

[75] *An die Freunde Lessings* (*Gesammelte Schriften*, Bd. III, 14). Die genannte Schrift erschien in Berlin 1786. Die *Gesammelten Schriften* umfassen die Bände I-VII und wurden von G. B. Mendelssohn zwischen 1843 u. 1845 in Leipzig herausgegeben.

[76] *Jerusalem, oder über religiöse Macht und Judentum* (*Gesammelte Schriften*, Bd. III), Berlin 1783, 282.

[77] Ebd., 360.

[78] Ebd., 361.

kontrovers diskutiert worden. In unserem Zusammenhang verdient Beachtung, daß sich Lessing den Gedanken der Vernunftreligion uneingeschränkt zu eigen gemacht hat, andererseits schon zu denen gerechnet werden muß, welche den Rationalismus ihrer Zeit überwunden haben. Für Lessing läßt sich »das Wesen des Christentums gar wohl ohne alle Bibel denken«.[79] Notwendige Wahrheiten der Vernunftreligion seien durch zufällige Geschichtswahrheiten nie zu beweisen; darum sei die Bibel nicht die Religion.[80] So wie Lessing fragen viele Menschen auch heute: »Was für ein Christentum hat man denn bisher geprediget, daß dem wahren Christentum noch nicht einmal der größere Haufe so anhängt, wie sichs gehöret?«[81] Die Anpassung der Theologie an den Rationalismus vergleicht Lessing mit einer »Mistjauche«, der gegenüber die alte orthodoxe Lehre eher nur ein »unreines Wasser« sei.[82] Die Neologie sei ein »Flickwerk von Stümpern und Halbphilosophen«.[83] Auch Lessings Ideal besteht in der Verbreitung der natürlichen Religion, die er mit denselben Worten definiert wie seine übrigen Zeitgenossen.[84] Wegweisend aber ist, daß er natürliche Religion als »Religion der Natur« interpretiert, um damit auszudrücken, daß die religiöse Anlage zur Existenz des Menschen gehört.[85] Das Problem der vielen Religionen beherrscht auch sein theologisches Schrifttum; hier sei daran erinnert, daß der frühe Lessing als »beste geoffenbarte oder positive Religion« diejenige bezeichnet hat, welche »die wenigsten konventionellen Zusätze zur natürlichen Religion enthält, die guten Wirkungen der natürlichen Religion am wenigsten

---

79 *Sogenannte Briefe an verschiedene Gottesgelehrte, die an seinen theologischen Streitigkeiten auf eine oder andere Weise Teil zu nehmen beliebt haben* (*Gesammelte Werke in zehn Bänden*, hg. v. P. Rilla, Bd. VIII: *Philosophische und theologische Schriften II*, Berlin 1956), 497. Karl Lessing veröffentlichte diese Briefe 1784 im *Theologischen Nachlaß*.

80 Aus dem Schlußwort Lessings – *Gegensätze des Herausgebers* – zum fünften »Wolfenbütteler Fragment«: *Über die Auferstehungsgeschichte* (*Gesammelte Werke*, a. a. O., Bd. VII: *Über das Epigramm. Beiträge zu einem deutschen Glossarium: Philosophische und theologische Schriften I*, Berlin 1956), 813.

81 *Anti-Goeze.* Vierter (1778) (*Werke*, Bd. VIII), 229.

82 *Anmerkungen* (*Werke*, Bd. VII), 867.

83 Ebd., 868.

84 »Einen Gott erkennen, sich die würdigsten Begriffe von ihm zu machen suchen, auf diese würdigsten Begriffe bei unsern Handlungen und Gedanken Rücksicht nehmen: ist der vollständigste Inbegriff aller natürlichen Religion.« (*Über die Entstehung der geoffenbarten Religion* (*Werke*, Bd. VII, 280. Veröffentlicht im *Theologischen Nachlaß*) Die Abfassungszeit dieses Fragments läßt sich nicht mehr ermitteln, dürfte aber zwischen 1750 u. 1760 gelegen haben.

85 Ebd.

einschränkt«.[86] Eine gewandelte Einstellung begegnet uns beim späten Lessing. Wir gehen nicht fehl darin, seine Abhandlung *Die Erziehung des Menschengeschlechts* als einen religionsphilosophischen Entwurf anzusehen, der den Rationalismus der Aufklärung bereits hinter sich läßt und wieder zu einer positiven Deutung der jüdischen und christlichen Offenbarung zurückzukehren sucht.

Ähnlich wie Lessing äußerte sich auch Christoph Martin Wieland (1733-1813) kritisch gegenüber dem aufklärerischen Rationalismus. Nach seiner Ansicht gibt es keine absolute Sicherheit des menschlichen Erkennens.[87] Religion sei ein »moralisches Bedürfnis der Menschheit«; die Wurzel der Religion liege »so tief in unsrer Natur« und sei »gleichsam mit allen Fasern derselben so verschlungen«, daß man, »um sie im Menschen gänzlich auszurotten, den Menschen selbst zerstören müßte«.[88] Wieland spricht von einem »dunklen Gottesgefühl«, welches in jedem Menschen anzutreffen sei.[89] Die »Religion Christi« sei eine »bloße Angelegenheit des Herzens«[90]; sie habe »den Deismus zur Grundlage«, sei also identisch mit der »natürlichen Religion«.[91]

Ebenso wie Lessing hat sich Wieland von der Erkenntnistheorie und Metaphysik der Wolffschen Schule gelöst. Beide eröffnen einen neuen Weg zur philosophischen Erschließung des Phänomens der Religion, der die Aufmerksamkeit auf das Gefühl als einer wesentlichen Erkenntniskraft lenkt. Beide aber beharren darauf, daß die im Gefühl verwurzelte Religion zur bewußten Vorstellung erhoben werden soll; sie schlagen somit eine Brücke von der Aufklärung hin zu Schleiermacher und der Romantik.

Zusammenfassend kann eine zweite These vertreten werden: Die Philosophen der deutschen Aufklärungsphilosophie nehmen nachdrücklich das Recht in Anspruch, die Religion und die mit ihr im Zusammenhang stehenden Fragen unter philosophischem Aspekt zu erörtern. Die von ihnen aufgestellten Prinzipien über die natürliche Religion bilden

---

86 Ebd., 281.

87 *Was ist Wahrheit?* (*Wielands Gesammelte Schriften*, hg. v. d. Deutschen Kommission der Preußischen Akademie der Wissenschaften, Erste Abteilung: Werke, Bd. 14: *Prosaische Schriften I 1773-1783*, Berlin 1928), 186. Diesen Aufsatz veröffentlichte Wieland im Jahre 1778.

88 *Ueber den freyen Gebrauch der menschlichen Vernunft in Glaubenssachen* (1788) (*Werke*, a. a. O., Bd. 15, 147).

89 Ebd., 152.

90 Ebd., 151.

91 Ebd., 133.

den Ausgangspunkt für eine Auseinandersetzung mit der Theologie und dem Problem der positiven Religionen. Die natürliche Religionslehre rückt bereits vor der Jahrhundertmitte in einer Weise in den Vordergrund, daß sie nicht nur die theologia naturalis überflüssig zu machen scheint, sondern weitgehend auch als Alternative für den christlichen Glauben empfunden wird. Von großer methodischer Bedeutung war die Verknüpfung von natürlicher Religion und philosophischer Sittenlehre; Lessing, Wieland, Kant u. a. schlossen sich diesem Vorgehen an. Schon um 1750 betrachtet die Philosophie im deutschsprachigen Raum die Religion und die mit ihr im Zusammenhang stehenden Probleme als einen ihrem Sachbereich zuzuordnenden Gegenstand.

## Religion als Thema der Theologie

Diejenige Richtung, welche bis zum Ausgang der Aufklärung die führende Position im theologischen wie kirchlichen Leben des Protestantismus behauptete, wird mit dem Begriff »Neologie« bezeichnet. Eine volle Übereinstimmung, wer dieser Richtung zuzuordnen ist und bis zu welchem Zeitraum sie sich erstreckt, wurde bisher nicht erzielt; hier ist auf Definitionsversuche von K. Aner, K. Barth, E. Hirsch, W. Philipp, W. Maurer, L. Richter und H.-G. Redmann zu verweisen.[92] Es dürfte aber feststehen, daß in dem Aufkommen der Dogmenkritik, der Gleichsetzung von Christentum und Vernunftreligion und in der Hinwendung zu religionsphilosophischen Fragen die entscheidenden Merkmale dieser Richtung zu sehen sind. Die Grenzen zwischen Orthodoxie und Neologie einerseits, zwischen Neologie und theologischem Rationalismus andererseits sind fließend. Es ist K. Barth zuzustimmen, wenn er in der Hinwendung zum Rationalismus ein Charakteristikum der gesamten Aufklärungstheologie erblickt.

Die Entwicklung der neologischen Auffassungen im deutschen Protestantismus vollzog sich in etwa analog und zeitlich parallel zu dem Prozeß, den die Philosophie durchlief. In den Jahren 1734–1735 veröffentlichte Johann August Ernesti (1707–1781) eine Einführung in die Philosophie. Ernesti lehrte Theologie in Leipzig und hatte wesentlichen Ein-

[92] Vgl. K. Feiereis, a. a. O. (Anm. 6), 32–34.

fluß auf die Durchsetzung der historisch-kritischen Methode in der protestantischen Theologie. Der zweite Teil des genannten Werkes enthält eine umfassende Darstellung der theologia naturalis, die mit einer Lehre über den Kult abgeschlossen wird.[93] Ernesti zählt die Erkenntnis Gottes zu den evidenten Wahrheiten. Er dürfte der erste Theologe gewesen sein, welcher die mit der Verehrung Gottes zusammenhängen Fragen als einen Gegenstand der Philosophie angesehen hat. Seine Ausführungen, die sich mit der »inneren« wie der »äußeren« Gottesverehrung befassen, können als eine »Philosophie der Religiosität« bezeichnet werden.[94] In seinem Lehrbuch werden auch »exercitia pietatis« angeführt, wozu er alle Handlungen rechnet, die die Frömmigkeit erhalten und vermehren können. Hier wird sichtbar, daß auch in der Theologie eine Entwicklung stattgefunden hat, welche von der theologia naturalis zur natürlichen Relgionslehre führt. Die Philosophie gibt – in Unabhängigkeit von der kirchlichen Lehre – sogar Antwort auf die Fragen des religiösen Lebens. Vom Jahre 1760 an erklärt Ernesti, die christliche Offenbarung sei »nichts anderes als ein Zusatz, Verbesserung und Erfüllung der natürlichen Offenbarung«.[95] Ferner sucht Ernesti eine von der Philosophie her konzipierte Definition der Religion zu formulieren und diese vom Aberglauben abzugrenzen.

Den veränderten Auffassungen in der Theologie schlossen sich schon sehr rasch führende Vertreter der Kirchenleitungen an. Über die Grenzen Deutschlands bekannt war der Berliner Propst und Oberkonsistorialrat Johann Joachim Spalding (1714–1804). Er erwarb sich hohes Ansehen durch seine Schriften und Predigten. In seinen Publikationen, die von 1748 an datieren und mehrfache Auflagen erzielten, findet sich eine natürliche Religionslehre, die durch physikotheologische Betrachtungen angereichert und popularisiert wird. In einem Anhang zu der dritten Auflage seines Erstlingswerkes *Die Bestimmung des Menschen* – es erschien 1768 – geht er auf den ihm gegenüber erhobenen Vorwurf ein, er lasse nur »die Vortrefflichkeit der natürlichen Religion und Sittenlehre« gelten und bestreite die Wahrheit des christlichen Glaubens. In seiner Erwiderung macht er unmißverständlich deutlich, daß die christliche Offenbarung ihrem Wesen und Ziel nach nicht über die natürliche Religi-

---

93 *Initia doctrinae solidioris*, I-II, Leipzig 1734 f. In vier Kapiteln wird die theologia naturalis abgehandelt (639-708). Kap. IV *De Cultu Divino* findet sich 696-708.

94 Ernesti erklärt, die Verehrung Gottes gehöre zum Themenbereich der natürlichen Theologie (ebd., 696).

95 *Neue Theologische Bibliothek*, Bd. I, Leipzig 1760, 270.

on hinausgehe und deren Bestätigung und Wiederaufrichtung zum Ziel gehabt habe. Inhalt der Religion sei die Lehre vom Sinn des menschlichen Lebens, von der Erkenntnis Gottes als Schöpfer und von einem Weiterleben nach dem Tode.[96] Später wird Spalding die Ansicht vertreten, daß Christus der große »Urheber und Märtyrer der heilsamsten Aufklärung« sei, der »eine reine Religion« verkündet habe.[97] Eine Überwindung der religiösen Vielfalt durch »gewisse Glaubensformeln auszukünsteln« sei »die unverzeihlichste Gewaltthätigkeit gegen den menschlichen Geist«.[98] »Ziel und Zweck aller Religionen« gebe es »in einerley Hauptsache«, in der natürlichen Religionslehre.[99] Scharfe Angriffe richtete Spalding gegen den Anspruch der katholischen Kirche auf Unfehlbarkeit, den er einen »widernatürlichen Wahn von einer menschlichen Untrüglichkeit« nennt.[100]

Ähnliche Bedeutung erlangte Johann Friedrich Wilhelm Jerusalem (1709-1789), Konsistorialpräsident in Braunschweig, als »Abt Jerusalem« über die Grenzen Deutschlands bekannt durch sein Hauptwerk *Betrachtungen über die vornehmsten Wahrheiten der Religion*, von 1768 an mehrfach erschienen; das Schicksal seines Sohnes inspirierte Goethe zur Abfassung der *Leiden des jungen Werther*. K. Barth sieht in Jerusalem den »geistlichen Mittel- und Ruhepunkt« der Neologie.[101] Jerusalem ist nicht nur von der unumstößlichen Evidenz der Gotteserkenntnis überzeugt, er hält die Schöpfung für eine vollkommene Offenbarung Gottes: »Deutlicher und stärker hätte sich Gott mir nicht offenbaren können«.[102] Seine natürliche Religionslehre trägt alle Merkmale eines philosophischen Humanismus, in welchem Religion und Tugend für identisch erklärt werden.[103] Die Philosophie erstellt die Kriterien für die Beurteilung aller religiösen Fragen: »Religion ohne Erkenntnis ist Menschheit ohne Vernunft.«[104] Wer die natürliche Religion bejaht, stehe bereits »an den

---

96 Das Werk erschien in Leipzig. Spaldings Ausführungen finden sich im »Anhang«, auf den Seiten 69-80. Die erste Auflage wurde bereits 1748 gedruckt.

97 *Vertraute Briefe, die Religion betreffend*, Breslau 1784, 87. Dieses Buch erschien anonym. Vgl. dazu *Deutsches Anonymen-Lexikon 1501-1850*. Aus d. Quellen bearb. v. H. Holzmann u. H. Bohatta, Weimar 1902-1907, Bd. I, 274, Nr. 8008.

98 *Einigkeit in der Religion*, Berlin 1786, 65 f.

99 Ebd., 21.

100 Ebd., 70.

101 A. a. O. (Anm. 62), 146.

102 *Betrachtungen über die vornehmsten Wahrheiten der Religion*, Braunschweig 1768, 43.

103 Ebd., 360: »Religion oder Tugend ist ihrer Natur nach Eins.«

104 Ebd., 411.

Grenzen des Christentums«.[105] Da das Hauptziel des Christentums die »Wiederbekanntmachung und außerordentliche Aufrichtung der natürlichen Religion«[106] sei, bleibe wesentlich »alle wahre Religion dieselbe«.[107] Am Ende seines Lebens sieht Jerusalem Dogmen wie das von der Dreifaltigkeit als »der Vernunft so ganz fremd, so unbegreiflich, deswegen so abschreckend« an.[108] Er nennt »Simplicität und Kürze (...) die erste und wesentlichste Eigenschaft aller wahren Religion«.[109]

Schließlich ist noch auf Johann Salomo Semler (1725-1791) zu verweisen, der wie kein anderer für den Durchbruch der Neologie an den theologischen Fakultäten gesorgt hat. Er war – zusammen mit dem späteren Hamburger Hauptpastor Melchior Goeze, der von Lessing so hart bekämpft wurde, und mit Johann Christoph Wöllner, welcher Minister in Preußen wurde und 1788 das berüchtigte Religionsedikt erließ – Schüler von Sigmund Jakob Baumgarten; schon 1752 wurde er als Theologieprofessor nach Halle berufen. Für Semler sind Dogmen nichts anderes als »Theorien«; eine Lehrordnung der Kirche gebe es nur wegen der geistigen Unselbständigkeit des »so großen Haufens der Anfänger und der Unwissenden«, die den größten Teil des Kirchenvolkes ausmachten.[110] Bereits 16 Jahre vor der Religionsphilosophie Kants äußert Semler die Ansicht, es gebe für Sakramente »keine unbedingte Notwendigkeit«.[111] Mit Lessing vertritt er die Auffassung, daß eine historische Religion nicht allgemein werden könne; deshalb sei das Christentum nicht als die Universalreligion der Menschheit anzusehen.[112] Von großer Nachwirkung war die seit 1777 erhobene Forderung Semlers, Theologie und Religion gegeneinander abzugrenzen; bereits vier Jahre später gesteht Semler ein, daß er in den Augen mancher Zeitgenossen hierin zu weit gegangen sei.[113] Von 1784 an unterscheidet Semler drei Formen von Religion: die natürliche, die kirchliche und die private Religion.[114] Die

---

105 Ebd., 392 f.

106 *Nachgelassene Schriften* I, Braunschweig 1792, 405.

107 Ebd., 555.

108 Ebd., 243 f.

109 *Betrachtungen über die vornehmsten Wahrheiten der Religion*, II, 2, Braunschweig 1779, 612.

110 *Ob der Geist des Widerchrists unser Zeitalter auszeichne?* Halle 1784, Vorrede, unpag. (nachfolgend zitiert als »*Widerchrist*«)

111 *Versuch einer freiern theologischen Lehrart*, Halle 1777, 16. Semler bezeichnet Taufe und Abendmahl als »sogenannte Sacramente«.

112 *Widerchrist*, 211; vgl. 178.

113 *Theologische Briefe II*, Leipzig 1781, 56.

114 *Widerchrist*, 208.

beiden erstgenannten Formen seien weder unveränderlich noch allgemein, dagegen sei die Privatreligion die für den »nachdenkenden und forschenden Christen« wesensgerechte Religion.[115] Sie sei die lebendige und deshalb höchste Stufe der Religion, »das Gegenteil vom historisch toten, stillstehenden Glauben«.[116] Nach und nach könne der die Privatreligion ausübende Christ auf die »öffentliche Religionsausübung und Religionssprache«, d. h. auf Kult und Lehre verzichten.[117] Zu erwähnen ist, daß Semler sich auf Nikolaus Cusanus beruft, indem er von einer »einzigen Hauptsache in aller Religion« spricht, wodurch alle Religionsverschiedenheit als sekundär betrachtet werden könne.[118] Zweifellos weisen die Ansichten Semlers in die Richtung eines religiösen Indifferentismus.

Die katholische Theologie der deutschsprachigen Länder kann in jenen Jahrzehnten kaum eine Persönlichkeit aufweisen, die im Leben der Hochschulen, bei den Vertretern der Philosophie und der protestantischen Theologie eine stärkere Beachtung gefunden hätte; erst mit Johann Michael Sailer (1751-1832) tritt hierin eine Wende ein.[119] Die katholischen Theologen stützten sich im allgemeinen auf die Leibniz-Wolffsche Philosophie, wehrten sich aber andererseits gegen die Preisgabe der Substanz des Christentums. So stand das Bemühen im Vordergund, den katholischen Glauben als vernunftgerecht zu erweisen. Es ist das Bestreben unübersehbar, die Philosophie in die theologischen Wissenschaften stärker einzubeziehen. Von der Evidenz der Gottesbeweise waren die meisten Gelehrten überzeugt; sie übernahmen auch die Konzeption einer natürlichen Religionslehre, doch sollte sie nicht den Vorrang vor der geoffenbarten Religion erhalten. Wurde seitens der Kontroverstheologie zuerst die Apologetik in den Vordergrund gerückt, so erkannten die Systematiker schon bald die Notwendigkeit einer fundierten Begründung des Religionsbegriffs.

Zu nennen ist hier zuerst Martin Gerbert (1720-1793), der zu den angesehensten katholischen Theologen jener Zeit zählt und Abt von St. Blasien war. Schon 1760 schrieb Gerbert eine *Demonstratio verae reli-*

---

115 *Widerchrist*, Vorrede, unpag.

116 *Ueber historische, gesellschaftliche und moralische Religion der Christen*, Leipzig 1786, 59.

117 *Widerchrist*, 28. Semler fügt hinzu, daß dies »nach und nach« zu geschehen habe.

118 *Letztes Glaubensbekenntnis über natürliche und christliche Religion*, Königsberg 1792, 339.

119 Vgl. K. Feiereis, *Die Religionsphilosophie Sailers*, in: G. Schwaiger u. P. Mai (Hg.), *Johann Michael Sailer und seine Zeit* (*Beiträge zur Geschichte des Bistums Regensburg*, Bd. 16), Regensburg 1982, 229-255.

*gionis* (St. Blasien 1760), in der er sich über den Begriff der Religion und über die Erkenntnis Gottes äußert. Gerbert bemüht sich zuerst um eine philosophische Argumentation und spricht der Vernunft die Fähigkeit zu, die wesentlichen Eigenschaften der Religion bestimmen zu können.

Bekannt wurde auch der Benediktiner Dominikus Schram (1723-1797), der 1768 ein dreibändiges Lehrbuch der Theologie herausgab. Schram behandelt die Religion in der Tugendlehre und sucht das Wesen der Religion durch die vier Akte der devotio, oratio, adoratio und des sacrificium zu bestimmen.[120] Auch er räumt somit dem Thema der Religion einen eigenen Platz innerhalb des philosophisch-theologischen Systems ein.

Die Universität Wien behauptete unter den katholischen Bildungsstätten zur Zeit der Aufklärung zweifellos den ersten Rang. Hier lehrte seit 1760 als erster Dominikaner Petrus Maria Gazzaniga (1722-1799). Er galt als einer der führenden Dogmatiker jener Zeit und besaß ein hohes Ansehen. Schon 1763 veröffentlichte er eine Gotteslehre, in welcher die theologia naturalis einen bis dahin ungewohnt breiten Raum einnahm.[121] In seinen *Praelectiones theologicae* rückt die Frage der Notwendigkeit einer übernatürlichen Offenbarung in den Vordergrund; in diesem Zusammenhang widerspricht er der Auffassung der Aufklärer, daß das Wesentliche aller Religionen allen Glaubensgemeinschaften gemeinsam und allen Menschen evident sei.[122] Im Jahre 1778 erschien eine Dogmatik, in welcher Gazzaniga die Behandlung des Religionsbegriffs an den Beginn seines Lehrbuches stellt und ihr das erste Kapitel widmet.[123] Damit wurde die Bedeutung dieses Themas mit Nachdruck betont. Im zweiten Kapitel befaßt sich der Dominikaner mit dem Nutzen der Religion für die menschliche Gesellschaft.[124]

Dem Vorbild Gazzanigas folgte der Zisterzienser Stephan Wiest (1748-1797), der im Jahre 1781 in Ingolstadt Johann Michael Sailers Lehrstuhl bekam; auch er stellt die Behandlung des Religionsbegriffs an den Anfang seines sechsbändigen Werkes *Institutiones theologicae*, die zwi-

---

120 *Compendium Theologiae dogmaticae, scholasticae, et moralis methodo scientifica propositum*, Bd. II, Augsburg 1768, 509.

121 *De Deo, ejusque proprietatibus*, Wien 1763, 16-77. Gazzaniga trägt »metaphysische, physische und moralische Argumente« für das Dasein Gottes vor.

122 Bd. IV: *De virtutibus theologicis fide, spe et caritate*, Wien 1766, 64-68.

123 *Theologiae dogmaticae in systema redactae*, Wien 1778, Bd. I, Kap. I: *De Religione*, 9-13.

124 Ebd., Kap. II: »Ostenditur religionem esse hominum societati admodum utilem«, 14-16.

schen 1782 und 1789 in Eichstätt erschienen. Schließlich ist auch Engelbert Klüpfel (1733-1811) zu nennen, Augustinereremit, Professor in Freiburg im Breisgau, dessen *Institutiones Theologiae Dogmaticae* 1789 in Wien erschienen. Seine Dogmatik war über Jahrzehnte hindurch an vielen Fakultäten in Gebrauch. Klüpfel behandelt die Religion und die damit gegebenen Fragen in den Prolegomena zu seiner Dogmatik, ebenfalls unter philosophischem Aspekt. Auch sein Bemühen läßt erkennen, wie wichtig katholischen Theologen die Behandlung religionsphilosophischer Probleme geworden war.

Einen wichtigen Beitrag zur Verselbständigung der Religionsphilosophie leistete der österreichische Jesuit Sigmund von Storchenau (1731-1797). Bis 1773 lehrte er Philosophie in Wien. Im Jahre 1769 erschienen in Wien fünf Bände über Logik und Metaphysik. Bekannt wurde er durch sein zwölfbändiges Werk *Die Philosophie der Religion*, das zwischen 1772 und 1789 in Augsburg gedruckt wurde; im Jahre 1810 erlebte dieses Werk die neunte Auflage und wurde auch in andere Sprachen übertragen. Schon in seiner *Theologia naturalis* widmet Storchenau der Behandlung der Religion in philosophischer Sicht vier Kapitel[125], wobei er ausführlich und positiv die natürliche Religion behandelt. In seinem zwölfbändigen Werk, dem er noch weitere Publikationen folgen läßt, finden sich Auseinandersetzungen mit allen Fragen über Religion und Glauben, wie sie zu seiner Zeit gestellt wurden. Er dürfte der erste Gelehrte gewesen sein, der – im Jahre 1784 – den Begriff »Religionsphilosophie« verwendet hat.[126] Eine von unserem Kollegen Leinsle vergebene Promotionsarbeit dürfte bald das Werk dieses Theologen umfassend zur Darstellung bringen.

In einer dritten These soll festgehalten werden: Die Theologie der Aufklärungszeit hat wesentlich dazu beigetragen, daß Religion zum Gegenstand der Philosophie geworden ist. Vor allem dem Einfluß der neologischen Richtung im Protestantismus ist es zuzuschreiben, daß Religion in der Theologie thematisiert wurde. Die Neologie suchte der Gefahr des Atheimus, wie er von Frankreich her drohte, dadurch zu begegnen, daß sie das Christentum als Wiederaufrichtung der natürlichen Religion betrachtete; allerdings geschah dies vielfach auf Kosten der christlichen

---

[125] *Institutionum Metaphysicarum Libri IV*, Wien $^{2}$1772. Die theologia naturalis wird im 4. Buch behandelt. »De Religione« findet sich in sectio IV, 111-178.

[126] Storchenau veröffentlichte ein vierbändiges Werk unter dem Titel *Des Verfassers der Religionsphilosophie geistliche Reden auf alle Sonntage des Jahres*. Vgl. dazu K. Feiereis, a. a. O. (Anm. 6), 235 u. 249.

Glaubenslehre. Protestantische wie katholische Theologen räumten der zeitgenössischen Philosophie eine große Bedeutung ein. Daher behandelten sie den Begriff der Religion fast ausschließlich unter philosophischem Aspekt und wandten sich zunehmend religionsphilosophischen Fragestellungen zu. So wurde der Boden für die Entstehung der Religionsphilosophie als einer eigenständigen Wissenschaft auch durch Theologen der deutschen Aufklärung von der Mitte des Jahrhunderts an bereitet. Religions- und Christentumskritik des ausgehenden 20. Jahrhunderts (Augstein, Deschner u. a.) bezieht ihre Argumente weitgehend noch von Voraussetzungen, die im Rationalismus der Aufklärungszeit geschaffen worden sind; viele Vorurteile aber hat auch die theologische Wissenschaft nicht genügend zur Kenntnis genommen oder – in der Sicht des Normalbürgers – nicht überzeugend entkräftet.

Abschließend sollen noch einige Gesichtspunkte Erwähnung finden, welche in dem dargestellten Prozeß nicht übersehen werden sollten. Auch die Gegner und Überwinder des Rationalismus – Hamann und Herder – trugen zu Entstehung der Religionsphilosophie als eigenständiger Wissenschaft Wesentliches bei. Sie lehnten zwar die einseitig rationalistische Behandlung des Religionsproblems entschieden ab, machten aber deutlich, daß das Wesen der Religion aus der Existenz der menschlichen Person heraus gedeutet werden müsse. Beide bekämpften mit Nachdruck die Bibelkritik und forderten eine Neuorientierung der gesamten Theologie. Ihre gegen eine rationalistisch ausgerichtete, die Offenbarung ersetzende Religionslehre vorgetragenen Einwände kehren bei Schleiermacher in ungeminderter Schärfe wieder; so trugen sie dazu bei, daß die um die Jahrhundertwende verselbständigte Religionsphilosophie nicht nur als eine Domäne der Schüler Kants betrachtet werden konnte.[127] Die Verselbständigung der neuen Disziplin »Religionsphilosophie« wird von Herder grundsätzlich bejaht; er gebraucht diesen Begriff von 1798 an und ist der erste deutsche Denker, der Ansichten über die »Geschichte der Religionsphilosophie« vorgetragen hat. Dies ist um so bemerkenswerter, als Herder den Kritizismus und die Religionsphilosophie Kants bekanntlich abgelehnt hat.

---

[127] Vgl. K. Feiereis, a. a. O. (Anm. 6), 112-138; ders., *Johann Gottfried Herders Vorstellungen über das Studium der Theologie*, in: *Sapienter ordinare. Festgabe für Erich Kleineidam* (*Erfurter Theologische Studien*, Bd. 24), Leipzig 1969, 272-291; ders., *Hamanns Bedeutung für die katholische Theologie*, in: *Johann Georg Hamann und die Krise der Aufklärung.* (B. Gajek (Hg.), *Regensburger Beiträge zur deutschen Sprach- und Literaturwissenschaft*, Reihe B/Untersuchungen, Bd. 46), Frankfurt a. M. u. a. 1990, 395-403.

Kant wiederum hat die religionsphilosophischen Fragestellungen aus seiner Zeit übernommen. Sein Werk *Die Religion innerhalb der Grenzen der bloßen Vernunft* von 1793 machte die Verselbständigung der Religionsphilosophie als Wissenschaft unumkehrbar. Gerade sein Lebenswerk umspannt noch einmal alle Ursachen und Wirkungen des Prozesses, der von der theologia naturalis zur Religionsphilosophie führte.

Die Verselbständigung der Religionsphilosophie wurde durch den Kantianer Karl Heinrich Ludwig Pölitz (1772-1838), der in Leipzig und Dresden lehrte, vorangetrieben. In seinem 1795 erschienenen Werk *Beitrag zur Kritik der Religionsphilosophie und Exegese unsers Zeitalters* begegnet uns eine frühe Form dieser später autonomen Disziplin.[128]

Ludwig Heinrich Jakob (1759-1827), der in Halle lehrte, gab dort im Jahre 1797 unter dem Titel *Die allgemeine Religion* ein Werk heraus, das als der umfassendste Versuch einer populären Religionslehre angesehen werden muß, der jemals von einem Kantschüler unternommen worden ist. Schon 1796 verwendet Jakob den Begriff »Religionsphilosophie« am Beginn einer philosophischen Abhandlung. Er war auch der erste, der das Wort »Religionsphilosophie« als eigene Überschrift bei Buchbesprechungen verwendet hat, so wie es heute noch üblich ist.[129]

---

[128] Das Werk erschien in Leipzig und trägt den Untertitel »Ein Versuch auf Veranlassung der neuesten zur Begründung einer reinen Religionswissenschaftt angestellten Untersuchungen«.

[129] In seinen *Annalen der Philosophie und des philosophischen Geistes*, Bd. II, Leipzig 1796, spricht Jakob davon, daß die »Religionsphilosophie (...) für jedermann (...) wichtig« sei und stellt einen ihr gewidmeten Abschnitt unter den Titel »Philosophische Abhandlung: Über die Religion« (Spalte 209-240).

Michael Eckert

# Selbstbewußtseinstheorie und negative Theologie

## Schleiermachers philosophische Theorie der Religion

Nur geringe Zustimmung, Mißverständnisse und Vorurteile, Infragestellungen und Einwände, Kritik und Widerspruch – die verwirrende Rezeptionsgeschichte der Bestimmungen dessen, was Schleiermacher unter Religion bzw. »religiösem Gefühl« denn eigentlich versteht, ist Legende. Schleiermachers philosophische Begrifflichkeit leistete dieser Entwicklung freilich insofern Vorschub, als diese selbst durchaus nicht einheitlich ist, im Gegenteil: Erst oft recht mühsam muß eine Interpretation Zuordnungen heterogener Begrifflichkeiten vornehmen, ja die Terminologie im einzelnen oft erst festlegen, um Verständnisschwierigkeiten zu vermeiden. Unter dieser Rücksicht hebt der Titel meines Vortrages bewußt ab auf Schleiermachers philosophische Theorie der Religion, d. h. die methodische Begrenzung meiner Überlegungen bezieht sich ausschließlich, auch entsprechend der Thematik unserer Tagung, auf das Problem der Religion als Gegenstand der Philosophie Schleiermachers. Es geht mir daher auch nicht um Schleiermachers eher religionsphänomenologisch orientierte Disziplin der Religionsphilosophie. Ausschließlich Schleiermachers philosophisches Hauptwerk, die *Dialektik*, in der er ausdrücklich das Verhältnis von Philosophie und Religion im Rahmen seiner Theorie des Selbstbewußtseins verhandelt, bildet die Textgrundlage meiner folgenden Überlegungen.

An die Aktualität dieser Fragestellung im Kontext gegenwärtiger Philosophie sei hier nur kurz erinnert. In seiner Auseinandersetzung mit J. Habermas, dessen Kritik am Selbstbewußtseinsparadigma neuzeitlicher Philosophie zugleich freilich das Theoriedefizit seines eigenen philosophischen Ansatzes freilegt, hat D. Henrich in seiner Schrift *Was ist Me-*

*taphysik, was Moderne?*[1] bestritten, daß Selbstbewußtsein aus sprachlicher Interaktion hinreichend erklärt werden könne; und er hat behauptet, daß sprachliche Kommunikation erst durch ein Selbstverhältnis der Sprecher mitkonstituiert werde. Entgegen geläufiger Tendenzen gegenwärtiger Philosophie, die einer Hypostasierung und Ontologisierung von Sprache und Gespräch unter Ausklammerung des Subjekts das Wort reden, kann Schleiermachers philosophische *Dialektik*, die sich als »Kunst der Gesprächsführung«[2] vorstellt, in ihrer Theorie des Selbstbewußtseins als Vorschlag einer Subjekttheoretik begriffen werden, der eine ganz eigene Bedeutung zukommt. Insbesondere M. Frank[3] hat in Auseinandersetzung mit der existentialen Hermeneutik angesichts der strukturalistischen Herausforderung auf Schleiermachers subjekttheoretische Fundierung der Hermeneutik hingewiesen.

Schleiermacher sieht in der religiösen Signatur des Selbstbewußtseins, d. h. in dessen Ermangelung eines absoluten Wissens den Prozeß intersubjektiver Verständigung als unumkehrbar begründet und vorgezeichnet. Als Ort der Differenzerfahrung aber wird das religiöse Selbstbewußtsein zugleich in Anspruch genommen für die Begründung neuzeitlicher Individualitätskultur, in der das menschliche Individuum um geschichtliche Identitätsvergewisserung ringt.

Es scheint mir auf dem Hintergrund dieser kurz angedeuteten Aktualitätsbezüge lohnend, Schleiermachers philosophische Theorie der Religion eigens zu thematisieren und das heißt genauerhin, nach den Prämissen seiner Subjekt- und Selbstbewußtseinstheorie zu fragen, in der es gerade auch um die Bestimmung religiösen Selbstbewußtseins geht. Diese versteht Schleiermacher, jedenfalls in seinem philosophischen Spätwerk, als Konsequenz einer Theorie, in der die religiöse Thematik eingebunden ist in die allgemeine Struktur menschlichen Wissens und Bewußtseins. Auf diesen Zusammenhang werden sich meine Ausführungen im zweiten Teil konzentrieren.

---

1 D. Henrich, *Was ist Metaphysik – was Moderne? Zwölf Thesen gegen Jürgen Habermas*, in: ders., *Konzepte*, Frankfurt a. M. 1987, 11-43; J. Habermas, *Metaphysik nach Kant*, in: ders., *Nachmetaphysisches Denken*, Frankfurt a. M. 1988, 18-35.

2 F. D. Schleiermacher, *Dialektik* (1822), hg. von R. Odebrecht, Darmstadt 1976, 47 (nachfolgend zit. als »Schleiermacher, Dialektik«)

3 M. Frank, *Das individuelle Allgemeine*, Frankfurt a. M. 1977, 87-145.

## I.

Wenn ich zunächst im ersten Teil kurz auf Schleiermachers *Reden*[4] eingehe, dann in der Überzeugung, daß sie Schleiermachers eigentliche Intention sehr deutlich zum Ausdruck zu bringen vermögen, eine Intention, die sich als bestimmend für seine Grundüberzeugungen zum Thema Religion auch in den Spätschriften durchhält. Die völlig andere Frage, die erklärte Intention mit der Art ihrer Durchführung zu konfrontieren, möchte ich nicht an den *Reden*, sondern an Schleiermachers philosophischem Hauptwerk, der *Dialektik*, dann aufnehmen. Anders gesagt: Wie der späte Schleiermacher dasjenige Programm konstruktiv realisiert, das in seiner frühen Publikation über Religion letztlich nur postulatorisch anvisiert ist, diese Frage bildet die Klammer meiner folgenden Überlegungen, jedenfalls was die entwicklungsgeschichtlichen Fragestellungen in Bezug auf das Thema der Religion angeht.

In Schleiermachers 1799 erschienener Frühschrift *Über die Religion. Reden an die Gebildeten unter ihren Verächtern* wird Religion, »das große geistige Phänomen«[5], in der »zweiten Rede« folgendermaßen eingeführt: Religion »muß doch etwas Eigenes sein, was in der Menschen Herz hat kommen können, etwas Denkbares, wovon sich ein Begriff aufstellen läßt, über den man reden und streiten kann«.[6] Eine erstaunliche Aussage, zieht man in Betracht, in welch unmißverständlicher Form Schleiermacher zugleich in den *Reden* die geltenden Meinungen über Religion, die die Gebildeten der Zeit aus dem Kontext ihrer Vernunftwissenschaft entwickelt haben, verwirft. Religion sei nämlich nicht, wie es heißt, eines jener »übel zusammengenähten Bruchstücke von Metaphysik und Mo-

---

4 F. D. Schleiermacher, *Über die Religion. Reden an die Gebildeten unter ihren Verächtern* (1799), hg. von R. Otto, Göttingen 1967 (nachfolgende Zitate nach dieser Ausgabe). Inzwischen ist Schleiermachers berühmte Schrift in der neuen Kritischen Schleiermacher-Gesamtausgabe erschienen: F. D. Schleiermacher, *Kritische Gesamtausgabe*, hg. von H. J. Birkner u. a., Berlin u. New York 1980 ff. Vgl. dazu M. Eckert, *Das Verhältnis von Unendlichem und Endlichem in F. D. Schleiermachers Reden »Über die Religion«*, in: *Archiv für Religionspsychologie* 16 (1983), 22-56; F. W. Graf, *Ursprüngliches Gefühl unmittelbarer Koinzidenz des Differenten. Zur Modifikation des Religionsbegriffs in den verschiedenen Auflagen von Schleiermachers »Reden über die Religion«*, in: *Zeitschrift für Theologie und Kirche* 75 (1978), 147-186; H. Timm, *Die heilige Revolution. Schleiermacher – Novalis – Friedrich Schlegel*, Frankfurt a. M. 1978, 23-75.

5 F. D. Schleiermacher, a. a. O., 14.

6 Ebd., 47.

ral«.[7] Nun hatte diese Polemik Schleiermachers den Gegenstand ihrer Kritik in begrifflicher Schärfe und Präzision vorliegen. Demgegenüber wählte Schleiermacher die Stilform der *Reden*, doch wohl in der Absicht, sich schon durch die Form der Darstellung von der philosophischen Diktion seiner Adressaten abzuheben. Doch gerade der rhetorische Charakter des Buches erschwert zugleich die Deutung der *Reden* wesentlich. So sind zum einen die vielfältigen Bezüge auf die geistig-aufklärerische Landschaft der Zeit, zum andern aber die durch die Rhetorik der *Reden* selbst gegebene Mehrschichtigkeit der verwendeten Begriffe für eine einheitliche Gedankenführung äußerst erschwerend. So sieht sich eine Auseinandersetzung mit Schleiermacher zur Bestimmung seines Begriffs von Religion in seiner Frühschrift gerade von den Sprach- und Stileigenheiten der *Reden* vor nicht geringe Schwierigkeiten gestellt.

Man wird nach dem Gesagten nicht erwarten dürfen, aller gegenteiligen Beteuerungen zum Trotz, daß Schleiermacher in seinen *Reden* in begrifflicher Präzision eine Bestimmung dessen, was er unter Religion versteht, vorlegt. Es kann gleichwohl kein Zweifel sein, daß der Schwerpunkt von Schleiermachers *Reden*, wie aus dem Titel schon hinlänglich deutlich wird, in einer Abhandlung über das Wesen der Religion liegt, in der Schleiermacher ganz offensichtlich gegenüber der zeitgenössischen philosophischen Kritik der Religion Stellung beziehen will. Denn Religion soll, wie Schleiermacher betont, aus sich selbst verstanden werden; dies setzt zum einen eine Absetzung von bisheriger, transzendentalphilosophisch geprägter Sprache voraus, weshalb Schleiermacher die Sprache der Romantik wählt; zum andern impliziert Schleiermachers Absicht, Religion aus sich selbst zu verstehen, daß man ein inniges Verhältnis zur Religion immer schon besitzt und in der Selbstbesinnung auf sein eigenes Tun den Ansatzpunkt seines religiösen Redens findet. Damit ist gegeben, wie gleich zu Beginn der »ersten Rede« betont wird, daß der Redner sich für inspiriert erklärt. Eine derartige Stilisierung der eigenen Autorschaft war in der Zeit Schleiermachers freilich geläufig. Und im Unterschied zu seinen späteren Schriften läßt sich im Duktus der *Reden* ohne Zweifel ein künstlerischer Gestaltungswille festmachen, d. h. nicht nur über den Verstand, sondern über Empfindung und Einstimmung soll die Wirkung der *Reden* und des Textes entfaltet werden. Dies unterstreicht auch die wiederholte Behauptung, in den *Reden* handle es sich um eine individuelle religiöse Erlebnisschilderung. Doch

---

7 Ebd., 25.

Schleiermacher klingt in den Zwischenzeilen recht nüchtern: »Laßt uns den ganzen Begriff der Religion einer neuen Betrachtung unterwerfen und ihn vom Mittelpunkt der Sache aus aufs neue erschaffen, unbekümmert um das, was bis jetzt wirklich ist und was die Erfahrung uns an die Hand gibt.«[8] Welchen Begriff von Religion intendiert aber Schleiermachers neue Betrachtung, welches Problem bildet ihren Mittelpunkt und wogegen hebt Schleiermacher sich ab? Man geht wohl nicht fehl, wenn man davon ausgeht, daß Schleiermacher die Selbständigkeit und Unmittelbarkeit gelebter Religion zu behaupten versucht gegenüber den Zugriffen einer nach Allgemeinheit und begrifflicher Vermittlung strebenden Philosophie. Doch vermag diese Intention, wie ich zeigen möchte, ihre tiefe Zweideutigkeit nicht zu verbergen. Der entscheidende, berühmte Text des angezeigten Problems lautet in den *Reden* von 1799:

> »Ehe ich Euch aber in das Einzelne dieser Anschauung und Gefühle hineinführe, welches allerdings mein nächstes Geschäft an Euch sein muß, so vergönnt mir zuvor einen Augenblick darüber zu trauern, daß ich von beiden nicht anders als getrennt reden kann. Der feinste Geist der Religion geht dadurch verloren für meine Rede und ich kann ihr innerstes Geheimnis nur schwankend und unsicher enthüllen. Aber eine notwendige Reflexion trennt beide, und wer kann über irgend etwas, das zum Bewußtsein gehört, reden, ohne erst durch dieses Medium hindurchzugehen? Nicht nur, wenn wir eine innere Handlung des Gemüts mitteilen, auch wenn wir sie nur zum Stoffe der Betrachtung machen, und zum deutlichen Bewußtsein erhöhen wollen, geht gleich die unvermeidliche Scheidung vor sich: Das Faktum vermischt sich mit dem ursprünglichen Bewußtsein ihrer doppelten Tätigkeit, der herrschenden und nach außen wirkenden, und der bloß zeichnenden und nachbildenden, welche den Dingen vielmehr zu dienen scheint, und zugleich bei dieser Berührung zerlegt sich der einfachste Stoff in zwei entgegengesetzte Elemente: Die einen treten zusammen zum Bilde eines Objekts, die anderen dringen durch zum Mittelpunkt unseres Wesens, brausen dort auf mit unseren ursprünglichen Trieben und entwickeln ein flüchtiges Gefühl. Auch mit dem innersten Schaffen des religiösen Sinnes können wir diesem Schicksal nicht entgehen; nicht anders als in dieser getrennten Gestalt können wir seine Produkte wieder zur Oberfläche herauffördern und mitteilen. Nur denkt nicht – dies ist eben einer von den gefährlichsten Irrtümern – daß religiöse Anschauungen und Gefühle auch ursprünglich in der ersten Handlung des Gemüts so abgesondert sein dürften, wie wir sie hier leider betrachten müssen.«[9]

---

[8] Ebd., 176.
[9] Ebd., 71 ff.

Hier ist in rhetorisch brillanter Weise das Grundproblem formuliert, das Schleiermachers philosophisches Nachdenken über Religion nicht mehr verlassen wird. Denn die schon genannte Unterscheidung der Religion von Metaphysik und Moral, von Denken und Handeln, verbindet mit dieser Unterscheidung das Problem, wie das Verhältnis der Religion als des autonomen Dritten zu den von ihr unterschiedenen Grundformen des philosophischen Wissens zu denken sei. Damit steht für Schleiermacher nichts weniger als das philosophische Grundproblem der Zeit zur Debatte, nämlich die Frage der ursprünglichen Identität von Wissen und Handeln, die Frage nach einer letzten Einheit. Auf diesem Hintergrund ist zu verstehen, wenn es heißt, Religion »zeigt sich Euch als das notwendige und unentbehrliche Dritte zu jenen Beiden«.[10] Die Dichotomie ist offensichtlich, wenn es darüber hinaus heißt: »Und wie wird es dem Triumph der Spekulation ergehen, dem vollendeten und gerundeten Idealismus, wenn Religion ihm nicht das Gegengewicht hält und ihn einen höheren Realismus ahnden läßt als den, welchen er so kühn und mit so vollem Recht sich unterordnet?«[11]

Besieht man die berühmten Formulierungen aus den *Reden* genauerhin, dann wird eine Schwierigkeit sichtbar, insofern die Religion in einer doppelten Hinsicht beansprucht wird: Einerseits wird die Religion als »Anschauung und Gefühl«, als ein Moment des Geistes neben den zwei anderen, Denken und Handeln, bezeichnet; andererseits wird mit der Bestimmung der Religion als »Grundgefühl«[12] diese zugleich als der Ort einer umfassenden Einheit beschrieben. Kann man für diese, wie so oft in den *Reden* nicht eindeutigen Zuordnungen eine Erklärung finden?

Man wird sagen können, daß Schleiermacher immer dort von »Anschauung und Gefühl« redet und alle Assoziationen zur Empfindung offen läßt, wenn er die Religion als das dritte Gemütsvermögen neben Denken und Handeln beschreibt. Versucht er sie jedoch als »Grundgefühl« zu beschreiben, das die Einheit der Geistesvermögen garantieren soll, so bestimmt er sie als ursprüngliche Identität von »Anschauung und Gefühl«: »Wenn der Mensch nicht in der unmittelbaren Einheit der Anschauung und des Gefühls Eins wird mit dem Universum, bleibt er in der abgeleiteten des Bewußtseins ewig getrennt von ihm.«[13]

---

[10] Ebd., 51.
[11] Ebd., 54.
[12] Ebd., 53.
[13] Ebd., 67.

Man kann die Problematik, die in dieser ungeklärten Stellung der Religion liegt, als Grundschwierigkeit von Schleiermachers Religionsverständnis beschreiben. Als notwendiges Drittes zu Denken und Handeln bleibt Schleiermacher die Erklärung schuldig, wie sich Religion als unmittelbare Einheit der Bewußtseinsfunktionen von Erkennen, Handeln und Gefühl explizieren läßt. Denn als unmittelbare Einheit ist diese gleichwohl durch Denken und Handeln vermittelt. In der Frage nach der Vermitteltheit der drei Bewußtseins- und Gemütsmomente wird die Frage der Einheit des Selbstbewußtseins andeutungsweise thematisch. Denn die unmittelbare Einheit von »Anschauung und Gefühl« im »religiösen Grundgefühl« zu behaupten läßt sich nur sinnvoll aussagen, wenn Religion nicht nur als drittes Geistesvermögen neben Handeln und Wissen, sondern zugleich als Drittes über ihnen verstanden wird. Völlig offen bleibt überdies, ob der Status der unmittelbaren Einheit als präreflexiv, oder sogar bewußtseinstranszendent gefaßt werden soll.

Damit manifestiert sich aber schon in Schleiermachers Frühschrift eine Aporie in der Darstellung des Religionsbegriffs: Sie besteht darin, die ursprüngliche Einheit des präreflexiv-religiösen Grundgefühls eben nur über die notwendigen Differenzbestimmungen der Reflexion der subjektiven Erfahrung des religiösen Subjekts zugänglich machen zu können. Anders formuliert: etwas auf den Begriff bringen, was dem, was im Begriff nachträglich gefaßt wird, immer schon vorausliegt – wenn dies denn überhaupt hinreichend möglich ist –, heißt im vorliegenden Zusammenhang, die Frage nach dem Verhältnis von Religion und Philosophie zu bestimmen. Eine im folgenden für das Spätwerk vorzunehmende Beurteilung von Schleiermachers philosophischer Theorie der Religion wird sich daran mitentscheiden, inwieweit es ihr gelingt, jenen Anspruch auf Unmittelbarkeit und Selbständigkeit der Religion mit den unhintergehbaren Vermittlungsleistungen philosophischen Denkens in Einklang zu bringen.

Die genannten Hinweise mögen genügen, sollten sie doch Schleiermachers *Reden* als programmatische Vorarbeit zu seinen späteren Entwürfen einer Theorie des Selbstbewußtseins nur kurz beleuchten. Der Verweisungszusammenhang von Religionstheorie und Theorie des Selbstbewußtseins fokussiert sich auf das Problem der Einheit vermittelter Unmittelbarkeit, die Schleiermacher im Begriff des »religiösen Gefühls« zu fassen sucht – jedenfalls nach meiner Überzeugung.

## II.

Die offen gebliebene Frage einer notwendigen Komplementarität oder Prädominanz der Religion gegenüber der Philosophie, die sich in der Bestimmung der Religion »als notwendigem und unentbehrlichem Dritten« manifestierte, stellt die Verbindung her zu Schleiermachers philosophischer Theorie der Religion in seinem Spätwerk. Religion, so heißt es etwa in Schleiermachers Glaubenslehre von 1830/31 sei »an und für sich betrachtet weder ein Wissen noch ein Tun, sondern eine Bestimmtheit des Gefühls oder des unmittelbaren Selbstbewußtseins«.[14] Und das Wesen aller noch so verschiedenen geschichtlich anzutreffenden religiösen Äußerungen der Religion sei, »daß wir uns unserer selbst als abhängig oder, was dasselbe sagen will, als in Beziehung mit Gott bewußt sind«.[15] Mit diesen Aussagen wird in Schleiermachers philosophischen Texten die Einführung des »religiösen Abhängigkeitsgefühls von Gott« ausdrücklich an seine Theorie des unmittelbaren Selbstbewußtseins gebunden, die selbst wieder im Rahmen einer allgemeinen Theorie der Prinzipien und des Zusammenhangs allen Wissens steht. Ich möchte diese Problemfelder im folgenden in mehreren Schritten skizzieren und diskutieren:

(1) Die Aporie in der Theorie des unmittelbaren Selbstbewußtseins;

(2) Die Theorie des »religiösen Gefühls« als Modell negativer Theologie in einer Bestimmung des Wesens der Religion.

(1) Den philosophischen Ausgangspunkt zum Gedanken des Absoluten und der Religion bildet, fast aristotelisch, eine Analyse menschlichen Strebens und Wissens, wie sie Schleiermacher in seinem philosophischen Hauptwerk, der *Dialektik*, vorlegt. Das Bewußtsein des Menschen wird in der Frage nach der Einheit des in Differenzen sich entwickelnden strittigen Wissens thematisch. Denn alles Wissen vollzieht sich in Gegensätzen, erreicht nur relative Synthesen, freilich nur unter Voraussetzung einer sich in ihnen manifestierenden und zugleich entziehenden Einheit.

---

[14] F. D. Schleiermacher, *Der christliche Glaube* (1830/31), hg. von M. Redeker, Berlin [7]1960, 14 (nachfolgend zit. als »Schleiermacher, *Der christliche Glaube*«). Vgl. Chr. Albrecht, *Schleiermachers Theorie der Frömmigkeit*, Schleiermacher-Archiv, Berlin u. New York 1994.

[15] Schleiermacher, *Der christliche Glaube*, 23.

Wir kommen aus dem Gebiet des Gegensatzes im Wissen nicht heraus und gelangen so zu einer Vielheit der Begriffe des Absoluten, aber nicht zu einer transrelativen, absoluten Einheit des Wissens. Die Begriffe und Formeln, die das Denken vom Absoluten erreicht, sind gezeichnet von einem Mangel aller reflexiven Bedingtheit des Wissens und von daher immer unzulänglich.

Nun könnte man mit Kant den Schluß ziehen, das Absolute bleibe transzendent und entziehe sich unserem endlichen Erkenntnisvermögen. Doch nicht nur im Unterschied zu Kant, sondern auch zu Hegel, der einer absoluten Reflexion selbst die Bewältigung ihrer Differenzen und Entzweiungen zusprechen möchte, indem er die Kategorie der Relation, d. h. das Reflexionsgesetz aller unserer Erkenntnis, absolut setzt, – gegenüber Hegel und Kant hält Schleiermacher fest, daß die Reflexion die absolute Einheit des Wissens ebensowenig in sich darstellen kann, wie sie ihrer entbehren kann. Denn: »Was das Maß des Mißlingens betrifft, ist uns nicht mißlungen, des transzendenten Grundes inne zu werden, dies haben wir vielmehr (...) erreicht, sondern nur, ihn zu einer Einheit des wirklichen Bewußtseins zu bringen.«[16] Das aber heißt für Schleiermacher, daß die transrelative Einheit des Wissens verborgen bleibt als jene, wie er sagt, »transzendentale Voraussetzung in uns, als das treibende Prinzip unseres Bewußtseins, als das höchste Leben des Denkens; aber nicht als ein Gedanke selbst«.[17]

Wie also läßt sich finden, was über allen Gegensatz hinausliegt als jene Einheit des wirklichen Bewußtseins, die Schleiermacher unmittelbares Selbstbewußtsein oder auch »Gefühl« nennt? Wenn das Agens unseres Strebens nach Wissen, nach dem Absoluten, in uns anzutreffen sein soll, so folgert Schleiermacher, muß »übergegangen werden zur Deduktion, wie das Transzendente wirklich gesetzt ist im Gefühl«.[18] Bevor diese Deduktion näher besehen werden soll, eine Deduktion, die genau Schleiermachers philosophische Theorie der Religion freilegen wird, seien einige Unterscheidungen hervorgehoben: Hier ist zum erstenmal die Auffassung Schleiermachers vorgetragen, daß erst über eine Theorie des unmittelbaren Selbstbewußtseins eine Bestimmung des Verhältnisses von

---

[16] Schleiermacher, *Dialektik*, 284. Zum folgenden insgesamt vgl. M. Eckert, *Gott – Glauben und Wissen. F. D. Schleiermachers Philosophische Theologie* (Schleiermacher-Archiv, Bd. 3), Berlin u. New York 1987.

[17] Schleiermacher, *Dialektik*, 272.

[18] F. D. Schleiermacher, *Dialektik*. Aus Schleiermachers handschriftlichem Nachlasse (*Sämtliche Werke*, Bd. III. Zur Philosophie, hg. von L. Jonas), Berlin 1836, 423.

Gefühlsbegriff und Gottesbegriff erreichbar erscheint, eine Theorie, in der sich auf einem anderen Wege ein Gottesbewußtsein erschließen soll, als das im Gebiet des im Gegensatz verbleibenden Wissens möglich ist. Bleibt zu ergänzen, daß Schleiermachers mißverständlicher Begriff des Gefühls weder psychologisierend einen bloß subjekten Zustand benennt, noch abstrakt gegen das Selbstbewußtsein des Subjekts ausgespielt werden darf. Auch sind die Begriffe »unmittelbares Selbstbewußtsein« und »Gefühl« nicht vollständig identisch, obwohl Schleiermacher ihre Differenz selbst nicht immer deutlich markiert. Zur einheitlichen begrifflichen Festlegung schlage ich vor, beide einander ergänzenden Begriffe so zu fassen: einmal soll der Aspekt der Unmittelbarkeit in der Einheit des Selbstbewußtseins hervorgehoben werden; im Begriff des »Gefühls« soll zum andern eher das Nicht-Grund-seiner-selbst-Seins des Selbstbewußtseins gemeint sein. Und im Begriff des »religiösen Gefühls« kann man die Dimension des absoluten Abhängig-Seins des Selbstbewußtseins als Einheit vermittelter Unmittelbarkeit bezeichnet sehen.

Um diese Unterscheidungen einsichtiger und nachvollziehbar zu machen, soll es im folgenden um die Aufklärung des Phänomens des unmittelbaren Selbstbewußtseins bzw. »Gefühls« zu tun sein, zumal Schleiermacher in seinen philosophischen Überlegungen sich im Umkreis der Diskussion jener Selbstbewußtseinstheorien bewegt, die von Kant über Fichte, Schelling, Jacobi bis Hegel reicht.[19] Die in der Schleiermacher-Rezeptionsgeschichte vorgelegten verschiedenen Interpretationsversuche dessen, was das »religiöse Gefühl« meint, d. h. was das Verhältnis von Gott und »Gefühl« in Schleiermachers Denken meint, lassen es angeraten sein, insbesondere mit Blick auf Kant deutlich zu machen, welche Veränderungen und Neuakzentuierungen Schleiermacher Kant gegenüber vornimmt.

Für das transzendentale »Ich« hatte Kant die Möglichkeit einer unmittelbaren Selbstapperzeption ausdrücklich bestritten. Er hatte damit die Denknotwendigkeit einer transzendentalen Einheit des Ich ebenso behauptet, wie die Aporie seiner Selbstbewußtseinstheorie notiert. Ist vom Ich die Rede, ist eine Dualität, wie Kant zeigt, unumgänglich: Im Bewußtsein, das wir von uns besitzen, wenden wir uns auf uns zurück und machen uns so zum Gegenstand unserer prädikativen Erkenntnis. Diese ist aber nicht das, was wir voraussetzen müssen, ohne unsere Re-

---

[19] Aufschlußreich anhand von Textmaterialien vgl. hierzu: *Selbstbewußtseinstheorien von Fichte bis Sartre*, hg. u. mit e. Nachw. vers. v. M. Frank, Frankfurt a. M. 1991, insb. 413–505.

flexion nicht ins Leere fallen zu lassen. Von dem, was wir voraussetzen müssen, ohne es auch nur im mindesten erkennen zu können, sagt Kant, daß man nur wisse »daß es ist«, nie, »was es ist« oder »wie es sich erscheint«.[20] Daß Bewußtsein besteht ist wohl auch für Kant unstrittig; doch läßt er das bloße Sein des Selbstbewußtseins im Sinne eines ungegenständlichen Seins, das vorausgesetzt werden muß, unerklärt. Das Sein des »Ich«, d. h. dessen präreflexive Dimension, entzieht sich der Erkenntnis. Läßt sich aber vielleicht doch, wie Hölderlin in einem Brief an Neuffer notiert, ein »Schritt (...) über die Kantische Grenzlinie«[21] vollziehen? Anders als Kant, der ein Identitätskriterium nicht anzugeben vermochte, das es uns erlauben würde, unser reflektiertes Selbstbewußtsein uns zuzuschreiben, intendierte Fichtes Theorie des Selbstbewußtseins die Einheit des Selbstbewußtseins durch Selbstsetzung zu begründen. Doch entgeht auch Fichtes Ansatz nicht jener von Kant notierten Unvermeidbarkeit eines Zirkels in der reflexiven Selbstbegründung eines sich selbst setzenden Ichs. Der Anspruch auf Unmittelbarkeit des Selbstbewußtseins kann durch den immer vermittelten Selbstbezug des Ich auf sein eigenes Sein nicht widerspruchsfrei behauptet werden.

Demgegenüber skizziert Fichtes »ursprüngliche Einsicht« (D. Henrich) – daß das Selbstbewußtsein im aporetischen Modell der Reflexionsphilosophie Kants sich selbst nicht zu begründen vermag – die Ausgangslage für Schleiermachers philosophische Theorie des Selbstbewußtseins. Wie stellt sich nun die skizzierte Aporie des Selbstbewußtseins in Schleiermachers Ausführungen dar? In welcher Weise sucht Schleiermacher die Einheit des Selbstbewußtseins zu gewinnen, die er auch im »Gefühl« benennt?

> »Das unmittelbare Selbstbewußtsein«, so Schleiermacher, »wollen wir durch den Ausdruck Gefühl bezeichnen. Es ist dies keine subjektive Passivität; diese heißt vielmehr Empfindung. Der Gegensatz Subjekt-Objekt bleibt hier gänzlich ausgeschlossen als ein nicht anwendbarer (...). Das Gefühl ist die allgemeine Form des Sich-selbst-Habens.«[22]

An dieser Stelle wird verständlich, warum Schleiermacher das unmittelbare Selbstbewußtsein auch ungegenständlich nennen kann, denn in

---

[20] I. Kant, *Kritik der reinen Vernunft* (Werke in sechs Bänden, hg. v. W. Weischedel, Wiesbaden 1956, Bd. 2), B 155–157.

[21] F. Hölderlin, Brief an Neuffer vom 10. Okt. 1794, in: *Hölderlin Werke und Briefe*, hg. v. F. Beißner u. J. Schmidt, Frankfurt a. M. 1969, Bd. 2, 830.

[22] Schleiermacher, *Dialektik*, 287.

ihm ist jene Dimension bezeichnet, die sich aller Gegensätzlichkeit entzieht. Anders als Kant rückt Schleiermacher das unmittelbare Selbstbewußtsein in eine ontologische Dimension. So findet sich, dies sei nur angemerkt, wohl in Anlehnung an Kants »transzendentales Subjekt der Gedanken = x«[23] die Formulierung: »Es muß im Sein etwas = x«[24] jener ungegenständlichen Dimension entsprechen. Ohne diese Stelle überstrapazieren zu wollen, hat Schleiermacher in der Einheit des »Gefühls« die Einheit allen Seins als sich entziehende Dimension kenntlich gemacht. Im »Gefühl« ist das allgemeine Daß des Seins gemeint, das sich im reflektierten Selbstbewußtsein vor sich selbst bringt. Im Unterschied zum ontologischen Begriff des »Gefühls« trifft die Reflexion jedoch, wie Schleiermacher sagt, »die Identität des Subjekts nur in der Differenz der Momente«.[25] Dies heißt anders ausgedrückt: die allgemeine Form der Identität des Selbst, das unbestreitbare Faktum des Seins des Selbst, das im »Gefühl« thematisiert ist, ist von der Reflexion her nicht zu erklären und zu begründen. Von daher ist es wohl gerechtfertigt, im Begriff des »Gefühls« das Nicht-Grund-seiner-selbst-Sein des Selbstbewußtseins terminologisch zu fassen.

(2) Es ist dieser Aspekt in der Aporie der Selbstbewußtseinstheorie, den Schleiermacher als Einsatzpunkt seiner philosophischen Frage nach der Religion aufnimmt. Der hier waltenden Aporie waren wir bereits in Schleiermachers *Reden* im Zusammenhang des »unentbehrlichen und notwendigen Dritten«, als das Schleiermacher die Religion bezeichnet hatte, begegnet. Ist so die Thematik der Religion philosophisch lokalisiert, so ist die Dimension des unmittelbaren Selbstbewußtseins noch nicht als »religiöses Gefühl« erklärt. Denn das Verhältnis von Gott und Gefühl in Schleiermachers Begriff des »religiösen Gefühls« läßt sich aus den unumgänglichen Reflexionsbeziehungen keineswegs zureichend bestimmen. Die Fragestellung, auf die Schleiermachers philosophische Theorie der Religion eine Antwort zu geben unternimmt, läßt sich jetzt schärfer formulieren: Gelingt es Schleiermachers Theorie des Selbstbewußtseins, die in der Reflexion notwendige Vermittlung des unmittelbaren Selbstbewußtseins mit der Behauptung der Unmittelbarkeit des »religiösen Gefühls« zu vereinbaren, oder hebt sich der Charakter der Unmittelbarkeit dadurch auf, daß der konstruktive Charakter des un-

---

23 Kant, a. a. O., B 404.
24 Schleiermacher, *Dialektik*, 303.
25 Ebd., 288.

mittelbaren Selbstbewußtseins in der Vermittlung durch Reflexion unumgänglich wird? Die Frage ließe sich auch so abwandeln: Unter welchen Bedingungen ist menschliches Bewußtsein berechtigt, von dem zu sprechen, was die Einheit des Seins begründet, wenn die Bedingtheit allen Wissens das Bewußtsein der Unmöglichkeit einschließt, diese Einheit von reflexiven Möglichkeiten her zu erreichen? Fragt man so, deutet sich die Möglichkeit einer Interpretation an, die der Methode einer docta ignorantia verpflichtet ist, auf die meine Überlegungen zielen.

In der Stellungnahme zu den genannten Fragen, unterscheiden sich die Deutungen von Schleiermachers Theorie des religiösen Gefühls. Es seien daher im folgenden die drei wohl einflußreichsten Interpretationsvorschläge kurz angeführt und diskutiert: einmal die Kritik, das »religiöse Gefühl« sei ein unendliches Bewußtsein Gottes, sodann die gegenteilige Position, das »religiöse Gefühl« sei bloß endliches Bewußtsein von Gott, schließlich der Vorschlag, das »religiöse Gefühl« als unglückliches Bewußtsein zu behaupten.

Im Begriff des »Gefühls«, so lautet der in diesem Jahrhundert insbesondere in der dialektischen Theologie gegen Schleiermacher erhobene Vorwurf, treffe man auf die Präsenz Gottes im menschlichen Bewußtsein und finde die Reduktion Gottes auf eine Selbstbeziehung des »Gefühls«. Immer wieder betonen etwa K. Barth[26], dies gilt trotz seines späteren Widerrufs, und in seiner Folge immer wieder neue Epigonen: ähnlich wie Hegels absolutes Wissen behaupte Schleiermacher die Gleichsetzung von Gott und Vernunft. Diesen identitätsphilosophischen Vorwurf des unendlichen Bewußtseins kennt aber neben Gadamer auch Dilthey, der Schleiermachers Denken als eine existentiell geprägte Form eines idealistischen Spinozismus engführt. Doch gerade die Aporie der Reflexionsphilosophie bietet, wie ich meine, gegenüber diesem Interpretationsansatz jene Einsicht, die gerade Schleiermachers Zweifel und Kritik eines absoluten Wissens der Vernunft bestimmt und weshalb Schleiermacher eine transrelative Fundierung des Wissens zum Programm erhebt.

Ein deutlich Hegelscher Reflexionslogik verpflichteter Interpretationsansatz scheint erheblich schwerer zu wiegen, und ich will gestehen, daß dieser als ständiger kritischer Begleiter meiner Überlegungen fungierte. F. Wagner[27] gelangt in seiner scharfsinnigen Analyse der *Dialektik*

---

26 Vgl. hierzu K. Barth, *Die protestantische Theologie im 19. Jahrhundert*, Zürich 1947, 418 f.; F. Flückinger, *Philosophie und Theologie bei Schleiermacher*, Zürich 1947.

27 F. Wagner, *Schleiermachers Dialektik*, Gütersloh 1974, 158. 163 ff. 195 ff. u. ö.

Schleiermachers zu einer der obigen genau entgegengesetzten Deutung des Begriffs des »religiösen Gefühls«. Dieses sei, so lautet der Vorwurf, nichts anderes als endlich-vermitteltes Bewußtsein des Menschen von Gott. Wenn das »Gefühl« als unmittelbares Selbstbewußtsein nie anders als im Zeugnis der Reflexion zu erscheinen vermöge, dann seien Bestimmungen des »Gefühls« abhängig von ihrer reflexiven Vermittlung. Das, wovon sich das Bewußtsein präreflexiv geprägt wisse, sei, weil nur vermittelt zugänglich, nichts anderes als ein funktionales Konstrukt der Reflexion selbst. Ja, Schleiermacher entgehe nicht dem Einwand der Religionskritik. Unter Bezug auf Hegel zitiert Wagner aus den »Vorlesungen über die Beweise vom Dasein Gottes«: »Wenn in der Tat unter der Religion nur ein Verhältnis von uns zu Gott verstanden werden sollte, so würde nicht ein eigenständiges Sein Gottes zugelassen; Gott wäre nur in der Religion, ein von uns Gesetztes, Erzeugtes.«[28] Wagners zentrales Argument behauptet also, die unmittelbare Einheit des »Gefühls« sei von der reflexiven Vermittlung eines Wissens von Gott her begründet. Wagner rechtfertigt seine Behauptung, indem er die Reflexion als Realgrund der Einheit des unmittelbaren Selbstbewußtseins versteht. Daß die Reflexion freilich von sich her nur als Erkenntnisgrund für die Einheit des Selbstbewußtseins aufzukommen vermöge, die sie aber zugleich selbst immer in Anspruch nehmen muß, macht die Interpretation Wagners fraglich. Man wird gerade eine genau entgegengesetzte Deutung von Schleiermachers Theorie des »religiösen Gefühls« verlangen müssen.

Manfred Frank[29] hat in seiner Schleiermacher-Interpretation Wagners Einwände zurecht zurückgewiesen. Er hat zudem Schleiermachers Begriff des »Gefühls« aus jenem ideengeschichtlichen Kontext zu verstehen versucht, dem er im 18. Jahrhundert wohl entspringt – insbesondere verweist Frank auf Hölderlin und die Fichte-Studien des Novalis. Frank deutet Schleiermachers Begriff des »Gefühls« als Bestimmung »unglücklichen Bewußtseins«[30], d. h. als »Ort der Erfahrung des Scheiterns autonomer Selbstvermittlung«[31], an dem sich »im Innersten des Bewußtseins (...) ein Umschlag des Transzendentalen ins Transzendente vollziehe«.[32] Franks Deutung kommt Schleiermachers Absicht wohl sehr viel näher,

---

28 G. W. F. Hegel, *Vorlesungen über die Beweise vom Dasein Gottes*, hg. von G. Lasson, Hamburg 1973, 46.

29 M. Frank, *Das individuelle Allgemeine*, a. a. O. (Anm. 3), 109 ff.

30 In: *Selbstbewußtseinstheorien von Fichte bis Sartre*, a. a. O., 504.

31 M. Frank, *Das individuelle Allgemeine*, a. a. O., 119.

32 Ebd., 114.

trägt doch diese Interpretation der negativen Signatur menschlichen Selbstbewußtseins Rechnung. So legitim eine solche Sehweise ist, das Problem dieser Interpretation liegt freilich darin, daß Frank im Begriff des »unglücklichen Bewußtseins« nur den negativen Aspekt dessen benennt, was Schleiermacher im »religiösen Gefühl« thematisiert. Die genannten Interpretationen bleiben, so meine ich, unvollständig, treffen sie doch nur Teilaspekte von Schleiermachers Religionsbegriff. Zugleich unterstreichen die vorgestellten Interpretationen indirekt die von mir getroffenen begrifflichen Unterscheidungen. Was also, so bleibt zu klären, meint dann Schleiermachers Begriff des »religiösen Gefühls« als Einheit vermittelter Unmittelbarkeit?

Die Aporie der Reflexionsphilosophie hatte gezeigt: Das unbestreitbare Faktum des »Gefühls« als des »allgemeinen Sich-selbst-Habens« kann nicht eine Setzung der Reflexion sein; gleichwohl bleibt dieses Faktum einer ursprünglichen Einheit vorausgesetzt und garantiert allein erst die Evidenz der Ununterschiedenheit meines Bewußtseins von mir. Schleiermacher drückt diesen Sachverhalt so aus, daß »nur als Faktum hingestellt werden (kann)«[33], was »nicht von dem Subjekt bewirkt, sondern (...) nur in dem Subjekt zustande« kommt.[34] Man wird diese Aussage Schleiermachers wohl als Differenzierung von Ideal- und Realgrund zu interpretieren haben. Im Scheitern der Reflexion, sich selbst begründen zu können, weiß die Reflexion sich gerade als Nicht-Realgrund ihrer Einheit, d. h. Reflexion fungiert nur als ratio cognoscendi eines Faktums, über dessen Bestimmung sie gleichwohl nicht verfügt. So wird Schleiermachers Satz verständlich, daß die vorreflexive Einheit des »Gefühls« nicht vom Subjekt konstituiert wird, sondern lediglich in ihm zu Bewußtsein kommt. Damit ist aber der Ort des »religiösen Gefühls« erreicht, an dem eine Theorie des Selbstbewußtseins die Frage nach dem Grund der Einheit des Selbst zu erklären hat. Schleiermacher hat selbst von einer »Analyse des Selbstbewußtseins im Blick auf das Mitgesetztsein eines Anderen«[35] gesprochen. Man sollte diese Formulierung deshalb besonders hervorheben, weil Schleiermacher in einer Marginalglosse zum § 8 der ersten Auflage seiner Glaubenslehre von 1821 seinen Begriff von Religion formuliert als »die im Selbstbewußtsein gesetzte Gewißheit von dem Mitgesetzten«.[36] Diese ungewöhnliche und nicht sehr bekannte

33 Schleiermacher, *Dialektik*, 292.
34 Schleiermacher, *Der christliche Glaube*, 18.
35 Ebd., 24. Vgl. M. Eckert, a. a. O.
36 Schleiermacher, *Der christliche Glaube*, 500.

Formulierung läßt Mißverständnisse dessen, was Schleiermacher schlechthinniges Abhängigkeitsgefühl nennt, vielleicht leichter vermeiden; denn die Selbsterkenntnis des Menschen, Nicht-Realgrund seines Seins zu sein, setzt ein Wissen um eine vorgängige Bestimmtheit frei, über die das Selbstbewußtsein nicht verfügt, wodurch es sich aber als abhängig und positiv bestimmt durch Anderes erfährt. Dieses Andere, der absolute Bestimmungsgrund, ist, wie Schleiermacher sagt, »das im Selbstbewußtsein mitgesetzte Woher«[37] unseres Daseins. Und so könnte man übersetzen: Die vom Subjekt gesetzte Gewißheit meint also, nach der oben getroffenen Unterscheidung, daß die Reflexion genau ein Nichtwissen setzt, indem sie sich als Nicht-Realgrund der Einheit ihres Seins weiß. Anders gewendet sehe ich damit die Berechtigung gegeben, von einer docta ignorantia zu reden, d. h. als ein vom Subjekt gesetztes wissendes Nichtwissen vom Realgrund als mitgesetztem Anderen.

So wird gleichzeitig ein Mehr, für welches das Wissen in seinem Mangel nicht aufzukommen vermag, ausdrücklich bewußt. Schleiermacher hat die gegenseitig erschließende Funktion von unmittelbarem und endlichem, individuellem Selbstbewußtsein im Begriff des »Übergangs« als Ineinander beider Bereiche, von denen der eine nicht ohne den anderen zu denken ist, notiert. Der entscheidende Text aus der *Dialektik*, der in der Literatur, soweit ich sehe, bisher nicht eigentlich gewürdigt wurde, lautet: »Das unmittelbare Selbstbewußtsein kann den transzendenten Grund nicht isolieren, die Denk- und Willensfunktionen können dies zwar, aber ihr Ausdruck ist dem Transzendenten nicht adäquat. Das Zuviel im Selbstbewußtsein wird gutgemacht durch den Mangel«[38] des endlichen Selbstbewußtseins. Keine von beiden Dimensionen erhält den Vorzug, sie ergänzen einander, »indem jede eine Art von Unvollständigkeit hervorbringt«.[39] Der Text findet sich im übrigen genau unter der Überschrift »Philosophie und Religion«.

Schleiermachers Begriff der Religion, worunter Schleiermacher, ich zitiere, die »transzendente Bestimmtheit des Selbstbewußtseins, (...) die religiöse Seite desselben oder das religiöse Gefühl«[40] versteht, läßt sich jetzt abschließend verdeutlichen: Der Mangel der Reflexion, ein Wissen von Gott zu erreichen, führt auf eine, aller nur relativen Einheit des Selbstbewußtseins vorgängige unmittelbare Einheit, als deren Grund sich

---

[37] Ebd., 28.
[38] Schleiermacher, *Dialektik*, 296.
[39] Ebd., 296.
[40] Ebd., 290.

das endliche Denken nicht zu bestimmen vermag. Dieses Nicht-aus-sich-selbst-Seinkönnen, d. h. der Mangel des endlichen Selbstbewußtseins, der als »fehlende Einheit«[41] zu Bewußtsein kommt, wird überdeutlich: In dem, was ihm mangelt, findet sich das Selbstbewußtsein durch das Mitgesetztsein eines Anderen transzendent bestimmt, absolut abhängig. So wird im endlichen Selbstbewußtsein nur ex negativo zugänglich, was ihm als ergänzende Einheit seines Selbstseins fehlt, d. h. es hat sich nicht zu dem gemacht, was es ist. In dieser Erfahrung des grundlegenden Mangels »bricht sich unsere Macht«[42], wie Schleiermacher sagt. Und so kommt ex negativo das gesuchte Absolute endlichem Selbstbewußtsein in den Blick.

Schleiermachers Begriff des »religiösen Gefühls« kann man von daher noch pointierter fassen: Die Unmöglichkeit, im unmittelbaren Selbstbewußtsein den transzendenten Grund, der dieses immer schon als absolut abhängig bestimmt, direkt begrifflich zu erreichen, macht jenes »Zuviel« im Selbstbewußtsein aus, in dem dieses sich grundsätzlich überfordert sieht. Die gänzliche Unverfügbarkeit der unmittelbaren Seinsweise des Menschen und allen Seins, das »Zuviel« des im »Gefühl« Gemeinten und der »Mangel« des Denkens konstituieren in ihrer gegenseitigen Ergänzung und Komplementarität das religiöse Sich-bestimmtsein-Wissen des Menschen von Gott. Von daher ist man berechtigt zu sagen, daß im Gefühl ex negativo im Selbst des Menschen ein mitgesetztes Anderes, d. h. das dem Menschen unverfüglich bleibende Bestimmtsein seiner Existenz eröffnet wird. Dieser Begriff des Anderen hat wohl den Vorzug, in nicht-kausaler Begrifflichkeit das Woher menschlichen Daseins zu denken. Novalis hatte von daher gesehen treffend bemerkt, daß die »Grenzen des Gefühls die Grenzen der Philosophie« sind.[43]

In Schleiermachers docta ignorantia könnte man ein Modell negativer Theologie sehen, in der der Reflexion nur konjekturale Möglichkeiten der Gotteserkenntnis offenstehen. Denn die negative Signatur des Selbstbewußtseins, die dieses als religiöses Selbstbewußtsein bestimmt, zwingt das konkrete Bewußtsein, in geschichtlichen Formen religiöser Deutungen sich zu realisieren – Deutungen, die Gott als transzendenten Grund nur in pluralen Ausdrucksgestalten verstehen lassen. So läßt sich Schleiermachers »religiöses Gefühl« nicht nur als die Dimension der Ra-

---

41 Ebd., 290.

42 Schleiermacher, *Der christliche Glaube*, 27.

43 Novalis, *Fichte-Studien*, in: M. Frank, *Selbstbewußtseinstheorien von Fichte bis Sartre*, a. a. O., 65.

tionalität der in der Geschichte phänomenologisch sich artikulierenden Religionen verstehen, vielmehr ist der docta ignorantia negativer Theologie im Sinne Schleiermachers religiöse Toleranz als ihr inhärente Konsequenz eigen. »Jeder Mensch hat«, so umreißt Schleiermacher die Individualität der Religion, »alles das, was der andere hat, aber alles anders bestimmt«[44], so daß, in individueller Weise geprägt, sich je verschieden in religiösen Namen das Gottesbewußtsein als Wirkliches, d. h. Geschichtliches artikuliert.

---

44 Schleiermacher, *Der christliche Glaube*, 67.

EBERHARD TIEFENSEE

# Der Religionsbegriff bei Franz Brentano (1838-1917)

1917 ist Franz Brentano in Zürich gestorben.[1] Daß sich in seinem Nachlaß über 1000 Manuskriptseiten zum Thema Religion befinden, ist kaum im Bewußtsein der zumeist phänomenologisch und analytisch orientierten Brentano-Forschung[2], so daß ich wohl der erste bin, der diese Schriftstücke ausgewertet hat.[3] Sie seien als Dokumente eines geschei-

1 Vgl. zur Biographie meinen Artikel *Brentano, Franz*, in: W. Kasper (Hg.), *Lexikon für Theologie und Kirche*, Freiburg i. Br. u. a. [3]1994 ff., Bd. II, 674-675. Ergänzungen zu diesem Kurzvortrag und seinen nur skizzierbaren Thesen bietet E. Tiefensee, *Philosophie und Religion bei Franz Brentano*, in: E. Coreth, W. Ernst u. E. Tiefensee (Hg.), *Von Gott reden in säkularer Gesellschaft* (FS für Konrad Feiereis zum 65. Geburtstag) (*Erfurter Theologische Studien*, Bd. 71), Leipzig 1996, 175-195. Eine umfangreiche Untersuchung zum Thema ist abgeschlossen und wird demnächst veröffentlicht.

2 Eine leider unvollständige Zusammenstellung der Sekundärliteratur zu Brentano: W. Baumgartner u. F.-P. Burkard, *Franz Brentano Bibliographie*, in: W. L. Gombocz u. a. (Hg.), *Internationale Bibliographie zur österreichischen Philosophie 1982/1983* (*Studien zur österreichischen Philosophie*, Supplementbd. 4), Amsterdam 1990, 54-159. Die Bahnen, auf denen sich die Brentano-Forschung weitgehend bewegt, sind die von ihm mitinitiierten Richtungen der Philosophie. Untersuchungen zu seiner philosophischen Theologie und Religionsphilosophie sind dagegen marginal geblieben.

3 Die religionsphilosophischen Manuskripte unter der Sammelbezeichnung »*R-Religion*« (nachfolgend zit. als »*R*«) sind fast vollständig in der letzten Lebensphase Brentanos nach 1899 entstanden und – da sie in den 50er Jahren mikroverfilmt worden sind – relativ leicht zugänglich. Ich danke dem Freien Deutschen Hochstift – Frankfurter Goethe-Museum für die Bereitstellung seiner Mikrofilme. Die Zitation in unserem Text tilgt offensichtliche Abkürzungen und ist der heutigen Rechtschreibung vorsichtig angeglichen. Die bisherigen Veröffentlichungen – besonders F. Brentano, *Religion und Philosophie. Ihr Verhältnis zueinander und ihre gemeinsamen Aufgaben*, hg. von F. Mayer-Hillebrand, Bern 1954 (nachfolgend zit. als »*RPh*«) – sind textkritisch unzureichend. Die *R*-Manuskripte wurden meines Wissens bisher nur von T. J. Martin, *Priest of Philosophy. Franz Brentano's Philosophy of Religion* (Ph. D., University of Chicago), Chicago 1984, herangezogen, aber nicht kritisch ausgewertet.

terten Versuchs vorgestellt, einen Religionsbegriff zu entwickeln, der folgenden drei Bedingungen genügt: Er soll (1) empirisch ausgewiesen sein, (2) zugleich einheitlich und umfassend die Vielfalt religiöser Phänomene in sich begreifen, (3) letztendlich die Aufhebung der Religion in Philosophie ermöglichen. Ziel der religionsbegrifflichen Bemühung Brentanos war also nicht die wissenschaftliche Destruktion, sondern die weitestmögliche philosophische Rekonstruktion des genuinen Anliegens aller Religionen. Brentanos Scheitern scheint mir paradigmatisch zu sein, auch wenn ich es nicht als zwingend darstellen kann. Zumindest ist es ein Menetekel für alle Versuche, Geistesgeschichte unter progressive Schemata wie »Vom Mythos zum Logos« oder »Von der Religion zur Philosophie« zu bringen. Zugleich ist es eine Verständnishilfe, warum sich das jeweils als Vorstufe betrachtete kulturelle Phänomen partout nicht in das jeweils als höher bewertete auflösen will, sondern sein Eigenleben bis heute erfolgreich verteidigt.

Inhaltlich bieten die erwähnten Manuskripte kaum Neues.[4] In seinen Würzburger und Wiener Jahren hat Brentano ein eigenständiges Philosophiekonzept entwickelt. Grundlage ist eine deskriptiv-psychologisch gewonnene evidenztheoretische Urteilslehre. Diese Konzeption, die für Husserls Phänomenologie maßgebend wurde, ist in den religionsphilosophischen Texten kaum wiederzufinden. Nicht einmal die um die Jahrhundertwende um sich greifende Religionspsychologie scheint Brentano registriert zu haben, obwohl er William James persönlich kannte[5] und Sigmund Freud zeitweise sein Schüler war.[6] Geistesgeschichtlich ge-

---

4 Allerdings bieten sie die textkritische Überraschung, daß der wichtigste postum veröffentlichte religionsphilosophische Text, ein angebliches Fragment Brentanos mit dem Titel *Philosophischer Versuch über die Religion* (vgl. *RPh*, 3-72), nur eine Kompilation aus verschiedenen Brentano-Manuskripten darstellt, mit der A. Kastil, ein Schüler Brentanos, die Intentionen seines Meisters zur Erfüllung bringen wollte, ohne sich dabei durch textkritische Bedenken groß behindern zu lassen. Dieser und die weiteren Texte in *RPh* sind aber für die Information über die wichtigsten Thesen Brentanos hinreichend, so daß im folgenden auf ausführliche Zitationen verzichtet sei.

5 Brentano war James 1905 auf einem Kongreß in Rom begegnet, wo beide einen Vortrag hielten; vgl. F. Brentano, *Untersuchungen zur Sinnespsychologie*, hg. v. R. M. Chisholm u. R. Fabian, Hamburg ²1979, 93-103, sowie ebd., 229, Anm. 21. James' religionspsychologisches Hauptwerk *The Varieties of Religious Experience* wurde 1901/02 veröffentlicht und 1907 von G. Wobbermin durch eine Teilübersetzung in Deutschland bekannt gemacht.

6 Freuds Untersuchung *Zwangshandlungen und Religionsausübung* erschien 1907 in der Eröffnungsnummer der *Zeitschrift für Religionspsychologie*. Zum Verhältnis Freuds zu

sehen bewegen sich die Texte auf dem Niveau der englischen empiristisch orientierten Religionskritik Hobbes, Humes und John Stuart Mills. In der Theodizeefrage ist Leibniz maßgebend. Die Philosophie von Kant bis Hegel – von Brentano immer schon als neuzeitliche philosophische Niedergangserscheinung abgelehnt – spielt so gut wie keine Rolle, ebenso wenig die Religionskritik von Feuerbach bis Freud. Ausführlicher setzt er sich eigentlich nur mit Comtes positivistischer Religion und auf diesem Hintergrund – soweit erkennbar – auch mit der französischen Religionssoziologie auseinander.

Selbst Brentanos Hauptthese ist wenig originell: es geht um den Erweis, daß es sich bei der Religion um ein Surrogat für eine bisher unzureichend entwickelte Philosophie handelt, die in nicht ferner Zukunft die Religion substituieren kann.[7] Brentano verweist u. a. auf die Einführung des Ethikunterrichts an französischen Schulen (1882), um zu zeigen, daß der gesellschaftliche Einfluß der Religion im Schwinden ist. Die Philosophie sei nun die eigentliche Garantin der Volksmoral.[8] Spätestens gegen Ende seiner Wiener Lehrtätigkeit ist Brentano davon überzeugt, seine evidenztheoretische Urteilslehre in eine Metaphysik hinein entfalten zu können, welche, in der aristotelischen Tradition stehend, sowohl die Ontologie als auch die philosophische Theologie, Kosmologie und Psychologie als metaphysische Teildisziplinen neu fundiert. So könne der philosophische Theismus eine der Naturwissenschaft analoge Gewißheit erreichen. Damit werde nun der von der kirchlichen Verkündigung erhobene Anspruch auf Glaubenszustimmung – nach entsprechender Bereinigung der Inhalte – Sache der Wissenschaft.[9]

---

Brentano vgl. J. R. Barclay, *Franz Brentano and Sigmund Freud*, in: *Journal of Existential Psychiatry* 5 (1964/65), 1-36, sowie H. P. Brauns u. A. Schoepf, *Freud und Brentano. Der Medizinstudent und der Philosoph*, in: B. Nitschke (Hg.), *Freud und die akademische Psychologie. Beiträge zu einer historischen Kontroverse*, München 1989, 40-79.

7 *R* 21, 200253: »Die Religion ist die Philosophie des Volkes oder wenigstens für das Volk ein Analogon und Surrogat dessen, was die Philosophie für den Philosophen ist.«

8 Vgl. F. Brentano, *Über die Zukunft der Philosophie*, hg. v. O. Kraus und neu von P. Weingartner, Hamburg 1968, 25 f. 62 ff.

9 *R* 20, 200241 (vgl. *RPh*, 70): Das Dasein Gottes ist »so gut wie irgendein Satz der Naturwissenschaften bewiesen«. Die Aussage steht im Zusammenhang einer Polemik gegen die pessimistischen Thesen Thomas Babington Macaulays (1800-1859), es gebe sowohl in der natürlichen als auch in der übernatürlichen Theologie keine Möglichkeit des wissenschaftlichen Fortschritts, denn die Argumente blieben sich gleich, da sich die jeweilige Argumentationsgrundlage (die Vernunfteinsicht bzw. die Schriftoffenbarung) nicht verändere. Ein einmal wirkungsloser philosophischer

Die These von der Surrogatfunktion der Religion zu begründen und den Anspruch der Philosophie auf deren Erbe zu explizieren ist Ziel einer geplanten religionsphilosophischen Schrift. In einem skizzierten Einleitungstext moniert Brentano, die Verfasser von Religionsphilosophien seiner Zeit hätten »weder recht gewußt (...), was Religion, noch was Philosophie sei«.[10] Beide Begriffe sind also zuerst zu klären. Schwierigkeiten bereitet dabei nicht der Philosophiebegriff, von dem Brentano feste methodologische und inhaltliche Vorstellungen hat, sondern der Begriff der Religion. Das erste Problem ist: Religionsphilosophie muß sich hinsichtlich ihres Objektes am Gegebenen orientieren. Wie kann aber ein Begriff von Religion entwickelt werden, der die Vielfalt der Phänomene umfaßt? Das zweite, erheblich größere Problem, an dem dann Brentano scheitert, ist die Gefahr einer zirkulären Argumentation: Wie kann ein solcher Begriff von Religion entwickelt werden, der es außerdem noch zuläßt, Religion als vorläufiges Ersatzmittel für eine spätere philosophische Theologie zu interpretieren, ohne der Religionsdefinition dieses teleologische Moment von vornherein als Charakteristikum zu implantieren? Angesichts dieser Probleme dürfte es nun doch lohnen, Brentanos Religionsphilosophie näher zu betrachten.

Brentano selbst hat die genannten Probleme nicht expliziert. Daß er sie aber erahnt, zeigen seine Gliederungsversuche.[11] Ihn beschäftigt die Frage: Sollen die Ausführungen zum Begriff der Religion denen zum Begriff der Philosophie besser vorangehen oder folgen? Er zielt zunächst auf die Abfolge: Religionsbegriff, dann Philosophiebegriff.[12] Eine solche

Beweis (z. B. hinsichtlich der Unsterblichkeit des Menschen) sei auch in Zukunft nicht beweiskräftig. Über Fragen der Religion ließe sich nicht diskutieren; es sei mit allen möglichen Formen des Aberglaubens zu rechnen; vgl. Th. B. Macaulay, *Über die römisch-katholische Kirche*, bearb. v. Th. Creizenach, Frankfurt a. M. $^{2}$1870, besonders 1-9. Brentano setzt dagegen, der Engländer habe mit der Entwicklung der Philosophie nicht gerechnet. Das Problem liege nur in einer den Naturwissenschaften entsprechenden Popularisierung ihrer Ergebnisse.

10 *R* 37, 200465 (vgl. *RPh*, 253, Anm. 1).

11 Vom Ringen Brentanos um die Gliederung geben die Manuskripte eingehend Zeugnis. Ohne Anspruch auf Vollständigkeit, da die Grenze zwischen Gliederung, Inhaltsangabe und Ausarbeitung fließend ist: *R* 18, 200204-207; *R* 20, 200210-214; *R* 21, 200250 ff. 200262-265. 200288; *R* 22, 200303-312; *R* 31, 200358-361; *R* 37, 200469-475. 200476 f. 200487-490. 200491 ff. (mehrere Gliederungsversuche und Skizzen). 200591 ff. 200600-603. 200651 ff. Die Modifikationen verdeckt die Nachlaßedition *RPh*.

12 Das Manuskript *Religionsphilosophie. Januar 1907* beginnt noch mit der Bestimmung des Begriffs der Religion (vgl. auch die neueinsetzende Gliederung inmitten des

Gliederung wäre die seinem Anliegen angemessene: sie ergibt ein für die Surrogatthese einsichtiges Schema von religiöser Vorstufe und philosophischer Vollendung – vorausgesetzt allerdings, daß sich Religion unabhängig davon und vorgängig dazu so bestimmen läßt, daß der gewonnene Begriff sich dann diesem Schema einfügt. Wie nun zu zeigen ist, sollte das nicht gelingen.

Die Pluralität der Religionen einfach zu überspringen und z. B. wie oft üblich mit der Etymologie des Wortes religio zu beginnen[13], verbietet sich für Brentano aufgrund seiner der Naturwissenschaft abgeschauten deskriptiv-analytischen Methode, deren Basis die Erfahrung zu sein hat. Es bleibt nichts anderes übrig, als die bestehenden religiösen Phänomene irgendwie zu klassifizieren. Brentano gibt zu, daß angesichts ihrer Vielfalt schon der Versuch, »etwa das allen Gemeinsame herauszuheben«, zur Verzweiflung treibe.[14] Den Bezug auf die universale Verbreitung religiöser Erscheinungen will er jedoch nicht ohne weiteres aufgeben. Von daher kann er sich mit der Lösung, den Namen Religion zur Äquivokation zu erklären und bestimmte Phänomene von vornherein auszugrenzen, nicht anfreunden, obwohl er stellenweise in diese Richtung tendiert. Es drängt sich ein naturalistischer Ansatz auf, läßt doch die universale Verbreitung von Religion eine allgemeinmenschliche Voraussetzung vermuten.[15] Diese Voraussetzung in einer entfalteten Anthropologie zu fundieren ist Brentano jedoch nicht möglich, denn seine positivistisch orientierte Methodologie gebietet es, Phänomene zu beschreiben und einer

---

Manuskripts, *R* 37, 200515 ff.). Etwa ab Februar 1907 (vgl. die Gliederung »Religionsphilosophie« in *R* 37, 200600-603, die zwischen der Januar- und Februar-Fassung steht) hat sich eine Gliederung, die den Begriff der Wissenschaft und den der Philosophie an den Anfang stellt, durchgesetzt – vgl. z. B. *R* 37, 200651 f.: »Von der Religion. I. Buch von der Weisheit (...) Zweites Buch. Vom Begriff der Religion«. Vgl. auch das Inhaltsverzeichnis (*R* 37, 200490) sowie *R* 26, 200358-361 (vom September 1912). Kastil übernimmt in *RPh*, 4-68 (1. Hauptteil) unkommentiert die frühere Gliederung, aber hauptsächlich Texte aus der Letztfassung vom Februar 1907 (*R* 37, 200604-650). Vgl. besonders *RPh*, 13-43. Der vorangestellte Abschnitt »Vom Begriff der Religion« (*RPh*, 4-13) ist eine Kompilation Kastils aus *R* 37, 200625-629 (also nicht vom Manuskriptanfang) und aus anderen *R*-Manuskripten.

13 Vgl. *R* 20, 200216 u. 200270.

14 *R* 37, 200625 f.: »Sieht man aber auf die einzelnen geschichtlichen Erscheinungen, welche man als religiöse bezeichnen hört, um dann etwa das allen Gemeinsame herauszuheben, so zeigen sie eine so erstaunliche Mannigfaltigkeit, daß man daran verzweifelt, sie ein und demselben Begriff zu subsumieren«. Es handelt sich also nicht nur um eine »Verlegenheit« (so *RPh*, 5).

15 Vgl. besonders eine der geplanten Einleitungen *R* 25 (vgl. *RPh*, 3 f.).

kategorialisierenden Analyse zu unterziehen, Fragen nach dem Wesen der Phänomene jedoch zu umgehen.[16] Aus dem gleichen methodischen Grund entfällt auch eine transzendentale Perspektive, um vielleicht durch Reflexion auf Erfahrung überhaupt einen religionsphilosophisch relevanten Kontext zu eruieren.

Als methodisch zulässiger Ansatzpunkt bietet sich die Analyse der menschlichen Bedürfnisstruktur an.[17] Allerdings ist es von vornherein unmöglich, ein genuin religiöses Bedürfnis anzunehmen, sonst wäre die Surrogatthese nicht zu halten, nach der das fragliche Bedürfnis des Menschen in der Philosophie zur Erfüllung kommt. Brentano entscheidet, daß es wohl theoretische und nicht praktische Bedürfnisse sind[18], die religiöse Phänomene hervorbringen, näherhin dasselbe allgemeinmenschliche Streben nach prinzipieller Einsicht, das Aristoteles am Beginn des ersten Buches der »Metaphysik« anspricht.[19] Auf diesem Hintergrund erscheinen die Religionen als unvollkommene Beantwortungsversuche der Frage nach dem Grund der Dinge und der Zukunft des Einzelnen wie des Universums, welche zu klären eine Aufgabe der Philosophie ist. Daß mit dieser Verortung der Religion in demselben theoretischen Bedürfnis, das auch die Wurzel der philosophischen Anstrengung bildet, der befürchtete Zirkel in Gang kommt, ist nicht zu übersehen. Denn empirisch ist der Ansatz beim theoretischen Bedürfnis kaum zu rechtfertigen: Wie können unter einen solchen Begriff von Religion atheistische Religionen wie der Buddhismus und die Menschheitsreligion Comtes fallen, bei denen mit der Gottesfrage auch die nach dem Grund aller Dinge fehlt? Und wie finden sich darunter die Naturreligionen wieder, die oft mehr von praktischem Interesse, das Transzendente zu manipulieren, als vom theoretischen Streben nach letzter Einsicht geleitet sind? Fragen, die Brentano sich selbst stellt.

Den Religionsbegriff aus der historischen Genese religiöser Phänomene zu entwickeln hält Brentano wegen der Dunkelheit der Vorgeschichte für wenig versprechend. Außerdem seien an den Frühformen gewonnene Begriffsbestimmungen unzureichend, da die sogenannten

---

[16] Vgl. F. Brentano, *Über die Zukunft der Philosophie,* a. a. O., 89 ff. 95 f.

[17] *R* 37, 200491 (vgl. *RPh*, 7): »Die Erscheinung der Religion im Völkerleben muß mit einem in der Natur des Menschen gründenden Bedürfnis im Zusammenhang stehen.«

[18] Vgl. *R* 26, 200323-335 (dieser Text bildet die Basis für *RPh*, 6-13).

[19] Es dürfte keine Aristoteles-Passage geben, auf die Brentano so oft anspielt, wie Aristoteles, *Metaphysik*, Buch I, 1, 980 a 21.

primitiven Religionen und Hochreligionen zu unterschiedlich sind. Ein solcher Religionsbegriff würde Merkmale implizieren, die nicht zur Religion gehören, und erst in der weiteren Entwicklung hervortretende Merkmale von Religion ausgrenzen – Fehler, welche Brentano sowohl der (von ihm allerdings nicht genannten) ethnologisch ansetzenden Durkheim-Schule[20] als auch Comtes Religionsverständnis vorwirft. Letzteres sei inhaltlich entleert und zugleich zu unspezifisch.[21]

Die Lösung sieht Brentano in einer typologischen Begriffsbestimmung, welche die als religiös deklarierten kulturellen Phänomene unabhängig vom historischen Zusammenhang so ordnet, daß von Problemfällen zunächst abgesehen wird und die Begriffsbestimmung sich auf die zweifelsfrei als Religion bezeichneten und deren wesentliche Merkmale deutlich repräsentierenden Vorkommnisse, »sozusagen typische Erscheinungen der Religion«, konzentriert. Dem so präzisierten Begriff seien anschließend die zweifelhaften Fälle angemessen zuzuordnen. Es sei dann »offenbar«, daß sich die fraglichen Phänomene »um *eine* Art, die man typisch zu nennen pflegt«, gruppieren, welche die Religion »im allereigentlichsten Sinne« zu nennen ist.[22] Dieser klassifikationslogische

20 Die kryptische Bemerkung gegen eine Bestimmung der Religion als kulturgeschichtlicher Erscheinung in *R* 37, 200625 (vgl. *RPh*, 5) und die Auseinandersetzung mit einem ethnologischen Ansatz der Begriffsbestimmung verweist auf Thesen E. Durkheims; vgl. ders., *Les formes élémentaires de la vie religieuse. Le système totémique en Australie*, Paris $^5$1968 (dt.: *Die elementaren Formen des religiösen Lebens*, Frankfurt a. M. 1981).

21 Vgl. *R* 37, 200626 ff. (vgl. *RPh*, 5 f.).

22 *R* 37, 200628 f. (vgl. *RPh*, 6 f.) Dieser zentrale Text sei ausführlicher dokumentiert: »Was von dieser typischen Art, dem kommt der Name vornehmlich und im allereigentlichsten Sinne zu. Was sonst noch den Namen trägt, hat ihn erhalten, weil man es von der einen oder anderen Seite ihm genähert findet, und die Annäherungen sind wie verschiedenseitig, so auch bald Annäherungen in mehreren, bald in wenigeren Stücken und auch in diesen, im einzelnen genommen, bald mehr, bald minder beträchtlich; da geschieht es dann, daß von den Definitionen, die man einheitlich geben will, manche vielleicht nur auf die typische Erscheinung paßt, manche (Definitionen; E. T.) aber mit ihr gemeinsam wohl auch noch die von gewisser Seite sich annähernden mit umfassen, während sie die von einer andern, dem Typus nahestehenden, aber jener Ähnlichkeit entbehrenden (Erscheinungen; E. T.) ausschließen. Mit dem Typus zugleich könnte die Definition die ganze Mannigfaltigkeit nur dann etwa gleichmäßig berücksichtigen, wenn sie disjunktiv in ein Entweder-Oder sich einließe, womit ja aber im wesentlichen dasselbe gegeben wäre, wie in dem Zugeständnis einer Äquivokation.«

Geniestreich[23] ermöglicht es Brentano, die bestehende Vielfalt von Religionen in eine Ordnung und unter einen an deren typischem Vertreter abzulesenden Begriff zu bringen und dann auch die zuweilen starke Unähnlichkeit der Phänomene zu erklären. Außerdem dient der Typus heuristischen Zwecken, können doch an ihm demonstrierte Aussagen (z. B. die Offenbarungskritik) auf alle ihm zugeordneten Erscheinungen angemessen übertragen werden.

Es stellt sich allerdings die Frage, welche Religion als Typus dienen kann. Solange rein forschungsstrategische Kriterien bestimmend sind, muß die Antwort relativ unproblematisch scheinen. Es empfiehlt sich nur insofern eine Beschränkung, als eine zu große Distanz zwischen einer so entwickelten Begriffsbestimmung und dem gewöhnlichen Sprachgebrauch Mißverständnisse provozieren kann. Brentano polemisiert unter anderem deshalb gegen Comtes positivistische Neuerungen und entscheidet sich für eine traditionelle Vorgabe. Der Religionsbegriff sei »aus der vergleichenden Betrachtung jener Erscheinung im Völkerleben zu gewinnen, die man von alther und auch heute noch gemeiniglich mit dem Namen benennt«.[24] Er enthalte als dogmatischen Kern den Glauben »an übermenschliche persönliche Wesen«[25], denen man einen Einfluß auf die Welt zuschreibt, welcher wiederum die entsprechende Antwort des Menschen in Kult und Moral auslöst und ihm eine lebensorientierende Hoffnung auf die jenseitige Zukunft zuspricht.

Problematisch wird das bis hierher offene typologische Begriffsbestimmungsverfahren[26] erst, wenn vermittels des so gewonnenen und

---

23 Ein sich mit dem Problem »verschwommene Begriffe« befassender Teil der Logik-Vorlesung Brentanos in dem Manuskript EL 80, 13066 f. – jetzt in: F. Brentano, *Die Lehre vom richtigen Urteil*, hg. v. F. Mayer-Hillebrand, Bern 1956, 74 – und eine dort gestrichene Passage zum Typus-Begriff zeigen, daß die These von T. J. Martin, a. a. O., 148-157, es stände hier allein der aristotelische Homonymiebegriff im Hintergrund, und der Vergleich von D. G. Hook, *Franz Brentano's Philosophy of Religion, Especially as Found in His »Religion und Philosophie«* (Ph. D., Northwestern University), 1970, 66 u. 72, mit den klassischen Definitionstheorien (zitiert bei T. J. Martin, a. a. O., 149, Anm. 1) viel zu kurz greifen: Brentano bezieht sich hauptsächlich auf J. St. Mills *A System of Logic Ratiocinative and Inductive* (von 1843 u. ö.).

24 *R* 37, 200480 (vgl. *RPh*, 74).

25 *R* 33, 200370 (vgl. *RPh*, 77).

26 Brentano gibt die relative Willkürlichkeit seines inhaltlichen Vorschlags zu: »(...) beanspruche ich für mich die Freiheit, den Namen Religion mit den erhabensten menschlichen Interessen in Verbindung zu bringen« (*R* 37, 200370; vgl. *RPh*, 77).

dann explizierten Begriffs die bestehenden Religionen auch bewertet und Initiativen zur praktischen Verwirklichung eines aus der Typologie entwickelten Ideals ergriffen werden sollen. Genau das aber ist das Anliegen Brentanos. Für ihn ist das »Christentum als die vor allen typische religiöse Erscheinung«[27] erwiesen. Seine Vorzüglichkeit zeige sich in intellektuellen und lebensorientierenden Leistungen. Besonders die Existenz einer wissenschaftlichen Theologie verweise auf den Zweck aller Religion, das Bedürfnis nach prinzipieller Erkenntnis zu befriedigen. Auch der permanente Konflikt des Christentums mit der Philosophie deute auf Berührungspunkte; viele Theoreme und praktische Auswirkungen stimmten überein. Die Diskrepanz des Christentums zum Idealzustand sieht Brentano darin, daß es zu Dogmen wie dem von der vergeltenden Gerechtigkeit und zu Praktiken wie Prozessionen und Gebeten greife, »von welchen eine normale Philosophie nichts weiß«.[28] Es biete also bestenfalls »dem Typus am nächsten kommend uns am meisten Aufklärung«.[29]

Damit strukturiert sich für Brentano die gesamte Topographie religiöser Phänomene um den Typus Christentum als bisher letzter Vorstufe einer mit der Philosophie koinzidierenden Idealreligion. Obwohl er Comtes Dreiphasengesetz, dem theologischen das metaphysische und dann das positivistische Denken folgen zu lassen, wegen der atheistischen Konsequenzen kritisch eingrenzt[30], sucht er die Comtesche Abfolge Fetischismus – Polytheismus – Monotheismus zu retten, begründet sie doch die Vorzüglichkeit des Monotheismus. Comtes Theorie sei zwar weder für die altägyptische noch für die indische Religion überzeugend[31], doch meint hier Brentano auf die nötige Unterscheidung von Aufstiegs- und Niedergangsphasen verweisen zu können. Damit überträgt er eine Systematisierung auf die Religionsgeschichte, die er schon

27 So die Überschrift in *R* 37, 200632 (vgl. *RPh*, 29).

28 *R* 37, 200641 (vgl. *RPh*, 36).

29 *R* 37, 200485 (vgl. *RPh*, 76).

30 Vgl. F. Brentano, *Die vier Phasen der Philosophie und ihr augenblicklicher Stand*, hg. v. O. Kraus, Leipzig 1926, 119–123.

31 Vgl. *R* 37, 200630 f. (vgl. *RPh*, 30 f.). Mit beiden Religionen hat sich Brentano ausführlicher befaßt. Vgl. *R* 41, 201066–1080, wo mit Bezug auf die ägyptologischen Untersuchungen von P. Le Page Renouf, einem Schwager Brentanos, der ursprüngliche Monotheismus des späteren altägyptischen Polytheismus reflektiert wird, und *R* 200177–181 (»Religion der Inder«). Hier bildet der nichttypische Charakter des Buddhismus als einer »atheistischen Religion« den Anknüpfungspunkt für Brentanos Interesse.

für die Bewertung philosophiegeschichtlicher Erscheinungen angewendet hat – allerdings mit einiger Gewalt gegenüber den historischen Fakten.

Den verschiedenen Explikationsversuchen, die sich mannigfaltig durch Brentanos Manuskripte ziehen, ist kritisch entgegen zu halten: Die typologische Klassifizierung und dann Evaluierung der religiösen Erscheinungen im Blick auf eine Idealreligion hin benötigt einen Maßstab. Woher ist der zu beziehen? Ein zwingendes Kriterium ist nicht erkennbar, demzufolge der Monotheismus dem Polytheismus oder sogar dem Atheismus, bzw. demzufolge das Christentum dem historisch jüngeren Islam überlegen sein soll. Brentano gibt ja sogar zu, daß hinsichtlich der Toleranz der Buddhismus dem Christentum vorzuziehen ist.[32]

Er beseitigt das kriteriologische Problem, indem er sich letztendlich für eine Gliederung »Philosophiebegriff vor Religionsbegriff« entscheidet und damit den gesuchten Maßstab seinem eigenen Philosophiebegriff entnimmt.[33] Er begründet diesen Schritt jedoch nicht damit, sondern erklärt, daß die Perspektive auf Religion vom philosophischen Standpunkt abhänge: Den epistemischen und lebenspraktischen Wert der Religion könne nur ein Betrachter würdigen, »welchem der Gottesgedanke für eine Wahrheit gilt«.[34] Diese wohlwollend-kritische Evaluierung der verschiedenen religiösen Phänomene geht demzufolge davon aus, daß die Glaubensinhalte philosophisch rekonstruierbar sind. Und das gelte insbesondere für die des Christentums. Doch damit wird die Surrogatthese in der Bestimmung von Religion schon impliziert, der befürchtete Zirkel ist nun unvermeidlich. Brentanos schlußendliche Veränderung der Gliederung kann so gesehen als konsequent, aber zugleich als Scheitern seines Programms eingeschätzt werden.

Dieses Ergebnis sei Anlaß zu einigen kritischen Fragen: Inwieweit genügt Brentanos der Surrogatthese dienlicher typologischer Religionsbegriff der eingangs genannten ersten Bedingung, nämlich empirisch ausgewiesen zu sein? Die Beantwortung dieser Frage setzte eine Einigung voraus, was überhaupt unter Religion zu verstehen und zu subsumieren ist. Eine solche definitorische Übereinkunft ist wohl nicht in Sicht. Man erinnere sich an New Age und Scientology-»Kirche«. Brentanos Begriff von Religion, wonach diese eigentlich aus theoretischen Bedürfnissen erwachsen sei und ihr genuines Ziel in der Vermittlung prinzipieller

---

32 Vgl. *R* 37, 200504 f. (vgl. *RPh*, 82).

33 Siehe Anm. 12.

34 *RPh*, 108 (das hier zugrundeliegende Manuskript *R* 27 ist verloren).

Einsichten und in der tröstenden Aufklärung über das künftige Schicksal des Einzelnen und der Welt habe, dürfte schon für das Christentum nicht ohne weiteres plausibel sein, geschweige denn für alle Religionen zusammen.

Des weiteren wäre kritisch auf Konsequenzen hinzuweisen, die aus Brentanos Surrogatthese für die Gestalt der die Religion substituierenden Philosophie entstehen. Sie müßte nämlich eine Reihe institutioneller Komponenten adaptieren, die bisher bei den Religionsgemeinschaften zu finden sind.[35] Freidenkerverband, Ethikunterricht und Philosophische Praxen weisen bis heute in diese Richtung.

Wichtiger erscheint mir, das Scheitern Brentanos auf seinen tieferen Grund hin zu befragen. Es ist Folge eines Versuchs, auf der Grundlage einer klassifizierenden Deskription einen Religionsbegriff zu entwickeln, der nicht nur heuristische, sondern auch normative Funktion hat. Damit wiederholt sich auf dem Gebiet der Religionsphilosophie die aus der praktischen Philosophie bekannte Schwierigkeit, Deskriptionen in Präskriptionen zu überführen. Man kann das Problem aber auch speziell auf Brentano zuschneiden und hier eine verschärfte Wiederkehr der Psychologismusfrage sehen: Bekanntlich wurde Brentano und seinen Schülern (einschließlich Husserl)[36] vorgeworfen, sie hätten bei der Begründung der Logik in ihrem Rekurs auf psychische Phänomene die quaestio facti und die quaestio iuris unzulässig vermischt, was Brentano mit Rekurs auf die Allgemeingültigkeit und Unhintergehbarkeit evidenter Urteile abwies.[37] Da er aber unter Evidenz eine eindeutig zu fassende psychische

---

35 Vgl. besonders *R* 37, 200510 ff. (vgl. *RPh*, 84 f.) u. *R* 21, 200268 (vgl. *RPh*, 252 Anm. 1) sowie den in *RPh*, 72 fehlenden Passus *R* 37, 200596 ff. zur »Bedeutung der kirchlichen Organisation« und zu Möglichkeiten, einige ihrer Aufgaben und Strukturen zu kopieren. Brentano bleibt allerdings unbestimmt, indem er des öfteren (u. a. mit J. St. Mill, wie eine Randbemerkung verrät) gegen Comtes »Katholizismus minus Christentum« (*R* 37, 200511; vgl. *RPh*, 85) polemisiert, andererseits aber z. B. dessen positivistischen Heiligenkalender lobend erwähnt. Vgl. *R* 21, 200299, und dazu F. Brentano, *Grundlegung und Aufbau der Ethik*, hg. v. F. Mayer-Hillebrand, Hamburg 1978, 388. 403. Brentano überträgt den ekklesiologischen Begriff der *societas perfecta* auf zukünftige Zusammenschlüsse der Philosophen in einer »vollkommen ausgebildeten Gemeinschaft« (*R* 37, 200510; vgl. *RPh*, 84).

36 Vgl. Husserls vorsichtiges Zugeständnis dieses durch Frege erhobenen Vorwurfs in: E. Husserl, *Logische Untersuchungen*, Halle [4]1928, Bd. I, 169, Anm. 1 (= *Husserliana* XVIII, Den Haag 1975, 172, Anm. **).

37 Vgl. besonders gegen Husserls Psychologismus-Vorwurf F. Brentano, *Psychologie vom empirischen Standpunkt*, Hamburg [4]1971, Bd. II, 179-182. Angriffe auf seinen Schüler A. Marty vermerkt F. Brentano, *Die Abkehr vom Nichtrealen*, hg. v. F. May-

Erscheinung verstand, ergab sich ein für alle Wissenschaften einheitlicher Wahrheitsbegriff und im Endeffekt ein klar umrissener Kanon metaphysischer Erkenntnisse. In der Religionsphilosophie mußte das zum Alleinvertretungsanspruch einer bestimmten philosophischen Perspektive auf Religion führen, die jedoch wie gezeigt angesichts der komplexen Sachlage nicht hinreichend zu begründen ist, ohne in einen Zirkel zu geraten. Was nämlich im Bereich der Erkenntnistheorie schon kaum plausibel erscheint – daß aus der Beobachtung von Bewußtseinsphänomenen eindeutige Geltungsansprüche folgen sollen –, führt spätestens im Blick auf die Vielfalt kultureller Phänomene, die man gemeinhin als Religionen bezeichnet, zum Desaster.

---

er-Hillebrand, Hamburg 1977, 226. Heideggers zeitlich spätere Kritik an Brentano und Marty findet sich in seiner Dissertation *Die Lehre vom Urteil im Psychologismus. Ein kritisch-positiver Beitrag zur Logik* (von 1913), jetzt in: M. Heidegger, Gesamtausgabe, Frankfurt a. M. 1978, Bd. I, 59-188. Daß Husserl von ihr nicht völlig ausgenommen ist, läßt sich aus M. Heidegger, *Zur Sache des Denkens*, Tübingen 1969, 83 f., herauslesen.

Werner Schüssler

# »... was uns unbedingt angeht«

## Aspekte des religionsphilosophischen Denkens Paul Tillichs

Wer das Werk des deutsch-amerikanischen evangelischen Theologen und Religionsphilosophen Paul Tillich (1886-1965)[1] auch nur wenig oder so gut wie gar nicht kennt, der verbindet mit diesem Namen doch zumindest die schon fast klassisch gewordene Formel: »Religion is ultimate concern.« Zu deutsch: »Religion ist das, was uns unbedingt angeht.« Dabei hat Tillich doch wesentlich mehr auf religionsphilosophischem Gebiet beigesteuert, was allerdings bis heute nicht wirklich rezipiert wurde. Denn schlägt man einmal Werke zur Religionsphilosophie auf, so wird man den Namen Tillichs zumeist immer noch vergebens suchen.

Das erstaunt umso mehr, hat doch Tillich seine religionsphilosophischen Einsichten schon relativ früh, nämlich bereits in den zwanziger Jahren, zu Papier gebracht, also zu einer Zeit, in der das religionsphilosophische Denken durch Männer wie Rudolf Otto[2] oder Max Scheler[3] neuen Auftrieb erhalten hat. Genau in diesen Jahren legt auch Tillich den Grundstein für sein religionsphilosophisches Werk. Hier sind besonders drei wichtige Arbeiten zu nennen: einmal die beiden Vorträge *Über die Idee einer Theologie der Kultur*[4] von 1919 und *Die Überwindung des*

---

[1] Zur Einführung in Leben und Werk Paul Tillichs vgl. R. Albrecht u. W. Schüßler, *Schlüssel zum Werk von Paul Tillich. Textgeschichte und Bibliographie sowie Register zu den Gesammelten Werken*, (*Gesammelte Werke*, Band XIV, 2. neubearb. u. erw. Auflage Berlin 1990); dies. (Hg.), *Paul Tillich – Sein Werk*, Düsseldorf 1986; dies., *Paul Tillich – Sein Leben*, Frankfurt a. M. 1993.

[2] Vgl. R. Otto, *Das Heilige. Über das Irrationale in der Idee des Göttlichen und sein Verhältnis zum Rationalen*, München 1917.

[3] Vgl. M. Scheler, *Vom Ewigen im Menschen*, Leipzig 1921.

[4] Jetzt in: *Gesammelte Werke*, hg. von R. Albrecht, 14 Bde., Stuttgart 1959 ff. (nachfolgend zit. als »*GW*«), Bd. IX, 13-31.

*Religionsbegriffs in der Religionsphilosophie*[5] von 1922, die Tillich in der Berliner Abteilung der Kant-Gesellschaft gehalten hat, sodann die *Religionsphilosophie*[6], die 1925 im zweiten Band des von Max Dessoir herausgegebenen *Lehrbuchs der Philosophie* erschien.

Die Wege, die Tillich in diesen frühen Beiträgen auf religionsphilosophischem Gebiet entfaltet, wird er zeitlebens nicht mehr verlassen. Sie werden nicht nur sein Denken in seinem späteren dreibändigen Hauptwerk, der *Systematischen Theologie*[7], bestimmen, sondern auch noch wegweisend sein in seinem letzten Vortrag über *Die Bedeutung der Religionsgeschichte für den systematischen Theologen*[8], den er am 11. Oktober 1965, also nur elf Tage vor seinem Tode, zur Jahrhundertfeier der Divinity School in Chicago gehalten hat.

Diese Beobachtung erlaubt es mir auch, meinen Beitrag unter einem systematischen Gesichtspunkt zu strukturieren. Überhaupt sehe ich in Tillichs Denken verschiedene Grundmuster, also Strukturen, die sich durchhalten und die in den verschiedensten Zusammenhängen und Themenbereichen immer wieder auftauchen oder neu entfaltet werden. Auf religionsphilosophischem Gebiet sind dies, wie ich meine, die folgenden drei Aspekte: erstens seine Überlegungen zum Essentialbild der Religion, zweitens zum normativen Religionsbegriff und drittens zur Sprache der Religion.

Ich möchte im folgenden versuchen, diese drei Aspekte darzulegen, ohne dabei auf Gemeinsamkeiten mit der Tradition hinzuweisen. Diese Bezüge sind ohne Zweifel da; ich habe dies auch an anderer Stelle herauszuarbeiten gesucht.[9] Jedoch kann ich aus Raumgründen hier nicht näher darauf eingehen.

---

5 Jetzt in: *GW*, Bd. I, 367-388.

6 Jetzt in: *GW*, Bd. I, 297-364.

7 P. Tillich, *Systematische Theologie*, 3 Bde., Stuttgart 1955 ff (nachfolgend zit. als »*ST*«).

8 Jetzt in: P. Tillich, *Ergänzungs- und Nachlaßbände zu den gesammelten Werken*, bisher 8 Bde., Stuttgart, dann Berlin 1971 ff. (nachfolgend zit. als »*EW*«), Bd. IV, 144-156.

9 Vgl. dazu W. Schüßler, *Der philosophische Gottesgedanke im Frühwerk Paul Tillichs (1910-1933). Darstellung und Interpretation seiner Gedanken und Quellen*, Würzburg 1986, 148-175.

## Das Essentialbild der Religion[10]

Unsere konkrete Situation ist bestimmt durch den Gegensatz zwischen einer religiösen Kultur, Religion genannt, und einer weltlichen Kultur. Wir finden »einen Tempel neben einem Rathaus, das Abendmahl des Herrn neben einem täglichen Abendessen, das Gebet neben der Arbeit, Meditation neben Forschung, *caritas* neben *eros*«.[11]

Aber Gott – als Grund allen Seins – ist doch in allem gegenwärtig. Folglich müßte er doch in allem Bedingten erfahrbar, erlebbar sein. »Das Universum ist Gottes Heiligtum. Jeder Tag ist ein Tag des Herrn, jedes Mahl ist ein Herrenmahl, jedes Werk ist die Erfüllung einer göttlichen Forderung, jede Freude ist eine Freude in Gott.«[12]
Das bedeutet, daß das Religiöse und das Profane ihrem Wesen nach keine getrennten Bereiche sind, sondern vielmehr ineinanderliegen. »So sollte es sein, aber so ist es nicht in der Wirklichkeit.«[13]

Die Lage des Menschen in dieser Welt ist demgegenüber geradezu bestimmt durch das Neben- und Gegeneinander von Religion und Kultur. Dieses Neben- und Gegeneinander ist nach Tillich der beste Ausdruck für die Entfremdung des Menschen von seinem wahren Wesen, für das Stehen in der »Zweideutigkeit«, wie er auch gerne sagt.[14] Denn wäre der Mensch nicht entfremdet von seinem wahren Wesen, würde er nicht in der Zweideutigkeit stehen, so müßte es ihm in jedem Augenblick möglich sein, das Göttliche in Natur und Geschichte zu erfassen.

Das Essentialbild der Religion sieht somit nach Tillich folgendermaßen aus: Kultur und Religion liegen wesensmäßig ineinander. Ihrem Wesensbegriff nach konstituiert Religion nicht ein besonderes Gebiet neben anderen. »Jeder Akt des Lebens sollte über sich hinausweisen, und kein besonderer religiöser Akt sollte notwendig sein.«[15] Ein solcher Zustand aber, in dem das Wesen der Religion realisiert wäre, ist das Reich

---

10 Vgl. dazu W. Schüßler, *Jenseits von Religion und Nicht-Religion. Der Religionsbegriff im Werk Paul Tillichs*, Frankfurt a. M. 1989, 70–107.
11 *GW*, Bd. IX, 86.
12 *GW*, Bd. IX, 101.
13 Ebd.
14 Ebd.
15 *ST*, Bd. III, 118 f.

Gottes. Tillich sagt hierzu auch »ideale Theonomie«. Hier kann es kein Nebeneinander von Religion und Kultur geben.

Wenn Tillich eine »Überwindung der Religion« fordert, so bedeutet dies eben gerade nicht Säkularisierung[16], sondern es bedeutet vielmehr, »daß der göttliche Geist die Kluft zwischen dem Religiösen und dem Säkularen als eigenständigen Bereichen überbrückt«.[17] Aber die ideale Theonomie ist in der Existenz, die notwendig durch die Entfremdung des Menschen von seinem wahren Wesen geprägt ist, nicht zu verwirklichen. Das ist auch Tillich immer bewußt. Jedoch kann ich durch die Einsicht in das wesensmäßige Ineinander von Religion und Kultur zu einem Religionsbegriff fortschreiten, der die Religion im traditionellen Sinn des Wortes transzendiert, die eine partikulare Begegnung mit dem Heiligen darstellt. Die Begegnung mit dem Göttlichen ist eben nicht auf unsere Erfahrung innerhalb dessen, was wir gewöhnlich Religion nennen, beschränkt. Gott ist nicht an eine besondere Sprache gebunden. »Alle menschlichen Worte sind grundsätzlich für die Möglichkeit offen, ›Wort Gottes‹ zu werden.«[18]

Man muß folglich zwei Begriffe der Religion unterscheiden: einen weiteren und einen engeren:

> »Religion im weiteren Sinne erscheint als Dimension des Unbedingten in den verschiedenen Funktionen des menschlichen Geistes. Sie ist – metaphorisch gesprochen – die Dimension der Tiefe, der unausschöpflichen Tiefe des Seins, die in diesen Funktionen indirekt erscheint. Direkt begegnen wir in diesen Bereichen etwas anderem, etwa der Wahrheit, dem moralischen Imperativ, der Gerechtigkeit oder der ästhetischen Ausdruckskraft. In diesen allen ist das Heilige gegenwärtig – aber indirekt, es ist im Profanen verborgen und wird durch die Strukturen des Profanen als heilig erfahren. Religion auf dieser Grundlage und in ihrem universalen Sinne kann bezeichnet werden als das Ergriffensein von einem Unbedingten, das sich in verschiedenen Formen manifestiert.«[19]

Religion im engeren Sinne dagegen meint die Erfahrung des Heiligen in einer besonderen Verkörperung seiner selbst, wie einem heiligen Ort oder einer heiligen Zeit, einer heiligen Person oder einem heiligen Buch. Diese »direkte Begegnung mit dem Heiligen«[20] findet meist innerhalb

---

[16] Vgl. dazu W. Schüßler, *Paul Tillich zum Problem der Säkularisierung*, in: *Trierer Theologische Zeitschrift* 95 (1986), 192-207.

[17] *ST*, Bd. III, 279.

[18] *ST*, Bd. III, 149.

[19] *EW*, Bd. IV, 63.

[20] Ebd.

einer heiligen Gemeinschaft statt, die im Abendland durch eine Kirche oder eine religiöse Bewegung vertreten ist. Solch eine heilige Gemeinschaft drückt den besonderen Charakter ihrer Erfahrung des Heiligen »in gewissen Symbolen aus, in Bildern, im Kult und in Regeln für das moralische und soziale Leben der Gruppe«.[21] Religion als das Ergriffensein von dem, was uns unbedingt angeht, ist somit »Religion und zugleich mehr als Religion«.[22]

> »Wer von Gott ergriffen wird, der steht jenseits von Religion und Nicht-Religion. Wenn er jetzt an der Religion festhält, dann ist es eine verwandelte Religion. Sie ist für ihn nicht länger das einzig gültige Gesetz, sondern ein Weg unter anderen, auf dem sich ihm die Gegenwart des Unbedingten offenbart. Der Mensch, der sich von dem Zwang der Religion befreit, wird frei für die Gnade der Religion. Er ist gesegnet innerhalb und außerhalb der Religion, denn die tiefste Dimension des Daseins hat sich ihm geöffnet.«[23]

Ein solches Verständnis der Religion wirkt sich natürlich auch auf das Verständnis der Theologie aus. Denn der Frage nach der Stellung der Theologie im Aufbau der Wissenschaften entspricht die Frage nach der Stellung der Religion in der Geisteskultur und damit letztlich die Frage nach der Stellung Gottes zur Welt.[24] Genauso wie sich die religiöse Erfahrung nicht auf den Bereich dessen beschränkt, was wir als Religion im engeren Sinne bezeichnet haben, genauso darf sich auch die Theologie nicht auf »religiöse Gegenstände« beschränken. Tillich versteht die Theologie in diesem Sinne nicht als »Rede von Gott als von einem Gegenstand neben anderen«, sondern als »Rede von der Manifestation des Göttlichen in allem Seienden und durch alles Seiende hindurch«.[25] Die Theologie muß folglich alles zu ihrem Thema machen. Programmatisch fordert Tillich dies auch in seiner »Systematischen Theologie«, wenn es hier heißt:

> »Bilder, Gedichte und Musik können Gegenstand der Theologie werden, nicht unter dem Gesichtspunkt ihrer ästhetischen Form, sondern im Hinblick auf ihre Fähigkeit, durch ihre ästhetische Form gewisse Aspekte dessen auszudrücken, was uns unbedingt angeht. Physikalische, historische oder psychologische Einsichten können Gegenstand der Theologie werden, nicht wegen ihres Charak-

---

21 *EW*, Bd. IV, 64.
22 *GW*, Bd. VIII, 196.
23 P. Tillich, *Religiöse Reden*, 3 Bde., Stuttgart 1952 ff., Bd. III, 108 f.
24 Vgl. dazu W. Schüßler, a. a. O. (Anm. 10), 204–209.
25 *GW*, Bd. IX, 346.

ters als Formen der Erkenntnis, sondern wegen ihrer Fähigkeit, etwas von letzter Bedeutung zu enthüllen. Soziale Ideen und Handlungen, Gesetzesvorschläge und Verfahren, politische Programme und Entscheidungen können Gegenstand der Theologie werden, aber nicht hinsichtlich ihrer sozialen, gesetzlichen oder politischen Form, sondern im Hinblick auf ihre Fähigkeit, etwas uns unbedingt Angehendes durch ihre soziale, gesetzliche und politische Form zu verwirklichen. Persönlichkeitsprobleme und -entwicklungen, Erziehungsziele und -methoden, körperliche und geistige Heilungen können Gegenstand der Theologie werden, aber nicht unter dem Gesichtspunkt ihrer autonomen Form, sondern unter dem Gesichtspunkt ihrer Fähigkeit, durch ihre autonome Form etwas von letztem und unbedingtem Gewicht zu vermitteln.«[26]

Tillichs Theologie hat mit dieser Forderung Ernst gemacht. Schaut man sich nämlich seine Schriften an, so muß man zugestehen: Tillich hat dies alles zum Thema der Theologie gemacht. In diesem Sinne sind selbst die Schriften zum religiösen Sozialismus als eine »Theologie der Politik« zu verstehen.[27] Nicht anders steht es mit seinen Schriften zur Kunst.[28] Einem Kunsthistoriker mögen diese Überlegungen nichts sagen, aber Tillich geht es hier ja nicht um Kunstgeschichte, sondern um »Theologie der Kunst«.

Mit diesem Verständnis von Theologie kämpft Tillich einmal gegen die – wie er selbst sagt – »Escape-Theologie«[29] der letzten zweihundert Jahre (das Wort kommt vom englischen »to escape«, also: zurückweichen), die eine schließlich unhaltbare Stellung verteidigte und eine Position nach der anderen aufzugeben gezwungen war. Zum anderen kämpft er mit einem solchen Theologieverständnis gegen die – wie er sagt – »neue Orthodoxie«, womit die Dialektische Theologie gemeint ist, die sich nicht mehr mit kulturellen Problemen befaßt und die die christliche Botschaft als eine Summe geoffenbarter Wahrheiten betrachtet, die wie Fremdkörper aus einer fremden Welt in die menschliche Situation hineingefallen sind.[30]

Demgegenüber fordert Tillich im Anschluß an ein bekanntes Wort Nietzsches[31] eine »Theologie des Angriffs«[32], die die Wirklichkeit nicht

---

26 *ST*, Bd. I, 21.

27 Vgl. *GW*, Bd. II.

28 Vgl. *GW*, Bd. IX, 312 ff.

29 *GW*, Bd. XIII, 25.

30 Vgl. *GW*, Bd. VII, 247-262.

31 Vgl. F. Nietzsche, *Kritische Gesamtausgabe*, hg. von G. Colli u. M. Montinari, Berlin 1967 ff., Bd. VI/1, 195: »Muth nämlich ist der beste Todtschläger, – Muth, welcher *angreift*: denn in jedem Angriffe ist klingendes Spiel.«

mehr dem Mechanismus der bürgerlichen Weltanschauung überläßt. »Theologie des Angriffs« – das heißt Angriff auf eine säkulare Welt, die glaubt, in sich ruhen zu können. Nur der Angriff kann siegreich sein. Durch Zurückweichen kann nichts gerettet werden. Diesen Schritt nach vorne hat Tillich in seiner Theologie gewagt.

Tillichs Anliegen ist somit deutlich: Er will dem säkularen Menschen keinen Raum, keinen Ort lassen, an dem er »unreligiös« leben könnte. Tillich nimmt ihn sozusagen in die religiöse Sphäre hinein, indem er ihm die Tore zum Heiligen, zum Tempel öffnet. Und er gibt ihm so die Möglichkeit, Religion wieder ernst zu nehmen, eine Religion, deren Verzerrung der Säkularismus meist zurecht kritisierte und ablehnte.

Kein anderer als Dietrich Bonhoeffer sah sowohl die Größe als auch die Schwäche eines solchen Ansatzes, wenn er schreibt:

> »Tillich unternahm es, die Entwicklung der Welt selbst – gegen ihren Willen – religiös zu deuten, ihr durch die Religion ihre Gestalt zu geben. Das war sehr tapfer, aber die Welt warf ihn vom Sattel und lief allein weiter; auch er wollte die Welt besser verstehen, als sie sich selbst verstand; sie aber fühlte sich völlig mißverstanden und wies ein solches Ansinnen ab.«[33]

Und auch der Antipode Karl Barth bringt es in seiner öffentlich ausgetragenen Kontroverse mit Tillich schon 1923 auf den Punkt, wenn er hier an Tillich das »so großzügig geübte *Generalisieren*« kritisiert, »dieses Beziehungen-Behaupten zwischen Gott und allem und jedem zwischen Himmel und Erde«, und wenn er in diesem Zusammenhang von »dieser breiten allgemeinen Glaubens- und Offenbarungswalze« spricht, die »alles und nichts ausrichtend über Häuser, Menschen und Tiere« hinweggeht.[34]

Die Gefahr einer solchen Theologie besteht zweifellos darin, daß alles ins »ungeschiedene Einerlei« zu verschwimmen droht, wie es der Philosoph Wilhelm Weischedel einmal formuliert hat.[35] Aber auf Tillich selbst trifft dieses Urteil sicherlich nicht zu, wirkt er doch der Nivellierung allen Offenbarungsgeschehens dadurch entgegen, daß er letztlich

---

32 P. Tillich, *Dogmatik* (Marburger Vorlesung von 1925), hg. von W. Schüßler, Düsseldorf 1986, 25. Vgl. dazu W. Schüßler, *Theologie muß Angriff sein. Das Religions- und Theologieverständnis Paul Tillichs*, in: *Freiburger Zeitschrift für Philosophie und Theologie* 34 (1987), 513–529.

33 D. Bonhoeffer, *Widerstand und Ergebung*, hg. von E. Bethge, München 1966, 219.

34 *GW*, Bd. VII, 234.

35 W. Weischedel, *Paul Tillichs philosophische Theologie. Ein ehrerbietiger Widerspruch*, in: K. Henning (Hg.), *Der Spannungsbogen*, Stuttgart 1961, 32 f.

an der Normativität und Letztgültigkeit der Offenbarung in Jesus Christus festhält. Und eines darf bei aller berechtigten Kritik nicht übersehen werden: daß Tillich mit diesen Überlegungen einen bedenkenswerten Neuansatz in der Religionsphilosophie versucht hat, der letztlich von dem Anliegen bestimmt ist, mit der säkularen Kultur ins Gespräch zu kommen.

## Der normative Religionsbegriff[36]

Tillich betont das »In-Sein« Gottes in der Welt, gleichzeitig aber immer auch sein »Über-Sein« über alles Endliche und Bedingte. Denn Gott wäre nicht Gott, wenn er die Welt nicht unendlich transzendierte. Mit diesen Überlegungen steht Tillich ganz in der Tradition.

Aber nun kommt das Neue: Diese beiden Aspekte im Verhältnis Gottes zur Welt bestimmen nach Tillich auch entscheidend unser Verhältnis zu Gott. In der Religion wie auch im Glauben geht es letztlich darum, in dieser dialektischen Spannung von »In-Sein« und »Über-Sein« Gottes auszuharren, einer Spannung, die immer wieder in Gefahr ist, die eine oder andere Seite zu stark zu betonen. Sowohl die Immanenz wie auch die Transzendenz Gottes strebt nach Ausdruck. In diesem Sinne kann man mit Tillich die ganze Religionsgeschichte als »ein Ringen um den Ausgleich beider Richtungen«[37] verstehen. Tillich begreift so den Konflikt zwischen Konkretheit und Unbedingtheit Gottes geradezu als »Schlüssel zum Verständnis der Dynamik der Religionsgeschichte«.[38]

Gott ist konkret. Das folgt aus der Immanenz Gottes. Folglich ist der erste Typ der religiösen Erfahrung – und er ist auch zugleich der universellste und fundamentalste – der sakramentale; er ist das eine Wesenselement der Religion. Wobei an dieser Stelle ausdrücklich zu bedenken ist, daß für Tillich das sakramentale Element nicht dasselbe bedeutet wie die einzelnen Sakramente!

---

36 Vgl. dazu W. Schüßler, a. a. O. (Anm. 10), 117–148; ders., *Das Kopernikanische Prinzip und die Theologie der Religionen. Zu Paul Tillichs religionsphilosophischem Beitrag zum interreligiösen Dialog*, in: *Zeitschrift für Missionswissenschaft und Religionswissenschaft* 77 (1993), 137–151.

37 *GW*, Bd. X, 66.

38 *ST*, Bd. I, 247.

»Im weitesten Sinne des Wortes«, schreibt Tillich, »ist ›sakramental‹ alles, durch das der göttliche Geist erfahren wird; in einem engeren Sinne sind solche Gegenstände und Handlungen sakramental, in denen eine religiöse Gemeinschaft ihre Begegnungen mit dem göttlichen Geist ausdrückt, und im engsten Sinne bezieht sich ›sakramental‹ auf die großen Sakramente, in denen sich eine religiöse Gemeinschaft verwirklicht.«[39]

Wenn hier also von »sakramental« die Rede ist, so ist das in jenem weitesten Sinne gemeint. Im sakramentalen Typ erscheint das Unbedingte als das Heilige, das in den verschiedensten Gegenständen, Personen und Vorgängen gegenwärtig ist. Diese sakramentale Erfahrung des Göttlichen »in seiner Gegenwärtigkeit hier und jetzt« bildet die »Grundlage für alle anderen Formen des religiösen Lebens«[40], denn ohne sakramentale Vergegenwärtigung des Heiligen ist keine Religion möglich. »Keine Religion kann auf die Dauer lebendig bleiben, wenn die Gegenwart des Göttlichen völlig geleugnet wird.«[41] Die sakramentale Erfahrung ist das »›tägliche Brot‹ des Glaubens, ohne die ein Glaube leer und abstrakt würde und seine Bedeutung für das Leben des Einzelnen und der Gruppe verlöre«.[42]

Gott ist immanent. Das ist die eine Seite des Verhältnisses von Bedingtem und Unbedingtem. Aber Gott ist nicht nur immanent; er ist immer auch transzendent. Er ist nicht identisch mit dem Bedingten oder einem bestimmten Bedingten. Dies führt zum zweiten Element der Religion, der prophetischen Kritik. Tillich nennt dieses Element der Religion deshalb »prophetische Kritik«, weil der Träger dieser Kritik zumeist der Prophet ist. Die prophetische Kritik aber bedarf des sakramentalen Elementes, des »priesterlichen Geistes«[43], wie Tillich auch gerne dazu sagt, da ein völliges Verschwinden des sakramentalen Elementes zu einem Verschwinden der Religion führen würde. Die prophetische Haltung erwächst aus der priesterlichen Religion, die sie dann mit all ihren Symbolen und Riten unter die Kritik stellt.

Das Priesterliche ist somit »das mütterliche, tragende Prinzip, gleichsam die kosmische Wärme, deren Zusammenballung erst zu den prophetischen Spannungen und Ausbrüchen führt«.[44] Das heißt, »nur wo

---

39 *ST*, Bd. III, 145.
40 *GW*, Bd. IX, 360.
41 *GW*, Bd. VII, 131.
42 *GW*, Bd. VIII, 151.
43 *GW*, Bd. VI, 36.
44 Ebd.

Religion ist, ist das göttliche Nein über die Religion vernehmbar. Verkündigung der Krisis ist Korrektiv und nicht möglich ohne Substanz.«[45]

Die Unbedingtheit Gottes bedeutet das ständige Nein über alles Bedingte. Sie bedeutet somit auch das ständige Nein über die Religion als eine Möglichkeit des Menschen. Die Religion, will sie wahrhaft Religion sein, muß darum nach Tillich dieses Nein Gottes über sich selbst in sich als Moment aufnehmen. Das heißt, jede Religion muß einen »ständigen Idolatrieverdacht gegen sich selbst« führen.[46]

Ist die ständige Gefahr des sakramentalen Elementes die »Dämonisierung«, d. h. der Anspruch eines Bedingten auf Unbedingtheit, so ist die prophetische Kritik zu verstehen als »Angriff des prophetischen Geistes auf sakramentale Vergegenständlichung«.[47] Prophetische Kritik ist in diesem Sinne Religion, »die gegen sich selbst als Religion kämpft«.[48] Für Tillich hat allein diejenige Religion die Kraft, Weltreligion zu werden, die diese Negativität gegen sich selbst in ihr eigenes Symbol aufnimmt. Denn je mehr Negativität eine Religion gegen sich selbst vom Unbedingten her richtet, desto mehr berechtigten Absolutheitsanspruch besitzt sie.

Ist es die Gefahr des sakramentalen Elementes, eine sakramental geheiligte Wirklichkeit zum Göttlichen selbst zu erheben, also den Unterschied zwischen Träger und Inhalt der Offenbarung zu verwischen, so ist es nach Tillich die Gefahr des prophetischen Elementes, daß es in »völlige Leere« führen kann. »Der ewige Protest kann dazu führen, daß jeder konkrete Inhalt beseitigt wird. Es kann geschehen und ist geschehen, daß durch die nachdrückliche Betonung der Distanz zwischen Gott und Religion die Religion verlorengeht.«[49] Um dieser Gefahr zu entgehen, muß sich die prophetische Kritik immer ihrer priesterlichen Substanz bewußt bleiben. Verschwindet der Priester, verliert der Prophet die Substanz, in der er wurzelt.

Die Religion bewegt sich also immer zwischen den beiden Gefahrenpunkten der Profanisierung und der Dämonisierung. »In jedem religiösen Akt sind beide stets gegenwärtig – offen oder versteckt.«[50] Gerade die Kritik an der Dämonisierung kann die Säkularisierung vorantreiben,

---

45 *GW*, Bd. VI, 37.
46 *GW*, Bd. III, 204.
47 *GW*, Bd. VII, 105.
48 *EW*, Bd. IV, 102.
49 *GW*, Bd. VII, 136.
50 *ST*, Bd. III, 120.

auch wenn sie das eigentlich nicht beabsichtigt. Denn dadurch, daß der Prophet zu zeigen versucht, daß das Heilige nicht auf besondere Stätten, Gebote und Funktionen beschränkt ist, wird gleichzeitig auch der Weg gebahnt für eine Verweltlichung der Religion. Insofern bedeutet die Profanisierung oder der Säkularismus geradezu auch die radikalste Form der Entdämonisierung.

In seinem letzten Vortrag über *Die Bedeutung der Religionsgeschichte für den systematischen Theologen* entwickelt Tillich aufgrund dieser dynamischen Typologie einen Normbegriff der Religion, den er als das innere Ziel der Religionsgeschichte versteht. Die Aufstellung eines Normbegriffs der Religion wendet sich gegen zwei Mißverständnisse: zum einen gegen das Mißverständnis, die verschiedenen Richtungen als nebeneinander gleichberechtigt zu verstehen, zum anderen gegen das Mißverständnis, welches das Ideal einer universalen Religion als gegeben ansieht, das alle Religionen in gleicher Stärke in sich schließt; beides ist nach Tillich abzulehnen.

Wir haben gesehen, daß die beiden grundlegenden Elemente der Religion, die sakramentale Grundlage und die prophetische Kritik, in Spannung zueinander stehen; das führt zu möglichen Konflikten und Einseitigkeiten. Aber diese beiden Elemente führen nach Tillich auch – über ihren Widerspruch hinaus – zu einer möglichen Einheit. Während Teilhard de Chardin von der Entwicklung eines universalen, auf das Göttliche gerichteten Bewußtseins spricht, das im Grunde christlich ist, nimmt Tillich in seiner dynamisch-typologischen Auffassung keine endlos fortschreitende Entwicklung an, sondern er versucht, Elemente herauszuarbeiten, die in jeder Erfahrung des Heiligen vorhanden sind. Die Einheit von sakramentaler Grundlage und prophetischer Kritik in einer Religion bezeichnet Tillich als die »Religion des konkreten Geistes«. Es ist der göttliche Geist, der in einer solchen Religion konkret, d. h. gegenwärtig ist; aber es ist derselbe göttliche Geist, der immer auch im Namen der Religion gegen die Religion protestiert.[51] Schon in der *Religionsphilosophie* von 1925 spricht Tillich dieselbe Sache an, wenn er hier die »Religion des Paradox« als die »ideale Synthesis« der beiden fundamentalen Elemente der Religion bezeichnet.[52]

Aber eine »ideale Synthesis« hat keine Existenz. Darum kann die »Religion des konkreten Geistes« immer nur das Telos, das innere Ziel

---

51 Vgl. *EW*, Bd. IV, 150.

52 *GW*, Bd. I, 354.

der Religionsgeschichte sein; als solche ist sie nicht realisierbar. Tillich sagt ausdrücklich: »Wir können diese *Religion des konkreten Geistes* mit keiner der wirklichen Religionen identifizieren, auch nicht mit dem Christentum als Religion.«[53] Die »Religion des konkreten Geistes« ist also das, worauf die Religionsgeschichte sich zubewegt:

> »Aber wir dürfen die Synthese nicht nur als zukünftige Erwartung begreifen«, warnt Tillich, »sie manifestiert sich zu allen Zeiten, sowohl in dem Kampf gegen den dämonischen Anspruch der sakramentalen Grundlage wie in dem Kampf gegen die profanisierende Entstellung der sakramentalen Grundlage durch ihre Kritiker.«[54]

Fragmentarisch tritt sie immer wieder »in den großen Augenblicken der Religionsgeschichte« in Erscheinung. Die gesamte Religionsgeschichte ist in diesem Sinne als »Kampf für die *Religion des konkreten Geistes*« zu begreifen.[55]

Wenn auch diese Überlegungen den Anschein erwecken mögen, daß Tillich religionstheologisch einem pluralistischen Modell zuneigt, so besteht jedoch kein Zweifel daran, daß der Theologe Tillich davon überzeugt ist, daß in Jesus Christus der Ausgleich dieser beiden Elemente zur Erscheinung gekommen ist.[56]

## Die Sprache der Religion[57]

Heinz Zahrnt hat Recht, wenn er meint, man könne den Charakter einer Theologie daran erkennen, welche Präpositionen in ihr vorherrschen.[58] So regiert bei Karl Barth das »über«. Gott ist hiernach »über« der Welt. Barth geht es also um die Betonung der überweltlichen Gottheit Gottes. Demgegenüber ist es bei Tillich das »in«: Gottes Wirklichkeit begegnet uns »in« der Welt, »in« und »durch« die Weltwirklichkeit wird der Grund sichtbar, wird das Göttliche transparent. Diesem »In-

---

53 *EW*, Bd. IV, 150.

54 *EW*, Bd. IV, 151.

55 Ebd.

56 Vgl. ebd.

57 Vgl. dazu W. Schüßler, a. a. O. (Anm. 10), 155–177.

58 H. Zahrnt, *Die Sache mit Gott. Die protestantische Theologie im 20. Jahrhundert*, München 1966, 436.

Sein« Gottes korrespondiert in Tillichs Denken erkenntnistheoretisch der Symbolbegriff. Diesen gilt es nun näher zu entfalten.

Für Tillichs Symboltheorie ist der Unterschied zwischen Symbol und Zeichen fundamental. Zwar haben Symbol und Zeichen gemeinsam, daß sie auf etwas hinweisen, das außerhalb ihrer selbst liegt, doch besteht der grundsätzliche Unterschied darin, daß Zeichen keinen Anteil haben an der Wirklichkeit und Mächtigkeit dessen, was sie bezeichnen. Symbole dagegen partizipieren an Sinn und Macht dessen, was sie symbolisieren. Da Zeichen nicht an dem partizipieren, worauf sie hinweisen, können sie aus Gründen der Zweckmäßigkeit in freier Vereinbarung ersetzt werden. Symbole dagegen lassen sich nicht beliebig ersetzen durch andere Symbole. Sie werden im Unterschied zum Zeichen »geboren« und »sterben«, Zeichen werden dagegen eingeführt und wieder entfernt. Symbole entstehen und vergehen wie lebende Wesen. »Sie entstehen, wenn die Zeit reif dafür ist, und sie vergehen, wenn die Zeit über sie hinweggeschritten ist.«[59]

Woher aber stammen die Symbole? Tillich verweist hier im Anschluß an C. G. Jung auf das »kollektive Unterbewußte«. Symbole werden hiernach nicht absichtlich erfunden, sondern sie entstehen in einer Gruppe, »die in *diesem* besonderen Symbol, *diesem* Wort, *dieser* Fahne oder was immer es sein mag, ihr eigenes Sein wiedererkennt«.[60] Das heißt Symbole sterben in dem Augenblick, wo die innere Beziehung der Gruppe zu dem Symbol aufhört. »Das Symbol ›sagt‹ dann nichts mehr ›aus‹.«[61]

Das Symbol eröffnet uns Wirklichkeitsschichten, die auf keine andere Weise sichtbar gemacht werden können. Damit Wirklichkeitsschichten eröffnet werden können, müssen auch die Schichten unserer Seele geöffnet werden. Diese Schichten unserer inneren Wirklichkeit müssen mit den Schichten der äußeren Wirklichkeit, die durch das Symbol eröffnet werden, korrespondieren. Jedes Symbol wirkt somit auf zweifache Weise: zum einen öffnet es tiefere Schichten der Wirklichkeit, zum anderen öffnet es tiefere Schichten der Seele.

»Wie alle anderen decken die religiösen Symbole eine verborgene Wirklichkeitsschicht auf, die auf keine andere Weise sichtbar gemacht werden kann.«[62] Es handelt sich hierbei um die »Tiefendimension der Wirklichkeit selbst«, nicht um eine Schicht neben anderen, sondern um

---

59 *GW*, Bd. VIII, 140.
60 *GW*, Bd. V, 216.
61 Ebd.
62 *GW*, Bd. V, 216 f.

die fundamentale, die allen anderen Schichten zugrunde liegt, die Schicht des Sein-Selbst. Weil die Dimension der letzten Wirklichkeit auch die Dimension des Heiligen ist, kann man die religiösen Symbole auch »Symbole des Heiligen« nennen. Die religiösen Symbole haben teil an der »Heiligkeit des Heiligen«. »Doch Teilhabe ist keine Identität. Symbole sind nicht selbst das Heilige.«[63]

Adäquat ausdrückbar ist etwas nur, wenn es so begriffen wird, wie es begreifbar ist. Das ist aber im Falle Gottes nicht möglich, dazu ist unser menschlicher Intellekt viel zu endlich. Denn nur Gott selbst kann sich so begreifen, wie er begreifbar ist. Es besteht somit ein Abstand zwischen dem Ausdruck und dem, was ausgedrückt wird bzw. ausdrückbar ist. Tillich gibt hierzu ein schönes Beispiel:

> »In diesem Stein, diesem Baum, diesem Menschen ist unbedingte Wirklichkeit, ist Sein-Selbst; sie sind transparent im Hinblick auf das Unbedingt-Wirkliche; aber sie sind auch trübe und verhindern das Unbedingt-Wirkliche, durch sie hindurchzuscheinen.«[64]

Symbolische Sprechweise meint also nicht adäquate Aussage. Da das wahrhaft Unbedingte den Bereich alles Bedingten unendlich weit hinter sich läßt, kann es von keiner Wirklichkeit unmittelbar und angemessen ausgedrückt werden. »Religiös gesprochen heißt das: Gott transzendiert seinen eigenen Namen.«[65]

Damit sind wir auch schon bei der ersten Schicht religiöser Symbole, nämlich der transzendenten, die über die empirische Wirklichkeit hinausgeht. Daneben kennt Tillich auch noch eine immanente Schicht religiöser Symbole, die sich innerhalb der uns begegnenden Wirklichkeit befindet.

Das Wort »Gott« ist für Tillich das grundlegende Symbol der transzendenten Schicht. »Wiederum würde es völlig falsch sein zu fragen: Also dann ist Gott nur ein Symbol? Denn die nächste Frage müßte dann lauten: Ein Symbol wofür? Und darauf wäre nur eine Antwort möglich: Für Gott. ›Gott‹ ist Symbol für Gott.«[66]

Nach Tillich müssen wir in unserer Gottesvorstellung zwei Elemente unterscheiden, nämlich einmal das Element der Unbedingtheit – dieses erschließt sich uns Tillich zufolge in unmittelbarer Erfahrung und ist an

---

63 *GW*, Bd. V, 217.
64 *GW*, Bd. IX, 358.
65 *GW*, Bd. VIII, 141.
66 *GW*, Bd. VIII, 142.

sich nicht-symbolisch – und zum anderen das konkrete Element, das unserer gewöhnlichen Erfahrung entnommen und symbolisch auf Gott bezogen ist.[67] So hat der Mensch, der z. B. Jahwe, den Gott Israels, verehrt, nicht nur ein unbedingtes Anliegen, sondern auch ein konkretes Bild dessen, was ihn unbedingt angeht. »Das ist der Sinn der scheinbar so paradoxen Feststellung, daß ›Gott‹ das Symbol Gottes ist.«[68]

Zur transzendenten Schicht religiöser Symbole zählen nach Tillich weiterhin die Attribute Gottes: daß er Liebe, Barmherzigkeit, Kraft ist, daß er allwissend, allgegenwärtig und allmächtig ist – und daß er Person ist. Es geht also hierbei um das, was über ihn ausgesagt werden kann. »Diese Attribute haben wir von unseren eigenen Eigenschaften entlehnt. Sie können daher nicht buchstäblich auf Gott angewandt werden.«[69] Was bedeutet das z. B. in bezug auf das Prädikat »persönlich« oder »personal«, wenn wir es auf Gott anwenden:

> »›Persönlicher Gott‹ bedeutet nicht, daß Gott eine Person ist. Es bedeutet, daß Gott der Grund alles Personhaften ist und in sich die ontologische Macht des Personhaften trägt. Er ist nicht: eine Person, aber er ist auch nicht weniger als eine Person. (...) Das Symbol ›Persönlicher Gott‹ ist irreführend.«[70]

Das heißt nun aber nicht, daß Tillich einen »unpersönlichen« Gott annimmt. Für ihn ist das Sein Gottes »überpersönlich«. »Aber ›überpersönlich‹ ist nicht ›unpersönlich‹.«[71]

Ein letztes Element der transzendenten Schicht hat Tillich zufolge die Handlungen Gottes zum Inhalt: daß er die Welt geschaffen hat, daß er seinen Sohn gesandt hat, daß er die Welt vollenden wird. »In all diesen temporalen, kausalen und ähnlichen Ausdrucksweisen sprechen wir ebenfalls symbolisch von Gott.«[72] Ein buchstäbliches Verständnis würde hier Gott in die Welt des Bedingten einreihen, doch transzendiert er gerade nach Tillich die Kategorien wie Raum und Zeit.

Die immanente Schicht der religiösen Symbole umfaßt schließlich die Schicht der Erscheinungen des Göttlichen in Zeit und Raum, die sogenannten Inkarnationen des Göttlichen, die »Manifestationen des Göttlichen in Dingen und Ereignissen, in einzelnen Menschen und

---

67 Vgl. ebd.
68 *GW*, Bd. VIII, 143.
69 *GW*, Bd. V, 219.
70 *ST*, Bd. I, 283.
71 *ST*, Bd. II, 18.
72 *GW*, Bd. V, 219.

Gemeinschaften, in Worten und Schriften«.[73] Obwohl sie selbst also Realitäten in der Welt sind, kann man sie nach Tillich doch auch als Symbole bezeichnen, da sie die Gegenwärtigkeit des Göttlichen in der Erscheinung vertreten. Fragt man bezüglich der religiösen Symbole: »Sind sie *nur* symbolisch?« so liegt dieser Frage nach Tillich die Auffassung zugrunde, als gäbe es etwas, das mehr sei als symbolisch, nämlich »buchstäblich«. Doch ist nach Tillich buchstäblich in religiösen Dingen nicht mehr, sondern gerade weniger als symbolisch.

> »Wenn wir von den Dimensionen der Wirklichkeit reden, die wir auf keine andere Weise als durch Symbole erreichen können, dann sind Symbole notwendig und allein adäquat und die Phrase ›nur symbolisch‹ ist eine falsche Redeweise. Man kann sagen, ›*nur* ein Zeichen‹, aber nicht ›*nur* ein Symbol‹.«[74]

Die Religion kennt somit nach Tillich keine andere Sprache als die des Symbols. Wer hierauf die oben genannte Frage: »Nur ein Symbol?« stellt, beweist damit, daß er den entscheidenden Unterschied zwischen Zeichen und Symbolen nicht kennt. Die Macht der Symbolsprache übertrifft nach Tillich gerade an Tiefe und Kraft die Möglichkeit jeder nicht-symbolischen Sprache. Aus diesem Grunde sollte man statt »nur ein Symbol« sagen: »Nichts Geringeres als ein Symbol«.[75] Der Symbolcharakter tut der Wahrheit keinen Abtrag, ganz im Gegenteil, er ist hier gerade eine Bedingung der Wahrheit. »Unsymbolisch über das Sein-Selbst zu sprechen, wäre unwahr.«[76]

Symbole können nach Tillich von der empirischen Kritik nicht angetastet werden, da man ein Symbol nicht dadurch zerstören kann, daß man es mit naturwissenschaftlichen oder historischen Kategorien kritisiert. Dies ist die negative Aussage. Das positive Wahrheitskriterium beschreibt Tillich wie folgt: »Die Wahrheit der Symbole liegt darin, daß sie der religiösen Situation, in der sie entstanden sind, entsprechen«, d. h. »sie werden unwahr, wenn sie in einer Situation gebraucht werden, der sie nicht mehr entsprechen«.[77] Wann aber entsprechen religiöse Symbole einer bestimmten Situation? Tillich nennt hier zwei Momente: die Authentizität und die Angemessenheit. »Ein Symbol ist authentisch, wenn es eine lebendige religiöse Erfahrung ausdrückt, und es ist

---

73 *GW*, Bd. VIII, 144.
74 *GW*, Bd. V, 220.
75 *GW*, Bd. VIII, 142.
76 *GW*, Bd. XI, 133.
77 *GW*, Bd. V, 222.

nicht-authentisch, wenn es diese Erfahrungsgrundlage verloren hat und sein Weiterbestehen nur noch der Tradition und seiner ästhetischen Wirkung verdankt.«[78]

Das Moment der Authentizität ist notwendig, aber nicht hinreichend, denn es beantwortet noch nicht die Frage nach der spezifischen Wahrheit eines bestimmten Symbols. Diese Frage wird erst beantwortet durch das Moment der Angemessenheit. Es ist danach zu fragen, ob das Symbol das im Symbol Gemeinte angemessen zum Ausdruck bringt. Die Frage der Angemessenheit kann negativ und positiv beantwortet werden: »Negativ erweist sich seine Angemessenheit dadurch, daß es sich selbst in seiner Konkretheit negiert und dadurch für das, worauf es hinweist, transparent wird. Positiv erweist sie sich durch die Art des symbolischen Stoffs.«[79] Ein Symbol ist also um so wahrer, je mehr es der Verabsolutierung und der wörtlichen Interpretation widersteht und je mehr es durch seine Selbstnegierung über sich hinausweist auf das Unbedingte. Was den Stoff angeht, so besteht eben ein Unterschied, ob ein religiöses Symbol seinen Stoff aus der anorganischen Natur, der organischen Natur oder aus dem Bereich des Geistigen entnimmt. Denn nur im letzten Fall enthält das Symbol alle Dimensionen der Wirklichkeit.

Tillich kämpft mit seinem Symbolverständnis gegen ein buchstäbliches Verständnis religiöser Dinge. Es geht ihm somit um eine »Deliteralisierung«, nicht um eine Entmythologisierung, wie sie Bultmann gefordert hat. Denn eine solche würde nach Tillich die Religion ihrer Sprache berauben. »Der Glaube muß wiederentdecken (...), daß alles Religiöse symbolisch ist. ›Symbolisch‹ heißt dabei keineswegs unwirklich. Es bedeutet im Gegenteil: wirklicher als alles Wirkliche in Zeit und Raum.«[80] Ein buchstäbliches Verständnis von Worten und Begriffen in bezug auf Gott würde ihn »herunterzerren auf die Wirklichkeit, die wissenschaftlich und praktisch erforscht werden kann«.[81]»Nicht die Mythen selbst, die großen Mythen der Bibel eingeschlossen, sind töricht, sondern die Menschen, die sie wörtlich nehmen und sie auf die Ebene wissenschaftlicher Aussagen und technischer Weltbewältigung stellen.«[82] Vom Ewigen kann man nur in Bildern reden, die dem Zeitlichen ent-

---

78 *GW*, Bd. V, 243.
79 Ebd.
80 *GW*, Bd. XIII, 342.
81 *GW*, Bd. XIII, 400.
82 *GW*, Bd. XIII, 471 f.

nommen sind. Auf Gott können wir eben nicht die Kategorien unserer endlichen Welt anwenden.

Der Mythos ist somit nach Tillich nicht ein primitives Weltbild, mit dem Bultmann ihn identifiziert, sondern »die notwendige und angemessene Ausdrucksform der Offenbarung«.[83] »Mythen sind in jedem Akt des Glaubens gegenwärtig, weil die Sprache des Glaubens das Symbol ist.«[84] Hier wird deutlich, daß Tillich das Wesen des Mythos nicht nur aus der Periode des vollentwickelten und ungebrochenen Mythos entnimmt, der Göttergeschichte ist, sondern auch aus den Perioden des werdenden und gebrochenen Mythos.

Eine völlige Entmythologisierung ist nicht möglich. Immer wenn wir Aussagen machen über das Unbedingte und unsere Beziehung zu ihm, so müssen wir uns der Symbolsprache bedienen, also in Mythen sprechen. Selbst wenn wir das Symbol des »Falls« in anderen Worten auszudrücken suchen, bleibt doch die symbolische Redeweise unumgänglich. Der »Fall« ist ja nicht als Titel einer Geschichte zu verstehen, die sich »irgendwann einmal« in der Vergangenheit ereignet hat, sondern es ist der Versuch, etwas über die menschliche Situation auszusagen. Selbst wenn man – wie Tillich – versucht, für die Deutung dieses Symbols den Ausdruck »Übergang von der Essenz zur Existenz« zu gebrauchen, so ist dieser Ausdruck doch nicht als eine vollständige Entmythologisierung zu verstehen, auch wenn hier das Legendäre im Sinne des »Es war einmal« ausgeschieden wird.

> »Denn der Ausdruck ›Übergang von der Essenz zur Existenz‹ enthält noch ein zeitliches Element. Und wenn wir im Zeitschema von Gott-Mensch-Beziehungen sprechen, sprechen wir mythisch, selbst wenn abstrakte Begriffe wie Essenz und Existenz an Stelle mythischer Gestalten gebraucht werden.«[85]

Tillich selbst sagt in der »Systematischen Theologie« von diesem Ausdruck: »Er ist sozusagen eine ›halbe Entmythologisierung‹ des Mythos vom Fall.«[86] Das heißt der Mythos ist nicht verschwunden, sondern durch einen anderen ersetzt, der vielleicht für die jetzige Zeit angemessener erscheinen mag und zum Verständnis dessen, was dieser Mythos vom »Fall« aussagen will, hilfreicher sein kann. In diesem Sinne kann man Tillichs ganze Theologie als eine »halbe Entmythologisierung« ver-

---

83 *EW*, Bd. IV, 93.
84 *GW*, Bd. VIII, 145.
85 *ST*, Bd. II, 36.
86 Ebd.

stehen. Tillichs Symboltheorie hat ohne Zweifel viele Gemeinsamkeiten mit der theologia negativa, und man kann hier sicherlich auch verschiedene Punkte kritisieren, so z. B. daß sie nicht so detailliert ist wie die Analogielehre des Aquinaten.[87] Aber es ist ohne Zweifel das Verdienst Tillichs, den Symbolbegriff in die protestantische Theologie unseres Jahrhunderts neu eingeführt und damit gegenüber Karl Barth gezeigt zu haben, daß Theologie, will sie wirklich das sein, was ihr Name besagt, nämlich λόγος von θεός, ohne eine wie auch immer verstandene analogia entis nicht auszukommen scheint.[88]

Insgesamt kann man sagen, daß Tillich mit diesen drei Aspekten seines religionsphilosophischen Denkens die Engführung der protestantischen Theologie, wie sie zu Beginn unseres Jahrhunderts durch die Dialektische Theologie Karl Barths[89] eingeleitet wurde, aufgebrochen hat. Dabei ist er selbst aber, wie ich meine, nie den Gefahren wirklich erlegen, die sich hieraus ergeben mögen: der Gefahr der Säkularisierung und der Gefahr der Relativierung. Denn es ließe sich leicht zeigen, wie ich es an anderer Stelle versucht habe[90], daß Tillich seinen theologischen Standpunkt nie wirklich aufgegeben hat. Ja daß sogar hinter seinen entscheidenden religionsphilosophischen Überlegungen letztlich theologische Motive stehen.

Wolfgang Trillhaas hat Tillichs Theologie einmal als eine »Theologie in nachtheologischer Zeit« bezeichnet.[91] Trutz Rendtorff hat wohl dasselbe im Blick, wenn er Tillichs Denken als eine »Religionsphilosophie

---

87 Vgl. dazu W. Schüßler, a. a. O. (Anm. 9), 111, Anm. 328.

88 Allerdings folgt aus der Zustimmung zur analogia entis bei Tillich keine natürliche Theologie; gegen eine solche hat er sich immer strikt ausgesprochen. Vgl. dazu W. Schüßler, *Protestantisches Prinzip versus natürliche Theologie? Zu Paul Tillichs Problemen mit einer natürlichen Theologie*, in: *Trierer Theologische Zeitschrift*, 102 (1993), 161-173; ders., *Metaphysik und Theologie. Zu Paul Tillichs »Umwendung« der Metaphysik in der »Dogmatik« von 1925*, in: *Zeitschrift für katholische Theologie* 117 (1995), 192-202.

89 Vgl. dazu W. Schüßler, *Paul Tillich et Karl Barth. Leurs premiers échanges dans les années 20*, in: *Laval théologique et philosophique* 44 (1988), 145-154; ders., a. a. O. (Anm. 9), 195-208.

90 Vgl. dazu W. Schüßler, *Das Fortwirken des christologischen Paradoxes in der Religionsphilosophie und Religionstheologie Paul Tillichs*, in: G. Hummel (Hg.), *The theological paradox/Das theologische Paradox. Interdisciplinary reflections on the centre of Paul Tillich's thought/Interdisziplinäre Reflexionen zur Mitte von Paul Tillichs Denken. Beiträge des V. Internationalen Paul-Tillich-Symposions in Frankfurt a. M. 1994*, Berlin 1995, 20-31.

91 W. Trillhaas, *Paul Tillich im Lichte seiner Wirkungsgeschichte. Eine Bilanz*, in: *Zeitschrift für Theologie und Kirche* 75 (1978), 82-98 u. 96.

der Postmoderne« charakterisiert.[92] Versteht sich nämlich die Moderne als das Zeitalter, das durch Aufklärung, Fortschrittsglauben und Wissenschaftsaberglauben geprägt ist, so sucht Tillich dieses dadurch zu überwinden, daß er dieser Moderne eine Aufklärung über die Aufklärung entgegenhält, indem er nämlich zu zeigen versucht, daß der Mensch »unheilbar religiös« ist.[93] Dies kommt auch in seiner Antwort auf die Frage eines Studenten: »Doktor Tillich, sind Sie nicht ein gefährlicher Mann?« gut zum Ausdruck, wenn er hier sagt:

> »Die wirklich gefährlichen Leute sind die großen Kritiker gewesen seit der Aufklärung, und speziell im 18. und 19. Jahrhundert. Sie könnte man als gefährlich bezeichnen. Aber was ich tue, ist etwas ganz anderes. Nachdem diese gefährlichen Leute, diese mutigen Leute, ihre Aufgabe getan haben und die Primitivität des religiösen Buchstabenglaubens zerstört haben, versuche ich, die alten Wirklichkeiten auf einer anderen Grundlage wieder aufleben zu lassen.«[94]

---

92 T. Rendtorff, *In Richtung auf das Unbedingte. Religionsphilosophie der Postmoderne*, in: H. Fischer (Hg.), *Paul Tillich: Studien zu einer Theologie der Moderne*, Frankfurt a. M. 1989, 335–356.

93 Vgl. dazu W. Schüßler, *»Der Mensch ist unheilbar religiös.« Zu Paul Tillichs dynamischem Glaubensbegriff*, in: *Freiburger Zeitschrift für Philosophie und Theologie* 40 (1993), 298–311.

94 D. M. Brown, *Ultimate concern. Tillich in dialogue*, London 1962, 188 u. 192. (Übers. von mir!)

MICHAEL-THOMAS LISKE

# Möglichkeiten und Grenzen der analytischen Religionsphilosophie am Beispiel des Theodizeeproblems

## Inwiefern beruhen die Theodizeeversuche in der analytischen Philosophie auf einem Rationalismus?

Es mag einen zunächst äußerst verwundern, daß unter den heutigen religionsphilosophischen Strömungen ausgerechnet herausragende Vertreter der analytischen Religionsphilosophie meinen, das Theodizeeproblem sei grundsätzlich einer rationalen Erörterung und Lösung zugänglich. Sei es im theistischen Sinne, daß die Tatsache des Übels, und zwar nicht bloß des Übels überhaupt, sondern auch des Übels in dem scheinbar erdrückenden Ausmaß, in dem wir es in unserer Realität erfahren müssen, nicht unvereinbar sei mit der Existenz eines allweisen, allgütigen und allmächtigen Gottes, ja, daß dieses Übel die Existenz eines solchen Gottes nicht einmal unwahrscheinlich mache. Sei es umgekehrt im atheistischen oder atheologischen Sinne, daß die unleugbare Tatsache des Übels mit der Existenz Gottes logisch inkonsistent sei oder sie zumindest im höchsten Grade unwahrscheinlich mache. In der einschlägigen nicht-analytischen Literatur (zumal im deutschsprachigen Raum)[1] ist demgegenüber eine aporetisch-skeptische Einstellung zur Theodizeefrage vorherrschend, die jeden Versuch, diese Schwierigkeit theoretisch zu lösen, schon vom methodischen Ansatz her als verfehlt und daher von vornherein als zum Scheitern verurteilt betrachtet. Es sei allenfalls eine praktische Antwort möglich, etwa durch den Glaubensvollzug, der trotz

1 Man vergleiche etwa die von W. Oelmüller herausgegebenen Sammelbände: *Leiden*, Paderborn 1986; *Theodizee – Gott vor Gericht?*, München 1990; *Worüber man nicht schweigen kann. Neue Diskussionen zur Theodizeefrage*, München 1992, oder die Monographie: C.-F. Geyer, *Die Theodizee. Diskurs, Dokumentation, Transformation*, Stuttgart 1992.

aller Erfahrungen von Leid und Bosheit am Vertrauen auf einen Gott festhält, der sich in Jesus Christus mit den Leidenden als solidarisch erwiesen hat.

Erstaunen mag einen, warum es vor allem Vertreter einer analytischen Religionsphilosophie sind, die diese verbreitete Skepsis gegenüber allen theoretischen Theodizeeversuchen nicht teilen. Hat doch die analytische Philosophie eine ihrer wichtigsten Wurzeln im logischen Positivismus, einer ausgesprochen metaphysikkritischen Strömung, für die metaphysische Aussagen schlichtweg sinnlos sind. Indes, wenn heutige Analytiker religionsphilosophische Fragestellungen einschließlich des Theodizeeproblems für legitime Aufgaben der Philosophie halten, die sinnvoll behandelt werden können, so haben sie nicht einfach die Grundsätze des logischen Positivismus aufgegeben, sondern interpretieren diese nur anders. Einer der zentralen Grundsätze des Positivismus ist, daß sich alles, was sich überhaupt sagen läßt, auch klar sagen läßt. Eine Frage, die sinnvoll gestellt werden kann, muß daher auch einer eindeutigen und präzisen Antwort fähig sein. Mit Worten aus Wittgensteins *Tractatus*: »Wenn sich eine Frage überhaupt stellen läßt, so kann sie auch beantwortet werden.«[2] Ursprünglich wendete der logische Positivismus diesen Grundsatz an, um bei seinem allzu engen Sinnkriterium (gemäß dem nur die Aussagen sinnvoll sind, für die wir über ein logisches oder empirisches Verfahren, sie zu verifizieren, verfügen) aufzuzeigen, metaphysische Probleme seien Scheinprobleme; hier lasse sich nicht einmal die Frage logisch korrekt in einem Satz formulieren, in dem alle Sprachzeichen eine Bedeutung haben. Demgegenüber glauben die meisten heutigen analytischen Philosophen, daß man selbst bei einem empiristischen Ansatz sinnvoll über metaphysische, insbesondere auch theologische Fragen reden könne, und zwar unabhängig davon, ob man die Existenz Gottes annehme oder nicht. Denn unserem Terminus »Gott« können wir so oder so eine Bedeutung verleihen. Zum Beispiel, was eine Person ist, wissen wir aus innerer Selbsterfahrung. Da für das Personsein vor allem die mentalen Bestimmungen konstitutiv sind, können wir Gott konsistent als eine rein geistige, unkörperliche Person begreifen. Entsprechend können wir auch unseren anderen Gottesattributen eine Bedeutung verleihen, indem wir das uns Erfahrbare analog übertragen und entsprechend modifizieren – ein Vorgehen, das dem

2 *Tractatus logico-philosophicus* (*Werke*, Bd. 1), Frankfurt a. M. 1984, Satz 6.5.

nicht unähnlich ist, was Thomas von Aquin über unsere Gotteserkenntnis und Gottesprädikation sagt.[3]

Nun halten aber auch die heutigen Analytiker zumeist an der oben aufgewiesenen Dichotomie des logischen Positivismus fest, nach der sich keine unlösbaren Rätsel formulieren lassen. Entweder muß man über ein Mysterium schweigen, oder aber, wenn etwas sinnvollerweise als Problem formuliert werden kann, dann läßt sich darüber auch klar sprechen, und es kann einer eindeutigen Antwort zugeführt werden. Wenn sich folglich theologische oder religiöse Fragen (sowohl generell die Gottesfrage als auch speziellere Fragen wie namentlich das Theodizeeproblem) bedeutungsvoll aussprechen lassen, dann impliziert dies zugleich, daß sie grundsätzlich mit den begrifflichen Ausdrucksmitteln der menschlichen Sprache lösbar sein müssen (sei es nun allein der natürlichen Sprachen, sei es nach einer Verfeinerung und Präzisierung durch eine logische Kunstsprache).

Dies dürfte der Hintergrund sein, warum gerade in der analytischen Philosophie eine starke Tendenz besteht anzunehmen, selbst die Theodizeefrage könne in der Weise eines theoretischen, rationalen Diskurses erörtert und befriedigend gelöst werden. Schießt damit nicht, so wie der Neopositivismus in die eine Richtung zu weit gegangen ist, die heutige sprachanalytische Philosophie in die andere Richtung über das Ziel hinaus? Ist nicht das Schlechte, insbesondere das sittlich Böse, mit dem die Theodizee wesentlich befaßt ist, gerade das Irrationale, Widersinnige, das sich gegen eine vernünftige Erklärung, namentlich eine vollständige, rational zufriedenstellende Theorie, naturgemäß sperren muß? Die Tradition hat dies gespürt, indem sie das malum als eine privatio boni aufgefaßt hat. Privation heißt nämlich soviel wie Fehlen einer Form oder Bestimmtheit, ist also etwas, was sich dem Versuch, es mit Mitteln der begrifflichen Analyse zu bestimmen, gerade entziehen muß. Ist die analytische Religionsphilosophie in ihrer positiven Einstellung zur theoretischen Theodizee nicht eben dem Fehler des Leibnizschen Rationalismus' verfallen? Denn sicher ist es kein Zufall, daß die Theodizee zuerst bei Leibniz zu einer ausdrücklichen philosophischen Thematik wurde; vielmehr liegt dies in der zentralen Stellung begründet, die das principium rationis in Leibniz' Metaphysik spielt. Seiner ontologischen Version, daß nichts ohne eine zureichend determinierende Ursache geschieht, entspricht die logisch-methodologische, daß es für alles eine rational be-

---

3 *Summa theologiae* (*S. Thomae Aquinatis opera omnia iussu Leonis XIII. P. M. edita*, Bd. 4, Rom 1888), pars I, qq. 12 u. 13.

friedigende Erklärung und Begründung geben muß. Angesichts dieses Postulats einer durchgängigen vernünftigen Erklärbarkeit stellt das Übel als das scheinbar Widersinnige, nicht vernünftig Verstehbare, eine besondere Herausforderung dar.

Eine ganz ähnliche rationalistische Grundeinstellung offenbart sich wohl in Swinburnes Ansicht, die Rationalität der theistischen Annahme, es gebe einen Gott, hänge wesentlich vom Gelingen einer Theodizee ab. Gewiß, die analytische Religionsphilosophie unserer Tage legt gegenüber dem frühneuzeitlichen Rationalismus ein erweitertes Rationalitätsverständnis zugrunde. Descartes, Spinoza und Leibniz haben die rationale Begründung ausschließlich im deduktiven, apriorischen Sinne der Mathematik, vor allem der Geometrie, oder Leibniz auch der Logik, verstanden und eine Aussage nur dann als zureichend begründet angesehen, wenn sie sich aus jedermann einsichtigen allgemeinsten Grundsätzen sowie den Definitionen der Grundbegriffe stringent ableiten läßt. Analytische Religionsphilosophen, gleich ob atheistischer oder theistischer Richtung (wie z. B. Mackie contra Swinburne)[4], gehen hingegen nach dem Vorbild der Naturwissenschaften eher von einem induktiven, aposteriorischen Verständnis der Rationalität aus. Rational ist hiernach, die beste verfügbare Erklärung des zu verstehenden Erfahrungsmaterials zu suchen und als wahr anzuerkennen. Der Ausgangspunkt für dieses Rationalitätsverständnis ist die Empirie. Wenn es gilt, konkurrierende naturwissenschaftliche Theorien auf ihre Plausibilität hin zu vergleichen, geht man naturgemäß jeweils von einem Ausschnitt der uns erfahrbaren Wirklichkeit aus. Da andererseits die theistischen Religionen annehmen, ein einziger Gott sei Schöpfer und Erhalter des gesamten Universums, muß man, wenn diese theistische Gottesannahme gegenüber der alternativen These des Atheismus, es gebe keinen solchen Gott, auf ihre Wahrscheinlichkeit hin geprüft werden soll, unsere erfahrbare Realität als ganze zur Basis nehmen. Freilich muß diese Gesamtwirklichkeit jeweils unter einem bestimmten Gesichtspunkt, beispielsweise ihrer zweckmäßigen Organisation, betrachtet werden, wenn die Frage, ob die theistische oder atheistische Annahme die wahrscheinlichere oder die vernünftigere Erklärung von ihr ist, sinnvoll soll untersucht werden können. Wenn

4 J. L. Mackie, *The Miracle of Theism. Arguments for and against the existence of God*, Oxford 1982: *Introduction*, 1-9, u. Kap. 14 (b), *The Balance of Probabilities*, 251-253; R. Swinburne, *The Existence of God*, Oxford 1979, Kap. 1-6; Kap. 14. Vgl. dazu F. Ricken, *Die Rationalität der Religion in der analytischen Philosophie: Swinburne, Mackie, Wittgenstein*, in: *Philosophisches Jahrbuch* 99 (1992), 287-306.

der Bezugspunkt dieses induktiven Rationalitätsverständnisses der analytischen Philosophie so auch die Erfahrungswirklichkeit ist, ist es doch voll berechtigt, von »Rationalität« zu sprechen. Denn die Kriterien, nach denen die Plausibilität der einen gegenüber der anderen Hypothese zu bewerten ist, sind genuine Rationalitätskriterien, etwa das Kohärenzkriterium, welche Hypothese es im höchsten Maße erlaubt, das vorliegende Tatsachenmaterial in einen in sich stimmigen Erklärungszusammenhang zu bringen, oder das Ökonomiekriterium, welche Hypothese mit den einfachsten Grundannahmen die größte Erklärungsleistung angesichts der vielfältigsten Phänomene zu verbinden weiß – Kriterien, die ganz ähnlich auch bei Leibniz auftreten.

Vor allem in zwei Punkten unterscheidet sich dieses induktive Rationalitätsverständnis von dem apriorisch-mathematischen des frühneuzeitlichen Rationalismus. Zum einen geht es hier nicht mehr um den absoluten Gegensatz, ob etwas in einer stringenten Beweisführung als notwendig wahr erwiesen oder als evidenten Tatsachen widersprechend und damit als falsch zurückgewiesen werden kann. Vielmehr spielen die zwischen diesen beiden Polen liegenden, mannigfachen Wahrscheinlichkeitsgrade eine wichtige Rolle; die Wahrscheinlichkeiten, die für die konkurrierenden Annahmen sprechen, müssen gegeneinander aufgewogen werden. Der andere unmittelbar damit zusammenhängende Punkt ist: rational ist nicht bloß, eine ein und für allemal gesicherte Wahrheit definitiv anzuerkennen, sondern auch die momentan beste Annahme solange vorläufig zu akzeptieren, wie ihr nicht durch eine bessere Erklärung widersprochen wird. Damit sind wir durch diesen scheinbaren Exkurs geradewegs an jenen Punkt gelangt, wo sich für Swinburne die Notwendigkeit einer Theodizee erweist.[5] Denn der Grundsatz, daß es vernünftig ist, an einer Auffassung vorerst festzuhalten, solange nicht rationale Argumente sie entkräftet haben, bezieht sich nicht bloß auf wissenschaftliche Hypothesen, sondern auch auf unsere alltäglichen Meinungen, die zu glauben wir geneigt sind, weil es sich uns unmittelbar intuitiv so zu verhalten scheint. Zu dem, was sich vorderhand auf jeden Fall so zu verhalten scheint, gehört auch: Die Existenz eines Gottes (der in seiner vollkommenen Güte nichts Böses wollen kann, der kraft seiner Allmacht alles definitiv Gewollte verwirklichen und alles nicht Gewollte wie z. B. das Böse verhindern und der sich in seiner Allwissenheit nicht darüber täuschen kann, daß etwas böse ist) sei unvereinbar mit der frag-

---

[5] R. Swinburne, *The Free Will Defence*, in: M. Olivetti (Hg.), *Teodicea oggi?*, *Archivio di Filosofia* 56 (1988), 585-596, bes. 585 f.

los gegebenen Realität des Schlechten; zumindest werde die Existenz Gottes durch das Bestehen von Übeln der Art und des Ausmaßes, wie sie tatsächlich gegeben sind, äußerst unwahrscheinlich gemacht. Nun ist es aber nach Swinburne vernünftig, auch einen Anschein so lange als gültig zu betrachten, bis er argumentativ als bloße Illusion erwiesen werden kann. Eine anscheinende und daher vorläufig anzuerkennende Inkonsistenz schließt es damit unbedingt aus, daß man etwas rational annehmen kann (in unserem Falle: die Existenz eines vollkommenen Gottes angesichts des Übels); die Unwahrscheinlichkeit demgegenüber schließt die Rationalität einer Annahme bedingt aus, d. h. vorausgesetzt, daß die positiven Gründe, welche die Annahme wahrscheinlich machen, die Unwahrscheinlichkeit nicht überwiegen. Die theistische Gottesannahme muß daher laut Swinburne in Anbetracht der anscheinenden Inkonsistenz oder Unwahrscheinlichkeit so lange unvernünftig bleiben, bis es durch die Argumente der Theodizee gelungen ist, diesen Anschein als trügerische Illusion zu erweisen. Die Rationalität der Gottesannahme steht und fällt für Swinburne folglich mit dem Gelingen einer Theodizee.

Wir spüren sogleich, daß hinter dieser Auffassung ein reiner Rationalismus steht, ungeachtet dessen, daß der Rationalitätsbegriff gegenüber Leibniz um empirische Elemente erweitert worden ist. Ratio heißt auch »Grund«; demgemäß wollen wir unter »Rationalismus« in einem religionsphilosophischen Zusammenhang die Auffassung verstehen, daß religiöse Aussagen in ihrer Begründbarkeit und Begründungspflicht prinzipiell auf einer Stufe stehen mit Aussagen einer säkularen Wissenschaft, allenfalls graduell unterschieden sind. Glaubensaussagen würden sich nach dem rationalistischen Zugang von den profanen Aussagen durch die Art unterscheiden, wie wir ursprünglich zu ihnen gelangt sind, nämlich durch Offenbarung in heiligen Schriften, durch Zeugnis von Glaubensboten usw. anstelle von empirischer Beobachtung usw. Nun kommt es aber für die Philosophie nicht eigentlich auf die zufälligen historischen Bedingungen an, wie wir zuerst eine Wahrheit entdeckt haben, sondern darauf, wie sie sich in ihrer Geltung begründen läßt. In diesem philosophisch entscheidenden Punkt aber unterscheiden sich Glaubensaussagen für den Rationalismus nicht grundsätzlich von Aussagen weltlicher Wissenschaften. Für Leibniz sind die Aussagen über Gott als notwendige Vernunftwahrheiten eines ebenso stringenten Beweises fähig wie die mathematischen oder logischen Theoreme. Und für den induktiven Rationalismus des Analytikers Swinburne müssen religiöse Aussagen sich gleich erfahrungswissenschaftlichen Hypothesen gegenüber alternativen Erklärungsmöglichkeiten als die plausibleren Erklärungen unserer Erfahrungswelt bewähren.

Die bisherigen Erörterungen legen die Vermutung nahe, daß Theodizeeversuche wesentlich das Kind einer rationalistischen Grundhaltung der einen oder der anderen Prägung sind, daß sie mithin auf einer Selbstüberschätzung der menschlichen Vernunft beruhen und daher notwendig in Antinomien enden müssen. Der weitere Gang unserer Erörterungen scheint dies zu bestätigen. Wenn wir uns nun einzelnen Theodizeeargumenten zuwenden, die sich dem Theodizeetyp des *free will defence* zuordnen lassen, d. h. der Verteidigung der theistischen Gottesannahme gegen den Inkonsistenzvorwurf auf Grund menschlicher Willensfreiheit, so werden wir sehen: Mackies atheologische Argumente, durch die zentrale theistische Annahmen (die man nicht aufgeben könne, ohne den Theismus wesentlich zu schwächen) als zueinander inkonsistent erwiesen werden sollen, sind ebensowenig zwingend wie der umgekehrte Versuch Swinburnes und Plantingas, die Konsistenz der Gottesannahme auch angesichts der Tatsache des Übels zu erweisen. Die Konfrontation von Mackie und Swinburne ist insofern aufschlußreich, als beide genau dieselbe Forderung einer induktiven Rationalität an religiöse Aussagen herantragen, sie müßten sich als die vernünftigere oder plausiblere Erklärung der relevanten Tatsachen erweisen lassen. Nur gelangt Mackie zu einem negativen Resultat: diese Forderung sei bei der Gottesannahme nicht erfüllt, Swinburne hingegen zu einem positiven. Dies legt den Verdacht nahe: Diese Richtung der analytischen Religionsphilosophie betreibt namentlich in der Theodizeefrage eine Dialektik, verstanden als eine argumentative Spiegelfechterei, wie Kant sie in der Kritik der reinen Vernunft dem Rationalismus Leibnizscher Prägung versucht hat nachzuweisen.

## Mit welcher Berechtigung übernehmen analytische Religionsphilosophen für die Theodizee die traditionellen Gottesattribute?

Bevor wir uns einzelnen Theodizeeargumenten zuwenden, müssen wir noch zu klären versuchen, warum zumindest die Hauptströmung der analytischen Religionsphilosophie fast fraglos den Gottesbegriff der traditionellen Theologie oder eher philosophischen Gotteslehre übernimmt. Sicher, es gibt Ausnahmen. Ganz zu schweigen von analytischen Religionsphilosophen wie Phillips[6], der, in der Tradition eines Wittgensteinschen Fideismus stehend, Theodizeeversuche nach der Art von Swinburne als ein systematisches Mißverstehen Gottes und als Beispiele eines korrupten Denkens verurteilt. Auch innerhalb der von Whitehead initiierten und von Hartshorne weiterentwickelten Prozeßtheologie hat sich eine Form der Theodizee entwickelt, deren prominenter Vertreter etwa David Griffin ist.[7] Für diese Prozeßtheodizee charakteristisch ist, daß sie den traditionellen Begriff einer göttlichen Omnipotenz im Sinne einer zwingenden Macht (»compelling power«) verwirft und Gott nur ein weitreichendes Vermögen zubilligt, seine Geschöpfe (die eine z. T. von Gott unabhängige Macht haben) zu überzeugen oder überredend zu bewegen (»persuasive power«). Bezeichnend ist aber, daß Marilyn McCord Adams und Robert Merrihew Adams in der Einleitung zu einem von ihnen edierten Sammelband, der einen repräsentativen Überblick über die Theodizeedebatte in der englischsprachigen analytischen Religionsphilosophie zu geben beabsichtigt, bemerken, in ihrem Band seien nur solche Theodizeen berücksichtigt, welche die theologische Prämisse der Theodizeefrage, es existiere ein allmächtiger, allwissender und vollkommen guter Gott, in einem weitgehend traditionellen Sinne auffassen und auf eine grundlegende Revision des Gottesverständnisses verzichten.[8] Solche Neufassungen des Begriffs der göttlichen Macht, wie die Prozeßtheologie vorschlage, seien nur von Theologen vielbeachtet, spielten aber in der philosophischen Diskussion eine verhältnismäßig untergeordnete Rolle.

Hier können wir wieder jenes der naturwissenschaftlichen Methodik entlehnte hypothetische Rationalitätsverständnis beobachten, das uns schon bei Swinburne begegnet war: es ist vernünftig, eine allgemein verbreitete oder überkommene Ansicht so lange anzuerkennen, bis zwin-

---

6 Vgl. etwa die Kontroverse Swinburne-Phillips in: St. C. Brown (Hg.), *Reason and Religion*, Ithaca u. London 1977, Kap. 4: *R. Swinburne, The Problem of Evil*, 81-102; Kap. 5: *D. Z. Phillips, The Problem of Evil*, 103-121, sowie *Postscript Swinburne*, 129-133; *Postscript Phillips*, 134-139; ferner: D. Z. Phillips, *On not Understanding God*, in: M. Olivetti (Hg.), a. a. O., 597-612.

7 D. Griffin, *God, Power and Evil. A Process Theodicy*, Philadelphia 1976 ²1990; knapp zusammengefaßt: D. Griffin, *Creation out of Chaos and the Problem of Evil*, in: St. Davis (Hg.), *Encountering Evil. Live options in theodicy*, Edinburgh 1981, 101-119.

8 M. u. R. Adams, in: dies. (Hg.), *The Problem of Evil*, Oxford 1990, 3.

gende Gründe uns nötigen, sie aufzugeben, oder bis sie durch eine plausiblere Erklärung dieses Tatbestands abgelöst wird. Von einem bewußtseinsphilosophischen Standpunkt im Gefolge von Husserls Phänomenologie, für den die Frage der Erkenntnisgenese zentral ist, wird man als Mangel empfinden, daß der grundsätzlichen Frage unserer Begriffsbildung so wenig Beachtung geschenkt wird und die Begriffe von den Analytikern quasi als gegeben betrachtet werden, sei es, daß sie einer bestimmten philosophischen Tradition folgen, sei es, daß sie das intuitive Begriffsvorverständnis einfach übernehmen, wie es dem (durch meist unreflektierte Konventionen bestimmten) alltäglichen Gebrauch zugrundeliegt. Der Analytiker verwendet seinen ganzen Scharfsinn darauf, die logischen Komplikationen zu lösen, die sich bei einer Anwendung der übernommenen Begriffe dann ergeben, wenn es zu einer Kollision mit Daten kommt, die nicht zur Disposition stehen. (Meist sind dies nicht bezweifelbare Erfahrungstatsachen, wie in unserem Fall die Existenz von Übel; es können im religiösen Kontext aber auch Glaubensvorgaben sein.) Gewiß, um die entstandenen logischen Schwierigkeiten, in unserem Falle die scheinbare Inkonsistenz der Existenz eines zugleich allmächtigen und moralisch vollkommenen Gottes mit dem tatsächlichen Übel aufzulösen, muß unser unmittelbares Begriffsvorverständnis oft verfeinert und verbessert werden. Aber ist ein solches Verfahren von Ad-hoc-Revisionen nicht zu kurz gegriffen, und muß man nicht viel grundsätzlicher nach der Legitimation der zugrundegelegten Begriffsbildungen fragen?

Dies ist aber sicher kein fundamentaler Einwand, der die analytische Religionsphilosphie in Frage stellen könnte. Denn sie kann, auch wenn sie einen traditionellen Gottesbegriff übernimmt, diesen sehr wohl nicht bloß auf seine logischen Implikationen, sondern auch seine mögliche Entstehung hin analysieren und hierbei fragen, ob eine solche Begriffsbildung legitim ist. Der Gottesbegriff, der in der von uns untersuchten Hauptströmung der analytischen Religionsphilosophie die Basis für Theodizee-Erörterungen bildet, dürfte seine Wurzeln darin haben, daß man in Gott eine Person von maximaler, d. h. aktuell unendlicher Vollkommenheit zu denken versucht. Eine Person zeichnet sich vor allem aus durch die mentalen Qualitäten des Erkennens und sittlichen Wollens, sowie durch die Fähigkeit, gemäß ihren Entscheidungen handeln und wirken zu können. Wenn wir diese Bestimmungen nicht bloß in einem sehr hohen endlichen Grad oder auch einem beliebig steigerungsfähigen Ausmaß, also potentiell unendlich, sondern in aktueller Unendlichkeit oder prinzipiell unüberbietbarer Fülle zugrundelegen, dann gelangen wir zu den drei traditionellen göttlichen Maximalattributen: der Allwissenheit, der absoluten sittlichen Integrität und der Allmacht. Rechtfertigungsbedürftig ist hier vor allem, weshalb diese drei Vollkommenheiten in einem absoluten Maximum oder absoluter Unendlichkeit zugrundezulegen sind. Eine ausführliche Legitimation würde den hiesigen Rahmen sprengen. Deshalb nur ein kurzer Hinweis zu dem umstrittensten Begriff, der Allmacht. Wenn man das geschaffene Universum bei all seiner Vielfalt durch eine einzige Formel charakterisieren möchte, könnte man es als die Gesamtheit des Relativen und Wandelbaren kennzeichnen. Soll Gott nicht bloß als ein herausgehobener Teil dieses Universums begriffen werden, sondern als sein transzendentes Gegenüber, dann darf er nicht nur mit der relativ höchsten Macht ausgestattet sein, so daß er auch selbst grundsätzlich den Einwirkungen seitens anderer unterliegen kann, sondern muß in einer allumfassenden Macht alles andere gemäß seinem Entschluß bestimmen können, ohne selbst von anderen beeinflußt und verändert werden zu können.

## Mackies atheistische Kritik der Verteidigung Gottes durch menschliche Willensfreiheit

Nun wie angekündigt zur Behandlung der Theodizeefrage bei einzelnen analytischen Philosophen. Mackies Position wollen wir nicht an seinem äußerst einflußreichen Artikel *Evil and Omnipotence* studieren[9], sondern in der weiterentwickelten Version im neunten Kapitel seines Buches *The Miracle of Theism*. Die Theodizee ist für Mackie das logische Problem, daß drei für einen unverkürzten Theismus zentrale Aussagen offenbar inkonsistent sind:

*»Gott ist allmächtig.«*
*»Gott ist vollkommen gut.«*
*»Es gibt Übles.«*

---

[9] J. L. Mackie, *Evil and Omnipotence*, in: *Mind* 64 (1955), 200–212 (in vielen Sammelbänden nachgedruckt).

Ein förmlicher Widerspruch ergibt sich dann, wenn wir die nächstliegenden Definitionen dieser beiden Gottesattribute als Zusatzprämissen hinzunehmen:

*»Ein Gutes versucht, das ihm entgegengesetzte Schlechte, soweit es ihm möglich ist, zu eliminieren.«*

*»Den Wirkungsmöglichkeiten eines Allmächtigen sind keine nicht logischen Grenzen gesetzt.«*

Die einzig erfolgverheißende Lösungsstrategie muß von dem Gedanken ausgehen: Ein Allmächtiger ist nur dann legitimiert, ein Übel zuzulassen oder zu bewirken, wenn dieses gleichsam als ein integrierender Bestandteil eines höheren Gutes die logisch notwendige Voraussetzung dieses Gutes darstellt. (Da ein allmächtiges Wesen durch kontingente Kausalgesetze nicht gebunden sein kann, wäre es hingegen nicht legitimiert, ein Schlechtes als Mittel einzusetzen, um kausal ein höheres Gut hervorzubringen.) Mackie entfaltet diese Annahme, indem er eine Hierarchie von Gütern und Übeln verschiedener Ordnungen aufstellt. Übel erster Ordnung wie Leiden, Krankheit, also das malum physicum, stellen die conditio sine qua non höherer sittlicher Güter zweiter Ordnung wie Ausdauer, Mitgefühl oder Hilfsbereitschaft dar und können, wenn sie tatsächlich durch solche wertvollen sittlichen Haltungen, die durch sie erst möglich werden, ausgeglichen werden, als absorbierte Übel gelten. Ganz zu schweigen davon, daß es viele Übel erster Ordnung gibt, die nicht auf diese Weise niedergeschlagen werden,[10] stehen den werthaften sittlichen

---

[10] R. M. Chisholm, *The Defeat of Good and Evil*, in: M. u. R. Adams (Hg.), a. a. O., 53–68, differenziert dazwischen, daß ein Übel durch ein Gutes aufgewogen (»balance off«) oder daß es niedergeschlagen (»defeat«) wird. Wenn sich ein Ganzes additiv aus seinen (selbständigen) Teilen summiert, kann ein schlechter Teil niemals die ermöglichende Bedingung für die größere Vollkommenheit des Ganzen sein, sondern ein geringerer Unwert eines Teils kann nur durch den höheren Wert eines anderen Teils aufgewogen werden, so daß der Gesamtwert sich als ihre Differenz ergibt. Daß umgekehrt ein komplexer Sachverhalt eine echte Einheit aus seinen Teilsachverhalten bilden kann, so daß diese den Wert oder Unwert, den sie separat haben, verlieren können, wird (wie wir, Chisholm ergänzend, sagen können) nach Freges Modell möglich, gemäß dem ein ungesättigter Begriff durch einen Gegenstand zu einem komplexen Gegenstand vervollständigt wird. Der Sachverhalt, daß Johannes sich gerade über etwas freut, hat wegen des allgemeinen, unbestimmten Elements »etwas« die funktionale Natur eines Begriffs. In diese Leerstelle kann ich

Haltungen der zweiten Ordnung entsprechende Laster wie Feigheit und Gefühllosigkeit gegenüber. Diese müßten ihrerseits durch höhere Güter dritter Ordnung absorbiert werden. Damit aber sind wir bei der Verteidigung Gottes durch menschliche Willensfreiheit (»free will defence«). Denn als ein Gut höherer Ordnung, das sittliche Laster zu absorbieren vermag, kann allein die Willensfreiheit ins Feld geführt werden, indem man argumentiert: die Freiheit der Kreaturen zu wahrhaft bedeutsamen, d. h. sittlich relevanten Entscheidungen zwischen dem Guten und dem Bösen, die sie erst zu eigenständig und verantwortlich Handelnden macht, ist ein so großer Wert, daß er das Böse absorbiert, das durch diese Entscheidungsfreiheit möglich wird. Der springende Punkt ist nun aber die Frage: Ist das tatsächlich eintretende Böse, und nicht bloß die Möglichkeit zum Laster, die logisch notwendige Voraussetzung für die Entscheidungsfreiheit der Kreaturen – allein in diesem Falle wäre ein allmächtiger Gott moralisch gerechtfertigt, Böses zugelassen zu haben –, oder ist es nicht vielmehr logisch möglich, daß vernünftige Kreaturen sich stets frei für das Gute entscheiden? Sittliche Entscheidungsfreiheit impliziert logisch notwendig nur die Möglichkeit zum Bösen. Sofern wir nicht annehmen wollen, sämtliche Modalitäten: Möglichkeit, Wirklichkeit und Notwendigkeit fallen ineins, müssen wir aber zugestehen, daß es unverwirklichte Möglichkeiten gibt. Die mit der Willensfreiheit untrennbar verbundene Möglichkeit zum Bösen braucht also nicht ver-

---

daher einen anderen Sachverhalt einsetzen (der individuell ist und damit die Struktur eines Gegenstands hat oder so behandelt wird), z. B. den Sachverhalt, daß Peter von einem Unglück betroffen wurde. Der generelle Sachverhalt »Sichfreuen von Johannes«, der für sich betrachtet als ein erstrebenswerter Zustand einen (naturalen) Wert darstellt, wird so zu dem individuellen (spezielleren) Sachverhalt (der ein sittlicher Unwert ist), daß Johannes Schadenfreude über das Mißgeschick Peters empfindet. Uns interessiert noch mehr der umgekehrte Wertumschlag. Das Traurigsein von Johannes, das per se einen (naturalen) Unwert (etwas zu Meidendes) darstellt, kann entsprechend zu dem komplexen Sachverhalt vervollständigt werden, daß Johannes über Peters Mißgeschick Mitleid empfindet. Hier wird das naturale Übel des Traurigseins durch den höheren sittlichen Wert des Gesamtsachverhalts niedergeschlagen (»defeat«), weil erst der unangenehme Zustand des Betrübtseins diesen höheren Wert des Mitleidens möglich macht. – Wenn wir nun mit Leibniz annehmen, in der Welt hänge alles mit allem zusammen und nur das, was durch Bezug zu allem anderen vollständig bestimmt ist, sei individuell, dann ist allein die Welt als der maximal komplexe Sachverhalt eigentlich individuell, während ihre Teilsachverhalte generell sind. Damit ist durchaus denkbar, daß die höhere Vollkommenheit des Gesamtsachverhalts Welt Teilsachverhalte voraussetzt, die per se schlecht sind.

wirklicht zu sein. Es ist daher sicher möglich, daß es freie Kreaturen gibt, die niemals etwas Böses tun.

Eine andere Frage ist indes, ob dies im Rahmen der göttlichen Einflußmöglichkeiten liegt, so daß Gott dafür sittlich verantwortlich wäre. Kann er Kreaturen von der Art erschaffen, daß sie stets frei das Rechte tun? Dies setzte voraus, daß es Kreaturen mit einem solchen Charakter geben kann, der sie dazu determiniert, sich stets frei für das rechte Tun zu entscheiden. Wie wir diese Frage entscheiden, hängt folglich davon ab, ob wir mit dem Indeterministen eine kontrakausale Freiheit fordern oder kompatibilistisch annehmen, Freiheit verlange lediglich, daß einer frei von Zwängen gemäß den eigenen Entscheidungen und Präferenzen handeln kann, mögen die Entscheidungen und Vorlieben auch durch vorgängige Bedingungen vollständig determiniert sein. Angesichts dessen, daß im subatomaren Bereich offenbar keine Kausalgesetze herrschen, legt Mackie sich nicht auf diesen deterministischen Freiheitsbegriff fest. Er stellt aber die Theodizeeversuche vor folgendes Dilemma: Wenn die geschöpfliche Freiheit Gottes Zulassen des Bösen rechtfertigen soll, muß sie einen hohen Wert darstellen. Was die Freiheit wertvoll macht, daß wir Menschen uns frei von äußeren physischen und inneren psychischen Zwängen autonom gemäß den von unserer Vernunft anerkannten Grundsätzen nach einem Abwägen des Für und Wider selbst zu unserem Handeln bestimmen können, sei aber vollkommen damit vereinbar, daß diese Entscheidung durch vorgängige Bedingungen kausal determiniert ist. Eine kontrakausale Freiheit hingegen, die, Gottes Kontrolle entzogen, ihn angesichts des Bösen in der Welt entlasten könnte, stelle keinen Wert dar. Was für ein Wert sollte es sein, daß wir ganz zufällig unvorhersehbare Willkürentscheidungen treffen können?

Dieses Dilemma schwindet, sobald wir uns der Kreativität oder schöpferischen Spontaneität zuwenden, der Fähigkeit eines Menschen also, ursprünglich – als ein Abbild der göttlichen Schöpfertätigkeit – Neues hervorzubringen. Eine solche Schöpfertätigkeit hat zur Vorbedingung die Spontaneität, verstanden als das Vermögen, ursprünglich aus dem eigenen Inneren heraus eine Wirkung zu setzen, die mithin nicht oder jedenfalls nicht vollständig durch vorgängig gegebene Bedingungen bestimmt und aus ihnen ableitbar sein darf. Allein so kann schöpferisch Neues entstehen. Sofern die Spontaneität lediglich eine kausale Determination ausschließt, ist sie etwas Negatives und braucht damit noch nicht wertvoll zu sein. Spontane radioaktive Zerfälle, bei denen keine kausale Gesetzlichkeit, sondern allein eine statistische Regelmäßigkeit feststellbar ist, stellen sicher keinen Wert dar. Aber die Spontaneität bildet ja nur negativ die ermöglichende Vorbedingung (conditio sine qua non) für das schöpferische Hervorbringen einer neuen Realität; erst hierin wird etwas Positives erreicht. Etwas anders gewendet: Die Schöpfertätigkeit muß von einem Chaos oder zumindest von chaotischen Elementen ausgehen. Ein vollständiger Kosmos, in dem alles durch bereits vorhandene Ordnungsstrukturen bestimmt und geregelt ist, läßt keinen Raum für schöpferisches Entwerfen von Neuem. Ein Chaos als solches ist sicherlich kein Wert. Aber Schöpfertätigkeit heißt ja gerade, aus dem Chaos heraus einen neuen Kosmos zu erschaffen. Eine Schöpfung im Vollsinne ist nur bei einer göttlichen creatio ex nihilo gegeben. Dem Menschen, dessen Tun sich stets im Rahmen einer vorgefundenen Weltordnung bewegen muß, sind nur schöpferische Momente möglich, und zwar gerade insofern, als die bestehende Ordnung ihn nicht lückenlos kausal festlegt, so daß er die angetroffenen Ordnungslücken mit einer von ihm entworfenen Ordnung ausfüllen kann. In Gestalt eines solchen schöpferischen Erdenkens und Realisierens neuer Konzeptionen und Ordnungen ist die kontrakausale Freiheit gewiß mehr als unberechenbarer Zufall und Willkür und kann daher berechtigt als ein hoher Wert gelten.

## Swinburnes und Plantingas Versionen des free will defence

Das Dilemma, durch das Mackie erweisen will, daß im Wert der geschöpflichen Freiheit keine sittliche Rechtfertigung dafür liegen kann, daß ein allmächtiger Gott Böses zuläßt, beruht folglich auf einem nachweislichen Irrtum. Dies impliziert nun aber nicht umgekehrt, daß uns Menschen eine stichhaltige Rechtfertigung Gottes durch geschöpfliche Willensfreiheit durchführbar sein müßte. Um dies zu zeigen, wollen wir in diesem Abschnitt zwei Versionen des free will defence, nämlich die von Swinburne und von Plantinga, rekonstruieren und aufweisen, weshalb sie keinen zwingenden Schluß zulassen. Swinburne[11] geht davon aus: Damit der Mensch am Schöpfungswerk Gottes Anteil hat, muß er

---

[11] Bei Swinburne orientieren wir uns vor allem an dem in Anm. 5 zitierten Aufsatz; vgl. ferner: *The Existence of God*, Kap. 9, 152–160; Kap. 10 u. Kap. 11.

wahrhaft verantwortliche Entscheidungen zwischen moralisch bedeutsamen Alternativen treffen können. Wenn diese Wahlmöglichkeit zwischen dem Guten und dem Schlechten nun aber eine Totalmöglichkeit[12] sein soll, dann müssen verschiedene Handlungsmöglichkeiten nicht nur objektiv durch den Ereignisverlauf, sondern auch subjektiv durch die innere Entscheidungsstruktur des Handelnden gewährleistet sein. Mit anderen Worten, unser Handeln darf nicht nur von Vernunftgründen (»reasons«), sondern muß auch von Begierden (»desires«) bestimmt sein. Denn allein dadurch, daß eine Begierde einen Menschen ausschließlich auf ein partielles Gut festheftet, kann es geschehen, daß er nicht das insgesamt größte Gut erwählt, sondern das als schlechter (oder weniger gut) Erkannte tut oder etwas als Pflicht Anerkanntes vernachlässigt. Nun ist aber die Freiheit zu einer wahrhaft verantwortlichen oder sittlich bedeutsamen Wahl für Swinburne ein so hohes Gut, daß sie die sittliche Depravation (von Begierden zum Schlechteren bestimmt werden zu können) überwindet, die subjektiv die ermöglichende Bedingung eines genuinen Wählenkönnens darstellt.

Daß diese Lösung nicht tragfähig ist, leuchtet uns sofort bei der Frage ein, ob auch Gott eine solche sittliche Verkehrtheit zukomme. Bei den dargestellten Voraussetzungen Swinburnes führt sie zu einem Dilemma. Wir können sie nicht verneinen. Denn ohne Depravation wäre bei Swinburnes Prämissen keine genuine Entscheidung von irgendeinem Gewicht möglich. Es widerspricht aber dem Begriff Gottes, den auch Swinburne mit der Tradition als vollkommenstes Wesen definiert, wenn ihm die Vollkommenheit einer wahrhaften Wahlfreiheit abginge, zumal wenn sie als höherer Wert die ihr ermöglichend zugrundeliegende sittliche Verkehrtheit ausgleicht. Es widerspricht dem Begriff eines absolut vollkommenen Gottes aber genauso, wenn ihm real möglich sein sollte, von einer Begierde nach einem eingeschränkten Gut mitgerissen das zu erwählen und zu tun, was er durch Vernunftgründe als das insgesamt Schlechtere erkannt hat, und wenn es bloßer Zufall ist, falls er bisher noch nie so gehandelt hat. Ein Ausweg aus diesem Dilemma liegt auch nicht in der Annahme, diese Depravation stelle so etwas wie einen dunklen Grund in Gott dar, der ihm prinzipiell die Entscheidung für das Böse ermögliche, faktisch aber stets durch ein Handeln nach Vernunftgründen niedergehalten sei. Ganz zu schweigen davon, ob diese bei

---

12 Da es sich wohlbemerkt nicht einfach um ein Referat, sondern eine Rekonstruktion von Swinburnes Gedankengang handelt, führen wir zahlreiche Termini wie »Totalmöglichkeit« ein, zu denen sich bei Swinburne kein englisches Äquivalent findet.

Leibniz geläufige Unterscheidung dessen, was faktisch unfehlbar, aber dennoch nicht notwendig gilt, tragfähig ist. Wenn ein faktisch unfehlbares Festgelegtsein auf das Gute bei Gott eine genuine Willensfreiheit nicht ausschließt, dann vereitelt eine solche Determination auch bei den Geschöpfen die Freiheit nicht, und damit wäre das Gut des freien Willens keine Rechtfertigung des Bösen in der Welt. Der Unterschied, daß Gott eine unendliche Vernunft, der Mensch aber nur eine endliche und fehlbare hat, zählt hier nicht, denn es geht hier ja nicht um verschiedene Formen vernünftigen Handelns, sondern um den Gegensatz: Handeln aus Vernunft oder aus Begierde.

Diese Schwierigkeit dürfte sich am ehesten auflösen lassen, wenn wir mit Thomas von Aquin annehmen, Gott habe eine echte Wahlfreiheit, aber nur zwischen jeweils guten Alternativen. Möglich wird dies bei der Annahme, Gott sei nur auf das Letztziel, seine eigene Güte und Liebe, festgelegt, die er in seiner Schöpfung mitteilen und manifestieren will. Da er in all dem, was er konkret in der endlichen, geschaffenen Welt wirkt, dieses transzendente Letztziel auf Grund der unendlichen Distanz niemals adäquat verwirklichen kann, sei er nicht (wie es später Leibniz angenommen hat) auf die optimale Möglichkeit festgelegt; vielmehr bestehe eine gewisse Indifferenz oder Beliebigkeit zwischen zahlreichen konkreten Wirkmöglichkeiten, die alle gleich gut sind, sofern sie sich gleichermaßen auf die göttliche Güte und Liebe als das zu manifestierende Ziel hinordnen lassen, von denen aber auch keine optimal ist, weil alle dem Ziel nicht voll angemessen sind.[13] Wenn gemäß diesem thomasischen Ansatz die höchste Form einer göttlichen Freiheit gedacht werden kann, ohne daß eine Wahlmöglichkeit zwischen sittlich unterschiedenen Alternativen gefordert wäre, dann braucht sicher auch die menschliche Freiheit, um einen hohen Wert darzustellen, nicht zwischen Gutem und Bösem wählen zu können. Die für das Personsein konstitutive schöpferische Spontaneität hat im Bereich des endlichen Guten angesichts der hier herrschenden eingeschränkten Indifferenz hinreichende Entfaltungsmöglichkeiten, immer neue Variationen zu entwerfen und zu prüfen. Gewiß stellt es auch einen Wert dar, wenn ein Mensch freiwillig auf die ihm gegebene reale Möglichkeit, einem anderen bedenklich zu schaden, verzichtet. Aber angesichts des unendlichen Leids, das diese Möglichkeit über die Welt gebracht hat, ist dieser Wert

---

13 Zu einer eingehenderen Interpretation von Thomas' Auffassung der Freiheit mit den relevanten Textbelegen vgl. mein Buch: *Leibniz' Freiheitslehre. Die logisch-metaphysischen Voraussetzungen von Leibniz' Freiheitstheorie*, Hamburg 1993, § 44.

sicher zu hoch erkauft, zumal der Wert eines spontanen Schöpferischseins offenbar auch unabhängig von dieser Möglichkeit zum Bösen bestehen kann.

Viel Beachtung innerhalb der analytischen Diskussion hat die mit äußerstem logischen Scharfsinn ausgeklügelte Version des free will defence von Alvin Plantinga gefunden.[14] Hier ist die Differenzierung von theodicy und defence bedeutsam. Eine Theodizee versucht sich an einer umfassenderen Erklärung des Phänomens Übel angesichts eines guten Gottes. Eine Verteidigung demgegenüber beabsichtigt primär, ad hoc bestimmte atheologische Argumente zurückzuweisen, die von der Tatsache des Übels aus gegen den Theismus gerichtet sind. Da Plantinga auf den Vorwurf Mackies antworten will, zentrale theistische Annahmen seien zueinander inkonsistent, kann er sich mit einem Konsistenzerweis begnügen, braucht also nicht herauszufinden versuchen, wie es sich wirklich verhält, sondern lediglich eine Denkmöglichkeit aufzuzeigen, wie die Existenz eines allmächtigen und guten Gottes mit der Tatsache des Übels widerspruchsfrei vereinbar sein könnte.[15]

Plantinga gesteht Mackie zu, es sei ein in sich konsistenter und damit möglicher Weltverlauf, daß die vernünftigen Kreaturen, die mit der signifikanten (bedeutsamen) Freiheit ausgestattet sind, sich für das sittlich Gute oder Schlechte zu entscheiden, stets frei das Gute tun. Aber es liegt möglicherweise nicht in Gottes Macht zu bewirken, daß die Welt diesen Gang nimmt. In der Mögliche-Welten-Terminologie ausgedrückt: möglicherweise kann Gott nicht jede logisch mögliche Welt verwirklichen.

---

14 Wir orientieren uns vor allem an: A. Plantinga, *The Nature of Necessity*, Oxford 1974, Kap. 9: *God, Evil and the Metaphysics of Freedom*; vgl. ferner: A. Plantinga, *God and other Minds. A Study of the Rational Justification of Belief in God*, Ithaca u. London 1967 [4]1975, Kap. 5: *The Problem of Evil*; Kap. 6: *The Free Will Defense*; ferner A. Plantinga, *God, Freedom and Evil*, London 1975, 7-64.

15 Selbst wenn es der Theodizee gelingen sollte, das logische Problem zu lösen und aufzuzeigen, daß ein allmächtiger und guter Gott und die Existenz von Schlechtem einander nicht begrifflich ausschließen, muß sie sich noch dem sog. evidential problem stellen, dem sich die analytische Theodizeedebatte in letzter Zeit verstärkt zugewandt hat: Stellt nicht das Übel in dem Ausmaß und den abscheulichen Formen, wie wir es in unserer Wirklichkeit erleben müssen, zumal wenn es keinerlei ersichtlichen Sinn und Zweck hat, einen Tatsachenbeweis (evidence) gegen die Existenz Gottes dar? Hier, wo unsere geschichtliche Erfahrung ins Spiel kommt, wird der in Teil I herausgearbeitete induktive Rationalitätsbegriff bedeutsam. Hier geht es nicht mehr wie bei der logischen Theodizeefrage absolut darum, ob Gottes Existenz angesichts des Übels unmöglich ist, sondern darum, in welchem Grade das Übel in seiner tatsächlich beobachtbaren Quantität und Qualität sie unwahrscheinlich macht.

(Dies angenommen zu haben, sei Leibniz' Grundirrtum.) Es ist möglich, daß Gott keine solche Welt verwirklichen konnte, in der die Kreaturen frei stets das Rechte erwählen. Denn ein starkes oder unmittelbares Verwirklichen (»strong actualization«) einer Welt mit einem von Gott gewünschten Ereignisverlauf ohne Böses, indem Gott die geschöpflichen Handlungen direkt kausal beeinflußt, widerspricht dem Begriff einer freien Handlung des Geschöpfes. Mit der Freiheit vereinbar wäre nur ein schwaches Verwirklichen einer Welt ohne Böses. Eine solche indirekte Beeinflussung der Kreatur durch Gott ist für Plantinga grundsätzlich möglich. Denn er gesteht Gott ein Wissen kontrafaktischer Konditionale zu. Damit ist die molinistische »scientia media« gemeint, daß Gott voraussieht, wie sich eine Kreatur in einer bestimmten kontrafaktischen, d. h. niemals wirklich werdenden Situation verhalten würde. Ein solches Wissen erlaubt es Gott offenbar, die Kreaturen nur solchen Situationen auszusetzen, von denen er weiß, daß sie in ihnen freiwilllig die Versuchung zum Schlechten zurückweisen. Ob ein solches Wissen irrealer kontingenter Zusammenhänge möglich ist, ist noch problematischer als die Möglichkeit, freie und damit kontingente künftige Handlungen vorauszusehen. Analytiker wie Kenny oder Robert Adams lehnen eine scientia media ab.[16] Weil uns diese Diskussion zu weit führte, wollen wir Plantinga diese Möglichkeit einmal zugestehen. Ein solches indirektes Beeinflussenkönnen gewährleistet nun aber laut Plantinga nicht auf alle Fälle, daß Gott eine Welt ohne Sünde realisieren kann. Welche Welt Gott zu verwirklichen vermag, hängt nämlich davon ab, wie die möglichen Kreaturen sich frei entscheiden. Nun ist für Plantinga die weltenübergreifende Verdorbenheit (»transworld depravity«) eine Möglichkeit – und zu einer Verteidigung brauchen, wie eingangs betont, nur Denkmöglichkeiten aufgewiesen zu werden: Möglicherweise begeht jede mögliche Kreatur in jeder möglichen Welt, in der sie signifikant frei ist, d. h. gleich mit welchen Situationen Gott sie konfrontieren mag, mindestens ein Unrecht. In diesem konsistent denkbaren Fall vermag Gott ungeachtet seiner Allmacht keine Welt mit sündlosen Geschöpfen zu verwirklichen und ist daher moralisch gerechtfertigt, eine Welt aktualisiert zu haben, die Böses enthält.

Plantingas entscheidender Schachzug ist folgender: Die weltenübergreifende Verdorbenheit ist keine notwendige Eigenschaft der Kreaturen,

---

16 A. Kenny, *The God of the Philosophers*, Oxford 1979, 61-71; R. M. Adams, *Middle Knowledge and the Problem of Evil*, in: *American Philosophical Quarterly* 14 (1977), 109-117.

die dadurch definiert ist, daß sie bei jeder Kreatur in jeder möglichen Welt vorkommen müßte. Vielmehr gebe es, wie Plantinga betont, mögliche Welten (oder Weltverläufe), in denen die Kreaturen frei stets das Rechte tun. Nur ist es nicht logisch auszuschließen, daß Gott durch das, was er unmittelbar wirkt, um mittelbar das Verhalten der Kreaturen zu lenken und so einen bestimmten Weltverlauf herbeizuführen, keine dieser vollkommenen Welten aktualisieren kann, da ihr Wirklichwerden auch von den freien Entscheidungen der Kreaturen abhängt, die seiner unmittelbaren Kontrolle entzogen sind. Daher könne man konsistent annehmen, daß die weltenübergreifende Verdorbenheit, obgleich sie nur eine kontingente Eigenschaft ist, faktisch doch allen Kreaturen zukommt, die Gott zu erschaffen vermag. Die Tragfähigkeit von Plantingas Konzeption entscheidet sich folglich an der Annahme, daß Gott trotz seiner Allmacht nicht jede logisch mögliche Welt verwirklichen könne. Daß diese Annahme nicht zutrifft, können wir uns klarmachen, wenn wir die Unterscheidung weltinterner und weltexterner Beschlüsse Gottes einführen, die wohl erforderlich ist, wenn wir diese Zusammenhänge überhaupt in der Denkfigur möglicher Welten betrachten wollen. Da Gott nach theistischer Annahme in das Weltgeschehen eingreift, müssen wir Gottes Wirken innerhalb der Welt sowie seine dazu führenden Beschlüsse als Elemente der jeweiligen möglichen Welt ansehen (weltinterne Beschlüsse). Weltextern ist dagegen ein Beschluß, mit dem Gott sich gleichsam von außen auf eine mögliche Welt als ganze mitsamt der in ihr enthaltenen internen göttlichen Beschlüsse über den Weltverlauf bezieht, um über ihre Verwirklichung oder Nichtverwirklichung zu befinden. Welten, die Plantinga als möglich, aber nicht verwirklichbar ansieht, enthalten in diesem Licht gesehen einander widersprechende Beschlüsse Gottes über den Weltverlauf, die ihr Wirklichwerden ausschließen, indem Gott zum einen will, daß eine Kreatur in bezug auf eine bestimmte Handlung signifikant (oder moralisch bedeutsam) frei ist, zum anderen aber einen bestimmten an sich möglichen Verlauf der Ereignisse (einschließlich der Handlungen) nämlich einen ohne Böses, garantiert sehen will. Da eine solche Welt, die widersprechende Willensentschlüsse eines allmächtigen Gottes einschließt, gar nicht möglich ist, kann Gott sie mit seinem weltexternen Beschluß auch nicht verwirklichen. Damit muß man wohl an dem Grundsatz festhalten, ein allmächtiger Gott könne jede mögliche Welt verwirklichen. Wenn es nun aber keine möglichen, von Gott jedoch nicht verwirklichbaren Welten gibt, dann wird auch die Annahme einer kontingenten weltübergreifenden Verdorbenheit in allen von Gott realisierbaren Welten hinfällig. Um weltübergreifend zu sein, muß die Depravation notwendig sein. Damit aber wird die These einer transworld depravity zum Unding, wenn es logisch notwendig sein soll, daß jedes Geschöpf bei jedem möglichen Weltverlauf seine Möglichkeit zum Sündigen zumindest einmal verwirklichen muß.

## Schluß: Leistung der analytischen Methode ohne verfehlte Rationalitätsansprüche

Welche Absicht hat unsere Kritik der Argumentationen von Mackie, Swinburne und Plantinga zur Theodizeeproblematik verfolgt? Oberflächlich betrachtet könnte man meinen, sie solle die analytische Religionsphilosophie zumindest bei dieser Frage als methodisch verfehlt erweisen. Dies aber können unsere Ausführungen unmöglich leisten. Ein für die analytische Methode zentraler Grundsatz ist, daß alle die Gegenstände, die sie einer sinnvollen Erörterung fähig und würdig erachtet, mithin auch die religionsphilosophischen, einer argumentativen Behandlung zugänglich sein müssen. Damit aber werden alle sinnvollen Erörterungen einer Frage (ggf. durch Formalisierungen in einer logischen Kunstsprache) auf ihre formale Schlüssigkeit und inhaltliche Stichhaltigkeit hin überprüfbar – ein wichtiges Merkmal jeder Argumentation. Unsere Versuche, die Argumente Mackies, Swinburnes und Plantingas argumentativ zu widerlegen, sind daher im selben Maße analytische Religionsphilosophie wie die kritisierten Argumente selbst. Denn sie basieren auf derselben Grundannahme, daß auch in diesem Bereich gültige Argumentationen geführt werden können.

Wovon wir uns distanzieren, ist nur der Rationalismus, der besonders ausgeprägt bei Swinburne und Mackie mit der analytischen Methode verbunden ist, ohne doch essentiell zu ihr zu gehören. Der Rationalismus verrät sich in dem Anspruch, auch in diesen Fragen durch rationales Argumentieren zu definitiven Antworten (im positiven oder negativen Sinne) oder zu inhaltlichen Endergebnissen gelangen zu können, und sei es auch nur im bescheidenen Sinne des vorläufig vernünftigsten oder plausibelsten Erklärungsmodells. Wenn wir durch argumentative Widerlegungen diesen Rationalitätsanspruch versucht haben als überzogen zurückzuweisen, heißt dies noch lange nicht, daß Swinburnes und

Mackies Argumente wertlos sind, geschweige denn, daß Argumentationen hier generell leerlaufen müssen. Präzise Begriffserklärungen, deren vor allem die analytische Methode fähig ist, können wichtige Teilzusammenhänge aufzeigen, die gerade bei Glaubensfragen durch andere Formen des Wirklichkeitszugangs als das rationale Argumentieren ergänzt werden müssen. Einem analytischen argumentativen Zugang gelingen nicht bloß Begriffserklärungen methodischer Art wie etwa die Unterscheidung einer eigentlichen, erklärenden Theodizee von einer bloßen Verteidigung. Auch für eine inhaltliche Bewertung des indeterministischen gegenüber dem deterministischen Freiheitsverständnis ist der von uns herausgearbeitete Begriff einer schöpferischen Spontaneität wichtig; für die Theodizeefrage selbst ist bedeutsam, daß dieses spontane Schöpfertum nicht zwingend an ein Wählenkönnen zwischen moralisch unterschiedenen Alternativen gebunden ist. Schärfer als jede andere Methode vermag die analytische, solche Begriffszusammenhänge zu klären und damit den Rahmen abzustecken, innerhalb dessen sinnvoll nach einer Lösung zu suchen ist. Wenngleich eine definitive Lösung nicht gefunden wird, wird durch ein definitives Ausschalten von Irrwegen der suchende Blick zumindest in die angemessene Richtung gelenkt. Die Tugend der analytischen Methode liegt vor allem darin, in erstaunlicher Schärfe die Grenzen dessen aufzuzeigen, was klar gesagt und so rational erfaßt werden kann. Es ist von zentraler Bedeutung, daß wir uns vor der anfangs angeklungenen Gleichsetzung hüten, nur die Fragen könnten begrifflich klar behandelt werden, die einer definitiven Antwort fähig sind. Dieses unser Ergebnis mag dem »Uneingeweihten« als unbefriedigendes, skeptisches Ausweichen erscheinen. Damit verkennt er aber die Aufgabe der Philosophie, die bereits Sokrates darin sah, zu einem Wissen des Nichtwissens, d. h. zu einer gesicherten Einsicht in die Grenzen unseres Erkennens zu gelangen. Zumal in der Religionsphilosophie ist dies wichtig. Dem abendländischen Menschen, dessen Religiosität wohl unausweichlich in der Spannung von Glauben und Wissen steht, kann es eine Glaubenshilfe sein, wenn eine Methode wie die analytische ihm hilft, die Grenze zwischen vernünftigem Erkennen und gläubig-vertrauendem Hinnehmen besonders klar zu erfassen.

Gerd Haeffner SJ

# Sinn und Problematik eines philosophischen Verstehens von Religion

Was immer Religion sonst sein mag, so ist sie doch sicher, um einen verbreiteten Ausdruck aufzugreifen, eine Praxis, ein »Weg«. Das Judentum hat dafür den Ausdruck »auf den Wegen des Herrn gehen« (Ps 121,8); im Christentum entspricht dem das »Hinterhergehen« (die Nachfolge) oder einfach »der Weg« (Apg 9,2; 18,25; 24,22); der Buddhismus lehrt den achtfachen Pfad, usw. Statt von einem »Weg« kann man auch von einer zielorientierten »Lebensform« sprechen.

## I. Verstehen

Was aber heißt es, eine Lebensform zu »verstehen«? »Verstehen« ist ein sehr weites Wort. Es ist mit Absicht so weit gewählt. Denn die Frage ist ja gerade, was die speziellen Weisen des theoretischen Verstehens, die »Wissenschaft« oder »Philosophie« heißen, zu einem Verstehen von Religion beitragen können. Meine These wird sein, daß das theoretische Verstehen von Praxisformen, die einen Entscheidungsanspruch stellen, unweigerlich Teil eines praktischen Verstehens sein muß.

### *1. Praktisches Verstehen*

#### a. Verstehen als Sich-verstehen-auf ...

Die ursprüngliche Weise des Verstehens einer Lebensform besteht darin, daß sich jemand auf die dazu gehörenden Handlungen so versteht, daß er von ihrer Sinnhaftigkeit ausgeht, daß sie ihm im allgemeinen leicht von der Hand gehen und daß er dadurch und durch die Einbindung in die entsprechenden Sozialbeziehungen eine Befriedigung und Erfüllung seines Lebens erlebt. Mit anderen Worten, den Worten Heideggers aus *Sein und Zeit* (§ 31), gesagt: Der ursprüngliche Modus des Verstehens ist das *Sich-Verstehen auf* ... die Möglichkeit(en) der Existenz bzw. auf die Führung des Lebens im Rahmen einer Lebensform, mit der man sich identifiziert.

In diesem Sinn kann ein Mann sagen: »Ich habe nie ›verstanden‹, was meinen Schwager bei jedem Wetter ins Stadion treibt; seitdem ich jedoch ein paar Mal dabei gewesen bin, kann ich es ›verstehen‹; ich bin selbst ein Fußballfan geworden.« In diesem Sinne sagte eine junge Frau: »Ich habe mich von der Religion abgewandt, weil mir das alles fremd und unverständlich geworden ist; nachdem ich aber einige Jahre meditiert habe, habe ich einen neuen Zugang gefunden; ich ›verstehe‹ jetzt wieder, daß an Religion etwas dran ist.« Das Nicht-Verstehen löst sich auf, wenn eine Praxis gewagt wird, aus der sich – im gelungenen Fall – ein Verstehen ergibt. Im ersten Fall (Fußball) ist es genau die Praxis, um deren Verstehen es sich handelt. Im zweiten Fall (Religion und Meditation) handelt es sich um ein Tun, das einen ersten Zugang zur Sphäre des zu Verstehenden (wieder) öffnet.

Ein Verstehens-*Versuch* ist, so gesehen, ein Identifikationsversuch. Dieser Identifikationsversuch geschieht de facto bei den meisten Menschen so, daß man hauptsächlich auf das äußere und innere Echo von Probehandlungen in Richtung auf eine mögliche Identifikation achtet. Das äußere Echo hat die Form der Zustimmung zu meinen Versuchen von seiten der mir wichtigen Personen und der Annahme von seiten der neuen Genossen in der Lebensform, der ich mich nähere. Das bei weitem wichtigere innere Echo wird in erster Linie emotional sein: »Geht es mir dabei besser oder schlechter? Fühle ich mich freier oder beengter, erfüllter oder leerer?«

### b. Theoretisches Verstehen im Rahmen des praktischen

Natürlich spielen bei einem gelingendem Versuch des Verstehens auch Erklärungen eine gewisse Rolle, angewandt auf die Religion z. B. Erhellungen des Sinnes von bestimmten Handlungen und Texten sowie Auflösungen von Mißverständnissen bestimmter anstößiger Formeln und

Gewohnheiten. Aber diese rationalen Elemente stehen nicht für sich, sondern sind eingebettet in die Hinwendung eines Subjekts zu einer Lebensmöglichkeit bzw. in die Stellungnahme zur mit-menschlichen Realität der Religion anderer. Vieles Einzelne kann dabei unverstanden bleiben, solange nur die grundsätzliche Identifikation heimatgebend fortwährt. Umgekehrt führt die Auflösung aller intellektuellen Probleme noch lange nicht zu einer Identifikation und einem Verstehen von innen her.

*aa. Religionsimmanentes theoretisches Verstehen.* Diese Bemerkungen bleiben auch dann wahr, wenn man die Aufmerksamkeit darauf lenkt, daß, wie das bei allen oder den meisten Religionen der Fall zu sein scheint, zu einer Lebensform innerlich eine lehrhafte Komponente gehört, die eine theoretische Aneignung bzw. Auseinandersetzung provozieren kann. Denn diese Lehre steht ihrerseits primär im Dienst des effektiv gegangenen Weges und darf nur sekundär zum Ausgangspunkt für Spekulationen dienen. Mag dieses Zuordnungs-Verhältnis auch manchmal in der Praxis verdunkelt sein, so kann doch nicht übersehen werden, wie klar es in die Grundurkunden der Religionen eingeschrieben ist; man denke nur an die Ablehnung der Gnosis und des tatenlosen »Glaubens« im Judentum, Christentum und Islam oder an die Warnung vor der Spekulation im Zen. Man könnte dagegen einwenden, ein so bedeutender Theologe wie z. B. Thomas von Aquin[1] vertrete doch die These, die spekulative Theologie sei schon ein auf Erden möglicher Vorgeschmack der himmlischen visio beatifica. Man muß sich jedoch auch fragen, ob Thomas, der mit dieser These wohl auch versuchte, das aristotelische Ideal des βίος θεωρητικός christlich zu taufen, nicht eher von der Hauptlinie der christlichen Lehrer abweicht. Und jedenfalls muß seine eigene retractatio beachtet werden: Als ihm gegen Ende seines Lebens ein *echter* Vorgeschmack des Himmels zuteil wurde, empfand er seine theologische Spekulation »wie Stroh«.[2]

*bb. Verstehen fremder Religionen.* Aber auch der Versuch, Lehre, Ritus, Kunst und Praxis fremder, unvertrauter und zunächst unverständlicher Religionen zu verstehen, mit denen man in Kontakt geraten ist, hat

---

1 *Summa theologiae* (*S. Thomae Aquinatis opera omnia iussu Leonis XIII. P. M. edita*, Bd. 4, Rom 1888), pars I, q. 1, a. 4.

2 J.-P. Torrell, *Magister Thomas. Leben und Werk des Thomas von Aquin*, Freiburg 1995, 302.

weitgehend eine praktische Bedeutung und vollzieht sich nicht als »view from nowhere«, sondern ausgehend von der lebensmäßigen religiösen Situation dessen, der verstehen will, und rückbezogen auf diese.

Zu dieser lebensmäßigen Situiertheit gehört, daß das Urteilen nicht jeweils bei Null beginnt, sondern unter der Leitung von Vor-Urteilen steht. Ich nehme einmal als Beispiel den Besuch eines christlichen Europäers in einem buddhistischen Tempel. Wie sehr sich die Vorurteile auch unter Christen ändern können, wird deutlich, wenn man die Berichte liest, die die ersten christlichen Missionare in Japan über ihre Eindrücke vom dortigen Buddhismus verfaßt haben: erstaunlich genaue Beobachtung und zum Teil auch Hochachtung mischt sich mit Abscheu vor den Blendwerken des Teufels.[3] Ein heutiger Christ hingegen wird eher von dem Vor-Urteil beseelt sein, daß Religion unter den Menschen guten Willens zwar verschiedene Formen annehme, daß diese aber im Prinzip einen guten Sinn hätten; er wird folglich vor Bildern, die ihn zunächst eher abstoßen (wie Götterstatuen mit vielen Armen oder gar mit Tierköpfen)[4], nach einer Erklärung suchen, die es ihm gestattet, diese Phänomene nicht verurteilen zu müssen. Basis einer solchen befriedigenden Erklärung wird meist die Analogie zu irgendwie vergleichbaren Dogmen, Riten, Darstellungen usw. seiner eigenen Religion sein.

Die Gefahr dieses Vorgehens besteht natürlich in der Übermalung wesentlicher Differenzen. Aber auch wenn diese dadurch geltend gemacht werden, daß der Platz der einzelnen religiösen Elemente hüben und drüben im Kontext des Gesamtzusammenhangs einer Religion studiert wird (der freilich mühsam und mit doch nur hypothetischer Geltung rekonstruiert werden muß), auch dann bleibt dieses Verstehen in der Dualität von Sympathie und Antipathie, von Haltungen, die auf der einen Seite von der Hochachtung bis zur Vereinnahmung oder »Harmonie der Religionen«[5] geht, und auf der anderen Seite vom Achselzukken über die Ablehnung bis zu Abscheu und Verfolgung.

---

3 Nach: H. de Lubac, *Amida*, Paris 1955, 318-325.

4 Viele Arme: Der indische Gott Shiva oder die zahlosen Kwannons im San-ju-san-gen-do in Kyoto; Tierköpfe: einige ägyptische Götter (z. B. der falkenköpfige Horus oder die katzenköpfige Bastet) oder die pferdeköpfige Kwannon in Nikko/Japan.

5 Man denke an den *Liber de gentili et tribus sapientibus* des Raymundus Lullus oder an die Schrift *De pace fidei* des Nikolaus Cusanus.

## c. Verstehen des Unverständlichen

Nun gibt es aber – neben der schlichten oder zusätzlich ein Stück weit theoretisch vermittelten Form des lebensmäßigen »Verstehens« – noch eine andere Weise des »Verstehens«, die gerade dann einsetzen muß, wenn es zu einem auch nur anfänglichen existenziellen Verstehen nicht gekommen ist, sei es, daß man sich darum gar nicht bemühen wollte, oder sei es, daß die Bemühung darum scheiterte. Im Falle der Religion kann die Verstehensbemühung entweder daran scheitern, daß dem Angehörigen der einen Religion eine fremde Religion doch letztlich fremd bleibt, oder daran, daß der profane Mensch zur ganzen Sphäre des Religiösen überhaupt keinen Zugang findet.

Im Folgenden wollen wir uns dem letztgenannten Fall zuwenden. Das Unverständnis für das Religiöse überhaupt kann seinen Grund entweder darin haben, daß einem jeder Sinn für Religion abgeht, oder darin, daß man wohl begreift, daß es in der Religion um das gehen müßte, was einen »unbedingt angeht« (Tillich), daß man dergleichen aber in den religiösen Formen, denen man begegnet, nicht wiedererkennen kann. Was bleibt, ist aber die unübersehbare Tatsache, daß sehr viele Mitmenschen so oder so religiös sind. Diese Tatsache, die man von innen heraus als unverständlich empfindet, fordert nun aber eine rationale Aufarbeitung, deren Gegenstand diese besondere Form von Religion oder aber Religion überhaupt sein kann. Das Ziel jener Aufarbeitung heißt nun ebenfalls »Verstehen«. Dieses Verstehen aber bezieht sich (jedenfalls unmittelbar) nicht mehr auf eine je eigene Lebensmöglichkeit, sondern auf die faktischen Lebensformen der anderen.

Drei Formen dieses »Verstehens« können genannt werden. Erstens das »Verstehen« im Sinne Diltheys: das ästhetische Nachempfinden der inneren Kohärenz einer Lebenseinstellung, ausgehend von den Formen, in denen sie sich objektiviert hat. Zweitens, noch distanzierter, die Aufdeckung der verborgenen, ganz und gar profanen Funktionalität von Religion für die Ökonomie von Psyche und Gesellschaft – eine Aufdekkung, die das Handlungsbewußtsein der analysierten Religionsmitglieder als falsches Bewußtsein dartut. Drittens, noch weiter weg vom lebendigen Verstehen, die Rückführung religiöser Phänomene auf historische Bedingungen, die mit den unseren nichts Gemeinsames mehr haben. Selbstverständlich gibt es auch Interaktionen zwischen diesen drei Formen des Verständlichmachens von (für uns) Sinnlosem.

Sowohl der Versuch zu verstehen, der mit der Möglichkeit der Identifikation rechnet, wie jener, der vom Verzicht auf eine solche bestimmt ist, hat einen grundsätzlich praktischen Charakter. Für den Fall des Identifikationsversuchs bedarf diese Behauptung keiner näheren Begründung. Aber auch das »Verstehen« von außen, in dem doch viel mehr als im ersten Fall theoretische Mittel eingesetzt werden, ist praktisch motiviert: es handelt sich darum, eine Beunruhigung zu neutralisieren. Das erste Mittel dieser Neutralisierung besteht darin, daß einerseits der allzu nahe religiöse Mitmensch oder Vorfahre zu einem Menschen überhaupt, d. h. zu einem beobachtbaren Exemplar jener Lebewesen gemacht wird, die ohne bestimmte Weisen des Glaubens nicht leben können, und daß andererseits seine beirrenden Handlungen und Überzeugungen zu einem »Phänomen« distanziert werden. Mit anderen Worten: weit davon, einen in sich schon beruhigten theoretischen Sinn zu haben, haben die theoretischen Elemente dieses »Ersatz-Verstehens« ihren Sinn wesentlich auch in ihrer praktischen Funktion, die in der Abwehr eines Anspruchs liegt. (Um Mißverständnisse abzuwehren: Ich unterstelle hier nicht, jede Abwehr gegenüber religiösen Ansprüchen überhaupt sei schon illegitim. Die Frage der Legitimität läßt sich sinnvoll nur gegenüber *bestimmten* religiösen Ansprüchen stellen und beantworten; Elemente davon werden im Teil II behandelt werden. Was ich allerdings hier schon angreife, ist die Verwechselung eines Existenzproblems mit einer theoretischen Frage.)

### 2. *»Rein« theoretisches, religionswissenschaftliches Verstehen*

Jegliche Form des Verstehens von Religion scheint also Stellungnahmen zu implizieren; einen neutralen Standpunkt scheint es dieser Realität gegenüber nicht zu geben. Dagegen erhebt sich nun ein Sturm des Protests: wird hier nicht die Legitimität des obersten Gerichtshofs in allen Geltungsfragen, nämlich der Vernunft, angezweifelt? Es muß doch gelingen, ein standpunktneutrales Verstehen aufzubauen. Mit anderen Worten: muß es nicht eine Wissenschaft von der Religion geben, die einerseits ganz objektiv und andererseits umfassend ist? Negativ formuliert: eine Wissenschaft, die einerseits nicht mehr die Eierschalen einer subjektiv wertenden Stellungnahme an sich trägt, die aber andererseits den Status einer universalen und radikalen Theorie und so den Namen einer echten Wissenschaft beanspruchen kann? Eine solche Wissenschaft würde sich nicht auf die Aufsammlung und Zuordnung einzelner Phänomengruppen beschränken (was eher den Namen »Religionsgeschichte«, »historia religionum« verdiente). Sehen wir zu, wie es sich mit den entsprechenden Versuchen einer zugleich neutralen und universalen Religionstheorie verhält!

Die Einbettung einzelner religiöser Phänomene in den Zusammenhang eines größeren Ensembles bis hin in den supponierten inneren Zusammenhang »einer« Religion oder gar der Gesamtheit der »Religionen der Menschheit« ist die Aufgabe der Religionswissenschaft. Ursprünglich machten den Gegenstand dieser Wissenschaft die einzelnen Religionen der anderen aus, während die eigene, d. h. de facto meist die christliche Religion zwar intern systematisiert, nicht aber vergegenständlicht wurde. Das Ideal einer universalen und »unparteilichen« Religionswissenschaft forderte jedoch einen vergegenständlichenden Blick auch auf die der eigenen Kultur nahestehende Religion, in einer Art von Ethnologisierung des Selbstbewußtseins.[6]

Denn es ist der Ehrgeiz der sich radikal verstehenden Religions*wissenschaft*, einen neutralen Standpunkt zu gewinnen, von dem aus das Ensemble der Religionen sich einem ganz vorurteilslosen, nicht-engagierten Blick erschließt. Dieser Blickpunkt ist bestimmt durch die epochè, d. h. die Ausklammerung der Tatsache, daß der Forscher selbst eine gewisse persönliche oder kulturelle Stellungnahme gegenüber den Einladungen und Ansprüchen religiöser Menschen getroffen hat. Die negativen, aber auch positiven Vorurteile, die aus der Tatsache seiner Teilhabe an einer bestimmten Religion erfließen, sollen als nicht vorhanden betrachtet werden. Dasselbe muß allerdings auch für die Vorurteile gelten, die sich aus seiner distanzierten oder ablehnenden Haltung zur Religion in der für ihn naheliegenden Form ergeben. Es ist klar, eine wie ungeheure Askese eine solche Einstellung fordert. Denn diese Einstellung ist zwar ihrem Gehaltssinn nach, nicht aber ihrem Vollzugssinn nach theoretisch. Als Einstellung ist sie eine lebensmäßige Haltung.

---

[6] Freilich wird diese Ethnologisierung meist nicht sehr weit getrieben. Man sieht das, wenn man sie mit der »echten« Ethnologisierung des Selbstbewußtseins afrikanischer Intellektueller, die der sog. Ethnophilosophie anhängen, vergleicht. Die Ethnophilosophie besteht darin, daß man sich seine eigene Kultur mithilfe der Darstellungen aneignet, die europäische Forscher davon gegeben haben. Im Vergleich mit der schmerzlichen Entfremdung, die sich in dieser Weise der Selbstinterpretation zeigt, verlassen die Verfremdungstechniken der »Religionswissenschaft des Christentums« den europäischen Blickpunkt doch nicht ernsthaft.

Diese Haltung hat ihren Halt nicht an einer Realität, sondern an einem Ideal, eben dem Ideal der »Wissenschaft«, d. h. dem Ideal eines »reinen« Beschreibens und Begreifens. Ihr reales Vorbild ist die klassische Physik, die ja auch nicht vom Standpunkt des Menschen, sondern von dem des Engels (des Laplaceschen Dämons, kantisch: jedes endlichen Verstandes überhaupt) aus aufgebaut ist. So kann man – in Anlehnung an Auguste Comtes Forderung einer Soziologie vom Standpunkt des unbeteiligten Beobachters, die er eine »Physik des Sozialen« nannte – das Ideal der Religionswissenschaft als das einer Physik des Religiösen bezeichnen. In ihr werden die religiösen Bewegungen der Seele, ihre Hoffnungen und Verzweiflungen, in derselben Einstellung analysiert und klassifiziert wie die Bewegungen von Billardkugeln. – Nimmt man nun die Askese in den Blick, die die Rückseite der reinen Verstandeserkenntnis ist, so zeigt sich deren bleibend praktisch-lebensmäßiger Charakter in vier Hinsichten.

Erstens stellt man fest, daß in der Praxis der (aufs Universale und Prinzipielle ausgreifenden) Religionswissenschaft zwar das Ideal der Neutralität oft beschworen wird, die Schwierigkeit, seine Vorurteile einzuklammern, jedoch ebenso oft unterschätzt, wenn nicht als grundsätzliches Problem ganz übersehen wird.[7]

Zweitens ist die Tatsache nicht zu verkennen, daß manche Einklammerungsforderung dem Subjekt, das Religionswissenschaft treibt, derart nahe rückt, daß es sie zu leisten nicht mehr willens ist bzw. daß es sogar, von seinen Wertüberzeugungen her, sich dazu gar nicht für berechtigt hält. Das wird immer dann der Fall sein, wenn es sich um blutige Phänomene der Religionsgeschichte handelt, die Teil der Geschichte der eigenen Kultur sind. Beispiele wären eine »verstehende«, d. h. das moralische Urteil hintanstellende Geschichte der Hexenverfolgung – oder gar eine »verstehende« Geschichte der nationalsozialistischen Pseudo-Religion.

Drittens: Sieht man, wie groß das Opfer an persönlicher und mitmenschlicher Verwurzelung ist, das vom ernstgenommenen Ideal einer vollkommen neutralen Wissenschaft verlangt wird, so kann man auf den Gedanken kommen, solche Wissenschaftskultur umgekehrt als ein Analogon zum Kultus einer Gottheit zu sehen, die einerseits überaus streng und eifersüchtig ist, deren Lebens- und damit Menschenfreundlichkeit

[7] Zum Beispiel fast durchgehend in H. Cancik, B. Gladigow u. M. Laubscher (Hg.), *Handbuch religionswissenschaftlicher Grundbegriffe*, Stuttgart 1988 ff. Vgl. meine Rezensionen in *Theologie und Philosophie* 66 (1991) 456–458 u. 70 (1995) 144–146.

andererseits aber solange problematisch bleibt, als kein Rückweg von der Distanzierung zur Identifizierung sichtbar ist. (Vgl. Nietzsches Problematisierung der Wissenschaft).

Viertens: Je geringer der Universalismus- und Theorie-Anspruch der Religionswissenschaft ist, mit anderen Worten je mehr sie sich als eine dem Partikulären verpflichtete empirische Forschung begreift, desto mehr steigen die Chancen ihrer Realitätsnähe, und dies nicht nur im Gegenstandsbezug, sondern auch hinsichtlich ihres Vollzugselements. So finden wir z. B. eine gemäßigte Form der Einklammerung des lebensmäßigen religiösen Engagements unter der Führung eines praktischen Interesses in der Religionspsychologie[8] und der Religionssoziologie, die einerseits nicht beanspruchen, das Faktum der Religion als solcher aufzuklären, andererseits aber seine konkrete Realisierung unter den Bedingungen des psychischen und gesellschaftlichen Lebens hilfreich zu erhellen vermögen.

## II. Religion und Philosophie

Im Unterschied zu den einzelwissenschaftlichen Darstellungen der Formen des Religiösen, die vom Ideal der Neutralität und damit des unbeteiligten Beobachters bestimmt sind, kann und will sich das philosophische Verstehen von Religion nicht so aus der Sache heraushalten. Der Religionsphilosoph muß die Tatsache, daß er nicht bei Null, sondern im Lebenskontext beginnt, reflektieren, zugeben und verarbeiten. Denn in der Religionsphilosophie geht es letzten Endes um eine Stellungnahme. Ihr Gegenstand ist also nicht eine positiv vorliegende Religion anderer Menschen, die nur zu beschreiben und zu begreifen wäre, sondern primär eine (zum Teil vorgegebene, zum Teil verstehend anzueignende oder gar zu entwerfende) *Möglichkeit* von Religiosität, wie immer diese ausfallen möge.

Bevor ich mich jedoch weiter auf die Religionsphilosophie einlasse, muß endlich das Stichwort »Religion« etwas differenzierter betrachtet werden!

---

8 Z. B. B. Grom, *Religionspsychologie*, München 1992.

### *1. Religion: normativ und deskriptiv*

Ausgehend vom Ideal einer klassifizierenden Begriffsbildung hat es sich als ungeheuer schwer, ja als unmöglich erwiesen, all das, was man irgendwie als Religion bezeichnet hat, unter eine gemeinsame Definition zu bringen.[9] Nicht nur ist die Menge der als »religiös« zu bezeichnenden Phänomene so vielfältig, daß es unmöglich oder fast unmöglich ist, daraus einen univoken Begriff des Religiösen zu abstrahieren. Noch größer ist die Schwierigkeit festzustellen, welche Phänomene denn als religiös oder als typisch für eine bestimmte Religion identifiziert werden können. Zwei Überlegungen mögen diese Tatsache verdeutlichen.

Je weniger sich das Religiöse aus dem sonstigen Sozialen und Politischen emanzipiert hat, desto schwerer kann es das Subjekt von Prädikaten werden: Inwieweit muß der spätmittelalterlich-frühneuzeitliche Hexenwahn als Ausdruck des (damaligen) Christentums, inwieweit als Ausdruck einer Krise der deutschen Länder betrachtet werden? Inwiefern ist der sog. islamische Fundamentalismus in Algerien »islamisch«? Inwiefern handelt es sich bei dem Konflikt zwischen Protestanten und Katholiken in Ulster um einen religiösen und nicht vielmehr einen sozialen und politischen Konflikt zwischen Gruppen, die eben auch zufällig protestantisch oder katholisch sind?

Aber auch wenn die Abgrenzung des Phänomens Religion vom umgebenden sozialen Leben einigermaßen gelingt, so zögert man doch, so verschiedene Dinge wie die Aum-Sekte des Shoko Asahara (man erinnere sich an den Giftgasanschlag vom 20. März 1995 in der Tokyoter U-Bahn) und die Heilsarmee unter ein und dieselbe Bezeichnung »religiöse Gemeinschaft« zu setzen; ist doch das, was ihnen an äußeren Formen vielleicht gemeinsam ist, ein Nichts im Vergleich zu dem, was sie unterscheidet. Ist das, was jüdische Religion heute ist, abzulesen an den fanatisch ethnozentrischen Gruppen des israelischen Volkes, die man »religiös« nennt, oder eher an den Gruppen, die dem Ideal der Versöhnung verpflichtet sind, mögen sie sich sonst vielleicht nicht als »religiös« bezeichnen? Was der eine als ein typisch religiöses Phänomen klassifiziert, wird der andere gerade nicht als solches gelten lassen, sondern als eine ganz andere Sache, die nur unter dem Deckmantel der Re-

---

[9] Vgl. W. Kerber (Hg.), *Der Begriff der Religion* (ders. (Hg.), *Fragen einer neuen Weltkultur*, Bd. 9), München 1993.

ligion auftritt, oder auch als eine Perversionsform von Religion. Man mag einwenden, auch die Perversionsformen des Religiösen gehörten zum Bereich des Religiösen. Das ist richtig und begründet die Notwendigkeit der innerreligiösen Unterscheidung, die nicht, in einem naiven Irenismus, als bloße Profilierungssucht mißverstanden werden sollte. Aber daraus folgt nicht, daß »echte« Religiosität und deren Perversion als gleichberechtigte Kandidaten für die Abstraktion von »Religiosität« gelten dürfen. Vielmehr zeigt sich, daß in die Verleihung des Prädikats »religiös« nicht nur deskriptive, sondern auch wertende Elemente eingehen.

Diese Tatsache mag den Religionswissenschaftler zur Verzweiflung bringen. Den philosophisch fragenden Menschen muß sie nicht zu sehr beschweren. Geht es diesem doch letztlich um eine praktische Stellungnahme im Felde der ernstzunehmenden religiösen Ansprüche, und zwar nicht aller jemals in der Geschichte erhobenen, sondern jener, die auf ihn und auf die Menschen in seinem Umkreis heute zukommen. Ich versuche nun, einige Grundzüge dessen zu nennen, was uns (»gebildeten Europäern«) heute als ernst zu nehmende religiöse Möglichkeit gelten kann.

Wenn heute von Religion die Rede ist, dann meinen wir damit immer einen Tatsachen- bzw. Möglichkeitskomplex, der sich abhebt von anderen Tatsachen- und Möglichkeitskomplexen unseres Lebens. »Wir« leben nicht mehr in einer Kultur, in der *le fait social total* (Durkheim) mit dem *fait religieux* einfach identisch wäre. Ob religiös oder nicht, sind wir im (vor allem) lateinischen Europa die Erben einer langen Tradition der Unterscheidung, wenngleich nicht völliger Trennung des Geistlichen und des Weltlichen. Selbst zur Ethik und zur Metaphysik steht Religion in einer gewissen Unterschiedenheit, wie Schleiermacher in der zweiten seiner *Reden über die Religion* deutlich gemacht hat. Vor allem aber hat Religion nach den verschiedenen Phasen der Aufklärung keine unmittelbar wissenschafts- oder staatslegitimierenden Aufgaben mehr. Sie kann deshalb – in gewissen Grenzen – auch in die Entscheidung des einzelnen gestellt sein. Hermann Lübbe[10] hat ganz richtig gesehen, welche Grundzüge zu einer ernst zu nehmenden Form von Religion »nach der Aufklärung« nicht mehr gehören können.

Im Hinblick auf vorfindliche Religionen kommen somit als Gegenstand philosophisch reflektierter Aneignung für »uns« suchende moder-

---

10 H. Lübbe, *Religion nach der Aufklärung*, Graz 1986.

ne Europäer nicht in Frage: Volksreligionen, Naturreligionen, Religionen ohne Unterscheidung von Gesellschaft und Religion. Volksreligionen, also Religionen, die die Zugehörigkeit zu einer Blutsgemeinschaft voraussetzen (z. B. das Judentum), kommen für Außenstehende nicht in Betracht, jedenfalls nicht im vollen Sinn. – Die Naturreligiosität mit ihrem Interesse an Fruchtbarkeit von Tier und Mensch steht zu weit unterhalb des Niveaus des reflektierenden Menschen, um Antworten auf seine existenziellen Fragen zu geben; sie kann aber »aufgehobenes« Element einer »höheren« Form von Religiosität sein. – Religionen, die die Selbständigkeit einer bürgerlichen Rechtssphäre noch nicht anerkennen, d. h. in denen Religion Sache der Gesellschaft und erst dann des Individuums ist (wie z. B. der Islam), können für ein denkendes Mitglied unserer demokratisch-säkularen Gesellschaft wohl kaum eine ernsthafte religiöse Versuchung sein. Als Partner der Auseinandersetzung kommen also von den existierenden Religionsformen nur universale Religionen in Frage, die einen Wahrheitsanspruch stellen, also wohl in erster Linie das Christentum und der Buddhismus, die freilich beide eine Vielzahl möglicher religiöser Haltungen in sich beherbergen, sei es schon in institutionalisierter Form, sei es in freien individuellen Ausprägungen.

Diese Überlegungen zeigen deutlich, wie geschichtlich und sozial situiert jede Religionsphilosophie ist. Sie zeigen auch, daß nicht jede Religion Gegenstand und sozusagen Partner einer Philosophie sein kann.

## *2. Normative philosophische Unterscheidungskriterien*

Der Philosoph erhebt den Anspruch, im Geschäft der Unterscheidung zwischen wahren und falschen menschlichen Haltungen und so zwischen wahrer und falscher Religiosität ein gewichtiges Wort mitzureden. Er würde z. B. gewiß eine Religion, die Menschenopfer kultiviert, nicht als wahre Religion anerkennen, aber auch nicht eine Religion, in der die Freiheit der Wahl einer anderen Religion und die Freiheit der Wissenschaft ausgeschlossen sind. Der Philosoph beansprucht also, über Kriterien zu verfügen, die es erlauben, wahre und falsche Religion voneinander zu unterscheiden. Es sind, wenn wir uns an den genannten Beispielen orientieren, vor allem *negative* Kriterien, d. h. solche, die es gestatten, eine bestimmte Religion als *falsch* darzutun.

Welcher Herkunft sind diese negativen Kriterien? Achtet man darauf, daß die Freiheit des Individuums und die Autonomie der Wissenschaft in der Geschichte der christlichen Gesellschaft Europas auch gegen Widerstände von seiten mancher kirchlicher Autoritäten erkämpft werden mußten und daß es sich dabei um Werte handelt, die dem Ideal der philosophischen Lebensweise sehr eng verbunden sind, ist man geneigt, diese Kriterien für Bedingungen zu nehmen, die von außen an Religion, wie sie zu sein hat, wenn sie schon sein will, herangetragen werden; an sich seien sie Ausdruck eines »philosophischen Glaubens« (Kant und Jaspers). Achtet man jedoch darauf, daß sich im Raum des Christentums – anders als etwa im Raum des Islam bisher – die Autonomie der Wissenschaft und die Freiheit des Individuums dauerhaft durchsetzen konnten, wird man vermuten, daß es dafür gewisse auch positive Gründe in der Natur dieser Religion gab, bis dahin, daß (ausgedrückt z. B. im II. Vatikanum[11]) diese Dinge nicht nur als Konzession an die »Welt«, sondern als Bestandteile des christlichen Glaubens in seiner heutigen Form gelten.

Verfügt der Philosoph, über die genannten (und zu ergänzenden) negativen Kriterien hinaus, die den Glauben an sein eigenes Tun ausdrükken, auch über *positive* Kriterien der Wahrheit von Religion überhaupt oder einer bestimmten Religion? Meine Vermutung ist, daß die Kriterien der Philosophen für diese Unterscheidung schon in einem gewissen Sinne religiös sein müssen. Ich möchte diese Vermutung kurz exemplifizieren im Hinblick auf drei Autoren, nämlich in bezug auf Immanuel Kant, Karl Rahner und Keiji Nishitani.

Der Ausgangspunkt von Kants Religionsphilosophie ist bekanntlich doppelt: auf der einen Seite steht, als empirische Tatsache, das Glücksbedürfnis des Menschen, auf der anderen Seite, als Faktum der Vernunft, die »Erhabenheit« der Pflicht bzw. der gute Wille als Repräsentant der Heiligkeit in dieser empirischen Welt.[12] Die Auffassung der

---

11 Zweites Vatikanisches Konzil, *Pastorale Konstitution über die Kirche in der Welt von heute »Gaudium et spes«*, in: J. Höfer u. a. (Hg.), *Das Zweite Vatikanische Konzil*, Teil III (= ders. u. K. Rahner (Hg.), *Lexikon für Theologie und Kirche*, Freiburg u. a. 1957 ff., Ergänzungsbd. 14), Nr. 36; Zweites Vatikanisches Konzil, *Erklärung über die Religionsfreiheit »Dignitatis humanae«*, a. a. O., Teil II (= *Lexikon für Theologie und Kirche*, Bd. 13), Nr. 2 u. 3. Beide Texte wurden im Dezember 1965 verabschiedet.

12 I. Kant, *Kritik der praktischen Vernunft* (Immanuel Kant, *Werke in sechs Bänden*, hg. v. W. Weischedel, Wiesbaden 1956 ff., Bd 4), A 154: »Pflicht, du erhabener, großer Name (...)«. ders., *Grundlegung zur Metaphysik der Sitten*, ebd., A 1: »Es gibt überall nichts in der Welt (...), was ohne Einschränkung für gut könnte gehalten werden, als allein ein guter Wille.«

Pflichten als unbedingt geltender ist jedoch implizit schon religiös. Nur deswegen kann sie als Basis für eine Religionsbegründung dienen.

Der fragende Mensch, den Karl Rahner[13] voraussetzt, ist der Mensch, der von dem Verlangen nach einem absoluten Sinn getrieben ist, der also die Form der Religiosität schon, wenngleich als Leerform, in sich trägt. Dieses Getriebensein muß dem Subjekt nicht selbst bewußt sein. Es wird – vom Standpunkt eines schon Wissenden – aus der Vollzugsform des menschlichen Erkennens überhaupt deduziert, insofern dieses eine absolute Geltung intendiert und erreicht; denn diese Tatsache wiederum ist nur möglich, wenn es einerseits eine ursprüngliche Erschlossenheit von Sein-schlechthin im Beisichsein des menschlichen Geistes gibt, der seinem Bezugssinn nach »quodammodo omnia«[14] ist, wie auch andererseits eine Verborgenheit des Sinnes von Sein, die die Notwendigkeit des Fragens und die Möglichkeit der Offenbarung impliziert.

Wenn Keiji Nishitani fragt, was uns heute als Religion gelten könne und wie folglich Buddhismus und Christentum neu zu interpretieren seien,[15] dann geht er von der Erfahrung aus, daß alles vom »Nichts« durchzogen ist. Formen dieses »Nichts« sind: die Grundlosigkeit unserer Freiheit, die Grundlosigkeit unseres Daseins, unsere Verstricktheit in das Böse. Diese Erfahrungen, die die Frage nach dem Sinn des Lebens auslösen, werden aber vom »Betrieb« für gewöhnlich niedergehalten, müssen also erst geweckt werden – von wem, wenn nicht von denen, die schon zur »Antwort« auf die Sinnfrage »durchgebrochen« sind?

### 3. *Religionsphilosophie auf dem Weg zum Einvernehmen mit Religion*

Wie ist nun die Stellung der Religionsphilosophen, die auf eine Legitimation von Religion hin denken, zu jenem gedanklichen Gefüge, das den Gehalt dieser Religion schon seit langem entfaltet hat und das bei uns den Namen »Theologie« trägt?[16]

---

13 *Hörer des Wortes. Zur Grundlegung einer Religionsphilosophie*, München o. J. (Ende 1941/Anfang 1942).

14 Thomas von Aquin, *Von der Wahrheit – De veritate*, hg. u. übers. v. A. Zimmermann, Hamburg 1986, q. I, a. 1, c.

15 *Was ist Religion* (jap. orig.: *Shûkyô to wa nani ka*, 1961), üb. v. D. Fischer-Barnikol, Frankfurt a. M. 1982.

16 Für den Buddhismus paßt der Name »Theologie« streng genommen nicht; der Sache nach aber gibt es Analoges.

Theologie ist, ihrer Grundschicht nach, etwas Überliefertes; sie ist Gemeinbesitz einer Glaubensgemeinde. Religionsphilosophie hingegen setzt je neu an; sie ist das Werk eines einzelnen. Ist dieser ein bewußter Erbe einer religiösen Überlieferung, so sieht er seine Aufgabe in der gegenseitigen Öffnung von moderner Vernunft (wie er sie versteht)[17] und überliefertem Glaubensgehalt (wie er ihn versteht). Damit ist immer auch eine gewisse Neuinterpretation des letzteren gegeben, denn zur modernen »Vernunft« gehört auch und vielleicht in erster Linie ein modernes Lebensgefühl, das im günstigen Falle auch neue religiöse Grunderfahrungen bzw. neue Nuancierungen der alten einschließt. So hat Religionsphilosophie eine wesentliche Bedeutung für die Weiterentwicklung einer Religion und speziell für jene Weiterentwicklung, die einem Intellektuellen am Herzen liegt. Das so oder so ausfallende religionsphilosophische Verstehen z. B. des Christentums bleibt also nicht ohne Konsequenzen für dessen theologisches Selbstverständnis. Die Teile, die dem aktuellen philosophischen Verstehen zugänglicher sind, werden in der Gewichtung nach vorne rücken, andere Teile nach hinten. Anders ausgedrückt: das weisheitliche Moment der Glaubensüberlieferung wird über das prophetische und kultische Moment sowie über das autoritätsbezogene und institutionelle Element dominieren; die aktuell nachvollziehbaren Elemente des Überlieferten werden in den Vordergrund, Elemente hingegen, die sich der Aktualisierung widersetzen, werden in den Hintergrund treten. Aus dieser Beobachtung aber folgen zwei Konsequenzen.

Erstens: Es mag relativ leicht möglich sein, jemandem »hermeneutisch« die tieferen Sinndimensionen seines Lebens und so einen gewissen Zugang zu einer ehrfurchtsvollen Haltung vor dem Ganzen des Seins und dem Grund des Lebens zu erschließen. Aber der Weg von jener Religiosität, die aus der Analyse der Existenzerfahrung geschöpft ist,[18] zur Anhängerschaft an eine bestimmte Religionsgemeinschaft, falls diese nicht schon vorausgesetzt wird, ist noch weit; es scheint, daß er immer weiter wird. (Diese Bemerkung scheint mir von großer Bedeutung für die Einschätzung der Religionsphilosophie als Mittel der Einführung in den Glauben. Przywara, gefragt, wie viele Menschen sich

---

[17] Unter moderner Vernunft wird z. B. bei F. Rosenzweig, B. Welte, R. Schaeffler etwas anderes verstanden als bei O. Muck oder F. v. Kutschera.

[18] Vgl. das sehr feine, leider kaum wahrgenommene Buch von K. Riesenhuber: *Existenzerfahrung und Religion*, Mainz 1968.

schon aufgrund seiner religionsphilosophischen Schriften zum Glauben bekehrt hätten: »Mir ist keiner bekannt.«)

Die zweite Konsequenz ist, daß die Grenzen zwischen einer Religionsphilosophie, die positiv auf das existenzielle Verstehen von Religion bezogen ist, und der Theologie, insofern diese nicht nur positivistisch dogmatisch-historisch, sondern auf ein Verstehen hin arbeitet, fließend sind. Die Wahrheit dieser Bemerkung, die manchem unangenehm sein mag, wird erhärtet durch die Beobachtung an repräsentativen Religionsphilosophien und an der Geschichte des Vernunftbegriffs.

Beobachten läßt sich die Nähe von Religionsphilosophie und Theologie an den drei schon einmal herangezogenen exemplarischen Vertretern. Ist es Zufall, daß die sich in den Grenzen bloßer Vernunft haltende Religionsphilosophie Kants eine eigene Dogmatik entwickelt, die Kapitel für Kapitel an die Stelle der alten zu treten hätte? Der Religionsentwurf von Nishitani schöpft offensichtlich aus zentralen Intuitionen des Mahayana-Buddhismus (Zen und Amidismus) sowie des Christentums. Und Karl Rahner schrieb selbst, in einem Brief an seinen Freund Joh. B. Lotz:

> »Ihre anerkennenden Worte über die (sic!) Hörer des Wortes haben mich ein wenig getröstet (...). Aber ich fürchte, daß Balthasar doch recht hat, der mir neulich schrieb: (›)Ihre Religionsphilosophie dankend erhalten. Ein glänzender Versuch, obwohl ich ja, wie Sie wissen, das Prinzip selbst nicht annehmen kann. Der Gott, den Sie konstruieren, ist weit mehr als ›principium et finis‹[19], es *ist* schon der Gott der Offenbarung. Und somit Ihre Anthropologie doch wohl eine verkappte Theologie. Für die Offenbarung bleibt nur noch der *Inhalt* der Rede neu, die Form und Qualität als solche nimmt der Hörer des Schweigens vorweg. Die Abgrenzung zwischen Vernunft und Glaube wird sehr schwierig. Ich glaube, da müssen Sie nochmals etwas umbauen.(‹) Soweit Urs. Es klingt sehr vernünftig (...).«[20]

Daß das Verhältnis zwischen Theologie und Religionsphilosophie aber gar kein anderes sein *kann* als das der gegenseitigen Verschachtelung,

---

[19] Erstes Vatikanisches Konzil, *Dogmatische Konstitution über den katholischen Glauben »Dei Filius«*, Kap. 2, in: H. Denzinger, *Enchiridion symbolorum, definitionum et declarationum de rebus fidei et morum*, erw., überarb., üb. u. hg. v. P. Hünermann, Freiburg i. Br. $^{37}$1991, Nr. 3004: »Ecclesia tenet et docet, Deum, rerum omnium principium et finem, naturali humanae rationis lumine e rebus creatis certo cognosci posse.«

[20] Aus Mariakirchen bei Arnstorf (Ndb.), undatiert; wohl vom Winter oder Frühjahr 1942. Rahner reagiert darin u. a. auf die Nachricht vom Tode Martin Honeckers, gest. 20. Dezember 1941. (Nachlaß J. B. Lotz)

zeigt eine Überlegung zur angeblichen Selbstsuffizienz der Vernunft. Nach all den Erprobungen, denen der hochgemute absolutistische Vernunftbegriff der Aufklärung und des frühen Deutschen Idealismus seither, beginnend mit Hegel und dem späten Schelling, in der Philosophie ausgesetzt war, bleibt für den Begriff der »reinen«, voraussetzungslosen Vernunft doch kaum mehr übrig als die Fähigkeit zu logischen Transformationen. Denn alle synthetischen Sätze enthalten ein Element der Erfahrung oder des Glaubens, und beide stehen immer unter dem Vorzeichen der Geschichtlichkeit und der lebensmäßigen Verwurzelung. Soll sich der Begriff der Vernünftigkeit nicht auf Nichtwidersprüchlichkeit reduzieren, sondern eigene Normen enthalten, so hat er diese anderswoher als aus der reinen Vernunft. (Im übrigen gibt es kaum ein geschichtlich wandelbareres Kulturphänomen als Religion; soll Vernunft in ihr liegen, muß diese selbst, ohne Widerspruch mit ihrem Begriff, geschichtlich sein können).

## 4. *Kritische Religionsphilosophie*

Ist mit solchen Thesen aber nicht schon jede mögliche Frage nach der Wahrheit einer Religion überhaupt für unmöglich deklariert? Anders gesagt, wird hier nicht eine Immunisierungsstrategie vertreten? Nein. Die Frage nach der Wahrheit von Religion überhaupt und im einzelnen erhält nur ein anderes Selbstverständnis.

### a. Die Frage nach dem Sachbezug

Zu diesem Selbstverständnis gehört erstens, daß sich jeder Prüfungsanspruch vorher des Zugriffs auf seinen Gegenstand versichert haben muß. Wird z. B. der Religion der Anspruch unterschoben, ein Erklärungsmodell der Welt zu sein, das durch die Konstruktion von (in gewissen Grenzen) empirisch prüfbaren Hypothesen aufgebaut wird, dann versieht man sich m. E. am Gegenstand. Der religiöse Glaube bezieht sich nicht auf die hypothetische Erklärung weltlicher Tatsachen, sondern auf Erfahrungstatsachen einer eigenen Ordnung. Was aber die Zugänglichkeit von Tatsachen dieser Ordnung betrifft, so gilt das zugleich phänomenologische und sprachphilosophische Gesetz von der Korrelation zwischen der Art des intentionalen Bewußtseins bzw. der Sprachform und der Sinnstruktur des jeweiligen Gegenstandsgebiets. Die Zugangsart muß der Gegenstandsart entsprechen. Die Fähigkeit, zum Gegenstandsgebiet des religiösen Bewußtseins und Sprachspiels einen originären Zugang zu gewinnen, wird aber in den Religionen selbst nicht jedermann ohne weiteres zugestanden; vielmehr wird als Voraussetzung dafür eine Transformation der Subjektivität (»Bekehrung«, »Erleuchtung« usw.) gefordert. Wer sich dieser Forderung entzieht, steht mindestens in der Gefahr, den von ihm intendierten Sinnbereich gar nicht in den adäquaten Blick zu bekommen, so wie ein ästhetisch ungebildeter Mensch zwar materialiter ein Cézanne-Stilleben vor sich hat, für dessen Gehalt jedoch vielleicht völlig unempfänglich ist. In diesem Sinne behaupte ich: Jemand, der vor nichts Ehrfurcht hat, verfügt nicht einmal über jene Basisbedingungen für ein Verständnis von Religion, die auch noch der Ablehnung ihrer konkreten Formen zugrundeliegen müssen. Er kann nicht mitreden. Er ist wie ein sechsjähriger Knabe, der sich die Liebesdinge der Erwachsenen verständlich machen will.[21] Sein »Verstehen« von Religion beruht auf der Unmöglichkeit zu verstehen.

### b. Nicht Vernunft versus Glaube, sondern Glaube versus Glaube

Zu diesem neuen Selbstverständnis gehört zweitens, daß sich die Reflexion über den Sinn oder Unsinn bzw. die »Wahrheit« von Religion nicht nur auf die theoretische Beurteilung von Annahmen-an-sich beschränkt, sondern auch den eigenen »Glauben« – das, woran ich glaube – einbezieht. Nimmt man für den Augenblick den sehr weiten Religionsbegriff Tillichs (»was mich unbedingt angeht«) an, so stehen sich in der radikalen Frage nach dem Sinn oder Unsinn von Religion also nicht einfach Religion und Vernunft, sondern gewissermaßen Glaube und Glaube gegenüber: eine Haltung, in der das, was mich unbedingt angeht, einen (im engeren, gewöhnlichen Sinn) religiösen Charakter hat, und

---

21 Frank O'Connor schildert köstlich das Scheitern der hochrationalen Erklärungsversuche eines solchen Knaben gegenüber dem Verhalten seiner Mutter, die in der Abwesenheit des Vaters ganz ihm gehörte, nun aber (für ihn) unverständlicherweise sich ihrem zurückgekehrten Mann zuwendet: *My Oedipus complex*, in: *The Genius and other stories*, London 1995, 23–43.

eine Haltung, in der das, was mich unbedingt angeht, keine religiösen Züge trägt (so etwa bei Jaspers und Sartre).

### c. Die Frage nach der Wahrheit

Unter der Voraussetzung, daß einerseits ein (Diltheysches) Nach-Verstehen der religiösen Phänomene und andererseits die Konfrontation der eigenen Glaubensüberzeugung mit ihnen gegeben ist, entsteht die Frage, welches die »wahre« Überzeugung und die »richtige« Lebensform sei. Diese Frage hat durchaus einen objektiven Charakter. Sie geht nicht auf in der Frage, was für mich die Lebensform sei, die mir am besten zu leben hilft. Denn es könnte durchaus sein, daß sehr verschiedene, ja diametral entgegengesetzte praktische Überzeugungen einem individuellen Leben Halt und Sinngefühl geben. So wird die Wahrheitsfrage unausweichlich.

Wie aber läßt sich die Wahrheit einer Religion beurteilen? Die naheliegendste Antwort ist: in der kritischen Prüfung der theoretischen Sätze, seien diese historisch oder metaphysisch, die in dieser Religion vorausgesetzt werden. Auf diese Weise kommt man im günstigen Falle zur Feststellung der Falschheit bzw. der möglichen Wahrheit einer Religion.

So steht und fällt das Christentum doch wohl mit der historischen Wahrheit der Auferstehung und des Todes Jesu Christi. Könnte bewiesen werden, daß Jesus nicht wirklich am Kreuz gestorben ist oder daß »Auferstehung« nur ein Ausdruck für die wieder erstandene Faszination seiner Lehre ist, könnte das Christentum nicht wahr sein. In anderen Religionen spielen historische Tatsachen allerdings keine so zentrale Rolle. Es scheint mir ungewiß, ob das Judentum mit der historischen Wahrheit der wunderbaren Rettung am Schilfmeer und der göttlichen Gesetzgebung am Sinai stehe und falle, und ähnliches scheint für die Annahme des Islam zu gelten, der Inhalt des Koran sei vom Erzengel Gabriel dem Mohammed diktiert worden. Noch schwieriger steht es mit dem Buddhismus; denn für das Große Fahrzeug z. B. ist die historische Existenz des Shakyamuni keine zentrale Wahrheit.

Wenn wir nun das Feld der Tatsachenwahrheiten verlassen und auf das Feld der metaphysischen Wahrheiten gehen, so ist zunächst vorauszusetzen, daß die vieldeutige Bildsprache der Religion in die Begriffssprache der Metaphysik übersetzt werden kann. Die Konfrontation mit den Buddhismen, die – nach westlichen Begriffen – einmal als a-theistisch, dann wieder als polytheistisch oder extrem monotheistisch erscheinen, macht die hier auftretenden Sprachprobleme deutlich, ebenso wie westliche Redeversuche von der »Gottheit jenseits Gottes«, von Gott als »lauterem Nichts« (Meister Eckhart) oder von der Möglichkeit, »atheistisch an Gott zu glauben« (Altizer). Immerhin scheint es negativ evident, daß die drei abrahamitischen Religionen falsch sind, wenn es keinen personalen, welttranszendenten Gott gibt, und daß der Buddhismus falsch ist, wenn es kein Ungewordenes gibt.

Eine rationale Diskussion über diese Annahmen ist durchaus möglich, vielleicht sogar eine rationale Entscheidung der Alternativen. Die abrahamitischen Religionen können darauf verweisen, daß alles menschliche Erkennen und Lieben auf Gott verweist, der metaphysisch als die ursprüngliche Einheit von Sein, Erkennen und Lieben und als Ursprung und Ziel der Welt zu denken sei. Denn woher kommt es, daß die Welt erkennbar ist, daß sie eine (in unendlichem Progreß zu enthüllende) rationale Struktur hat? Diese setzen wir in allem Erkennenwollen voraus, nicht zuletzt im wissenschaftlichen und vor allem im philosophischen Erkennenwollen. Und wie ist es anders möglich, daß wir die Freiheit der Wahl zwischen Handlungsmaximen haben, wenn unser Wille nicht durch eine positive Fixierung auf das schlechthin Gute dem Andrang der stimuli gegenüber freigesetzt ist? Der Glaube an die Möglichkeiten der Vernunft und der Freiheit setzt also den Gottesglauben voraus, und zwar nicht nur den Glauben daran, daß es Gott »gibt«, sondern auch den Glauben daran, daß sein Sein uns gegenüber die Funktion der Ermöglichung des Selbstseins hat – eine Tatsache, die in der religiösen Sprache als »Güte« erscheint.

Obwohl jedoch das Sein Gottes sich auch, gewissermaßen anonym, für die Spekulation als ermöglichender Grund von solchem zeigt, das selbst ein absolutes Moment in sich hat, hat die Gottheit, epistemisch gesehen, ihr subjektives Korrelat nicht im metaphysischen, sondern im religiösen Bewußtsein. Darin liegt die Grenze der Möglichkeit, mit rationalen Mitteln die Wahrheit einer Religion zu erörtern. Denn das religiöse Bewußtsein kommt durch eine bestimmte Selbsterschließung Gottes im Medium einer bestimmten Art menschlicher »Erfahrung« und einer bestimmten Form der Intersubjektivität (Zeugnis und Glauben) zustande.

Anders als die Religion, die nicht primär durch rationale Konstruktion zustandekommt, ist die These, Religion als solche sei eine auf unwahren Voraussetzungen aufruhende Lebensform, auf der anderen Seite ganz sicher das Produkt einer rationalen Konstruktion. Folglich liegt die Last des Beweises hinsichtlich der möglichen Wahrheit einer Religion vor allem auf der Seite des Bestreitenden. Umgekehrt: Wenn der Gegner jeglicher Religion nur rationale Erkenntnisquellen gelten läßt, sind seine Behauptungen jederzeit streng auf Kohärenz[22] und Begründungsadäquatheit hin kritisierbar – während die Anwendung dieser Kriterien auf die immer nur symbolischen Aussagen der Religion nur mit größter Umsicht möglich ist.

Bisher haben wir die Wahrheit einer Position im religiösen Feld, soweit sie kritisch diskutiert werden kann, auf die theoretischen Setzungen bezogen, die der Lebensform »diese Religion« immanent sind. Kann man auch von der Wahrheit (oder Falschheit) einer Lebensform, einer religiösen Haltung sprechen, und zwar nicht nur bezogen auf deren individuelle Verwirklichung (»Echtheit«, »Ehrlichkeit« usw.), sondern auf die Formen selbst?[23] Drei Kriterien können genannt werden. Erstens: Eine religiöse Lebensform, die nicht zugleich eine sittliche Lebensform ist, wäre selbst unsittlich oder doch mindestens noch vor-sittlich und ist deshalb entweder abzulehnen oder weiterzuentwickeln. – Zweitens: eine religiöse Lebensform, die ihre Anhänger nicht freier, realitätsbezogener und liebender, sondern enger, ängstlicher und wahnhafter macht, kann nicht die vera religio sein; in dem Maß, in dem ihre »Früchte« echte Toleranz, Dienst am Nächsten, Reifung der Persönlichkeit sind, kann eine religiöse Lebensform als mehr oder minder »wahr« gelten. – Drittens: Der Reichtum des inneren Sinngehalts einer religiösen Lebensform und ihres zentralen Glaubens kann von größerer oder geringerer Schönheit sein, in der sich (unter der Voraussetzung der beiden anderen Kriterien) seine Wahrheit zeigt – jedenfalls einem höheren Wahrnehmungsvermö-

---

22 Wie konsequent ist z. B. eine Kritik der Religion, die in ihrem positiven Teil selbst wieder auf religiöse Züge zurückgreift (Nietzsches *Zarathustra* als »mein Evangelium«; Rosenbergs »Mythus« des 20. Jahrhunderts) und eigene Kulte entwickelt (z. B. den der Comteschen Religion der Menschheit in der Chapelle de l'Humanité, Paris, 5 rue Payenne; oder die Verehrung kommunistischer »Heiliger« oder den NS-Kult um die Toten des 23. November 1923)?

23 Heidegger hat bekanntlich den Wahrheitsbegriff auf den Bereich der Praxis auszuweiten versucht; man denke in »Sein und Zeit« an die handwerkliche »Umsicht« und die These, daß die höchste Form der Wahrheit nicht die theoretische Prinzipienerkenntnis (σοφία) sondern das »entschlossene« Gewissen-Haben-Wollen (φρόνησις) sei. Letztlich gehen diese Überlegungen auf seine frühen religionsphilosophischen Versuche zurück. Doch ist das kritische Element in seinem Begriff der Wahrheit eines Verhaltens nicht deutlich entfaltet.

gen, wie es z. B. Hans Urs von Balthasar mit seiner »Schau der Gestalt« anzielte.[24]

Es dürfte deutlich geworden sein, daß eine Religionsphilosophie, die sich nicht primär auf eine fertige Theologie, sondern auf die Religion als Lebensform bezieht, nur auf Umwegen und mit sehr vielen Vorsichtsmaßnahmen an das Objekt überhaupt herankommt, das sie theoretisch zu bearbeiten versucht. Es ist hoffentlich aber auch deutlich geworden, daß deswegen nicht dem Prinzip *anything goes* das Feld überlassen werden muß.

---

24 *Herrlichkeit. Eine theologische Ästhetik*, Bd. I: Schau der Gestalt, Einsiedeln 1961.

Richard Schaeffler

# Religiöse Gottesnamen und philosophische Gottesbegriffe

## Vorbemerkung zur Klärung der Fragestellung

Im Jahre 1984 hat die »Arbeitsgemeinschaft deutschsprachiger Philosophiedozenten im Studium der katholischen Theologie« ihre Tagung unter das Thema gestellt: »Der Streit um den Gott der Philosophen«.[1] Im Jahre 1996 stellt sie ihre Tagung unter das Thema »Religion als Gegenstand der Philosophie«. So hat sie in der Abfolge ihrer Themen jene Wendung von der natürlichen Theologie zur Religionsphilosophie nachvollzogen, die, wie Konrad Feiereis in seinem Beitrag nachweist, für die Entwicklung der deutschen Aufklärungs-Philosophie charakteristisch war. Aber gerade ein Blick auf die Philosophie der Aufklärungszeit macht deutlich: durch diesen Themenwechsel hat die Frage nach der Möglichkeit philosophischer Gottesbegriffe ihre Bedeutung keineswegs verloren. Um irgendwelche Phänomene in Geschichte und Gegenwart als »religiös« zu identifizieren, wird der Religionsphilosoph zumeist darauf hinweisen, daß in sprachlichen Äußerungen, rituellen Handlungen, Formen der Gemeindebildung usw. eine Beziehung zu Gott oder den Göttern zum Ausdruck komme und daß diese Gottesbeziehung philosophisch verstanden werden müsse, wenn eine Religionsphilosophie zustandegebracht werden soll. Und um religiöse Phänomene philosophisch zu bewerten, wird er die Frage nicht vermeiden können, ob diese Weisen der Gottesbeziehung von einem Gottesverständnis geleitet sind, das philosophischer Kritik standhält. So erweisen sich philosophische Gottesbegriffe immer wieder als unentbehrlich, wenn die Religionsphilosophie sich ihres Themas vergewissern und Maßstäbe für ihre Werturteile gewinnen will. Da aber die Möglichkeit derartiger philosophischer

[1] Vgl. J. Möller (Hg.), *Der Streit um den Gott der Philosophen*, Düsseldorf 1985.

Gottesbegriffe nach wie vor strittig ist, bleibt der »Streit um den Gott der Philosophen« auch dann bedeutsam, wenn die Möglichkeit einer philosophischen Deutung und Beurteilung von Religion und Religionen gesichert werden soll. Um also die Frage beantworten zu können, ob und auf welche Weise Religion zum Gegenstand der Philosophie werden kann, ist es nötig, vorweg zu klären, worum in dem Streit um die Möglichkeit philosophischer Gottesbegriffe eigentlich gestritten wird und auf welchem methodischen Wege Kriterien gewonnen werden können, um diese Streitfrage zu entscheiden.

## *1. Philosophische Begriffe als »Gottesbegriffe« und eine strittige Identitätsbehauptung*

Den klassischen Gottesbeweisen wird durch die Schlußwendung »et hoc omnes dicunt Deum« kein neuer Argumentationsschritt hinzugefügt. Wohl aber wird dadurch die Identität des philosophisch Begriffenen mit dem religiös Verehrten behauptet. Diese Identitätsbehauptung ist in jedem philosophischen Sprechen von Gott enthalten, unabhängig davon, ob es sich »metaphysisch« versteht oder dem »Ende der Metaphysik« Rechnung tragen will. Das Problem entsteht auch dann, wenn man die menschliche Sehnsucht nach Gerechtigkeit, Freiheit und Frieden als Gottessehnsucht interpretiert, oder wenn man mit Edith Stein behauptet, alles Suchen nach Wahrheit sei letztlich ein Suchen nach Gott, oder wenn man mit dem späten Kant die Möglichkeit sittlichen Handelns in einer durch Gewalt und Unrecht beherrschten Welt als die Möglichkeit versteht, *signa rememorativa, repraesentativa et prognostica* der eschatologischen Gottesherrschaft zu setzen. In all diesen Fällen wird im philosophischen Kontext der Terminus »Gott« verwendet, der ursprünglich in der Sprache der Religion heimisch ist. Und darin ist die Behauptung impliziert, dasjenige, was der jeweils verwendete philosophische Begriff begreift – sei es die »Wahrheit«, die wir in allem Erkenntnisbemühen letztlich erstreben, sei es der »Möglichkeitsgrund von Friede, Freiheit und Gerechtigkeit« – sei mit derjenigen Wirklichkeit identisch, die im religiösen Zusammenhang »Gott« genannt wird. Es ist nicht so sehr die Schlüssigkeit der einzelnen Argumente als vielmehr diese abschließende Identitätsbehauptung, um die im »Streit um den Gott der Philosophen« gestritten wird.

## 2. *Theologische und philosophische Einwände*

Theologisch kann gegen die behauptete Identität des philosophisch Begriffenen mit dem Gott, der religiös verehrt wird, eingewandt werden, alles menschliche Reden von Gott sei nur als Antwort auf die ungeschuldete, freie, auch durch die Erschaffung des Menschen nicht präjudizierte Anrede Gottes möglich und verfehle deshalb seinen Gegenstand, wenn es die Korrelation von Offenbarung und Glaube verläßt. Dieser Einwand findet seine philosophische Bestätigung durch die Berufung auf das »Phänomenologische Grundgesetz«, wonach zwischen der Eigenart eines Noema und der Struktur derjenigen Noesis, der dieses Noema »originär gegeben« ist, »strenge Korrelation« besteht. Angewandt auf das hier erörterte Problem folgt daraus: nur dem religiösen Akt ist die religiös bedeutungsvolle Wirklichkeit, also in erster Linie die Wirklichkeit Gottes, »originär gegeben«. »Farben sieht man, Töne hört man, Götter verehrt man«, hat Max Scheler formuliert. Außerhalb des Aktes der Verehrung oder wenigstens außerhalb einer Reflexion, die diesen Akt zum Gegenstand hat, verliert die Rede von Gott ihren noematischen Bezug (modern gesprochen: ihre Referenz). Und diese These der Phänomenologie wird durch die Ergebnisse der Sprachanalyse bestätigt. Die Struktur einer Sprache definiert, wovon in dieser Sprache sinnvoll gesprochen werden kann. Das aber würde bedeuten: nur innerhalb der religiösen Sprache oder innerhalb einer auf sie bezogenen metasprachlichen Reflexion behalten die in dieser Sprache benutzten Ausdrücke, z. B. die Vokabel »Gott«, Sachbezug und Bedeutungsgehalt.

Das gilt auch dann, wenn die religiöse Sprache als ein Gefüge solcher sprachlicher Ausdrücke verstanden wird, deren Aufgabe darin besteht, ein Sprechen an den Grenzen des Sagbaren möglich zu machen, also z. B. in religiösen Anrufungen den Gott als denjenigen zu benennen, der seinen eigenen Namen transzendiert (vgl. das Referat von Werner Schüßler über das religionsphilosophische Denken Paul Tillichs). Ob der religiöse Akt seine eigene Negation in sich aufgenommen hat, muß an der Struktur dieses religiösen Akts und an der Sprachgestalt seines Vollzugs abgelesen werden.

### *3. Ein sprachphilosophischer Lösungsansatz*

Aus dem Gesagten folgt: Ohne eine Analyse des genuin religiösen Aktes, der hier mit einer Kurzformel als »Akt der Verehrung« beschrieben worden ist, läßt sich weder der »Gott des theologischen Arguments« mit dem Gott des Glaubens identifizieren noch irgendein philosophischer Begriff, innerhalb oder außerhalb seiner theologischen Verwendung, als »Gottesbegriff« ausweisen. Nun ist die Analyse des religiösen Akts hinsichtlich seiner spezifischen Struktur und seines spezifischen Bezugs zur intendierten Wirklichkeit eine zentrale Aufgabe der Phänomenologie der Religion. Diese hat, gemäß dem »Phänomenologischen Grundgesetz« Husserls, die »strenge Korrelation zwischen der Noesis und dem ihr originär erschlossenen Noema« auf dem speziellen Felde der Religion nachzuzeichnen. Und sofern sie an der Struktur des religiösen Akts die Bedingungen abliest, die die Beziehung dieses Aktes auf sein noematisches Korrelat möglich machen, hat sie, ganz gemäß dem Phänomenologieverständnis Husserls, transzendentalen Charakter.

Zur Erfüllung dieser phänomenologischen Aufgabe aber weist die Analyse der religiösen Sprache den Weg, sofern die Struktur des religiösen Akts an der Grammatik (»Syntax«) der religiösen Sprache in einer Weise abgelesen werden kann, die zugleich ihrem Bezug zu dem, wovon in dieser Sprache die Rede ist, die spezifisch religiöse Eigenart verleiht. Insofern »regiert« die Grammatik der religiösen Sprache die Semantik der dabei verwendeten Ausdrücke, auch die Semantik der Vokabel »Gott«. Nun ist aber die grammatische Struktur einer Sprache, und so auch der religiösen, durch die Weise bestimmt, wie Sprecher, Hörer und Adressaten sich zueinander verhalten, vor allem in welche »Rollen« sie sich gegenseitig durch den Gebrauch dieser Sprache einweisen. Die Sprache der Wissenschaft definiert die Rolle der Sprecher, Hörer und Adressaten als Argumentations- und Diskussionspartner; die Sprache des Liebesgesprächs definiert die Rolle der Beteiligten z. B. als Werber und Umworbene; und entsprechend ist die grammatische Struktur der religiösen Sprache nicht zu verstehen, ohne die »pragmatische« Frage zu stellen, was Menschen tun, wenn sie sich als Sprecher, Hörer oder Adressaten in dem durch diese Sprache geregelten Wechselverhältnis zueinander verhalten. Für die Frage nach philosophischen Zugängen zur Religion ergibt sich daraus eine *erste These: Nicht ein zuvor definierter theologischer oder philosophischer Gottesbegriff gibt das Kriterium an die Hand, um zu ent-*

*scheiden, ob ein vorfindliches Phänomen »religiös« genannt werden kann. Sondern in einer grammatischen, semantischen und pragmatischen Analyse der religiösen Sprache und, durch sie vermittelt, in einer phänomenologischen Analyse des religiösen Akts und seines noumenalen Korrelats sind die Kriterien dafür zu gewinnen, ob ein theologisches Argument oder ein philosophischer Begriff sich wirklich oder nur vermeintlich auf diejenige Wirklichkeit beziehen, die nur im religiösen Akt »originär gegeben« sein kann, also auch und vor allem auf jenes Wirkliche, »quod omnes dicunt Deum«.*

## Erster Teil
## De Divinis Nominibus oder
## Die Anrufung göttlicher Namen im Kontext jener Akte, denen die Wirklichkeit Gottes »originär gegeben« ist

Um eine Probe eines solchen Versuchs zu geben, sich mit sprachphilosophischen Mitteln und phänomenologischer Zielsetzung dem Phänomen »Religion« zu nähern, wird an dieser Stelle eine Form sprachlicher Äußerungen gewählt, die im religiösen Kontext besondere Bedeutung besitzt: die *acclamatio nominis*. Traditionell gesprochen: der philosophische Zugang zur Erörterung des religiösen Akts und der Wirklichkeit, auf die er sich bezieht, wird in den folgenden Ausführungen in einem erneuerten *Tractatus de Divinis Nominibus* gesucht. Im Anschluß daran soll nach Kriterien gefragt werden, die ein Urteil darüber erlauben, unter welchen Bedingungen ein theologisches Argument bzw. ein philosophischer Begriff sich auf dasjenige beziehen können, »quod omnes dicunt Deum«. Eine solche Abfolge der Untersuchungsschritte kann sich auf ein theologiegeschichtlich bedeutsames Beispiel berufen: Thomas v. Aquin hat die Berechtigung dafür, den philosophischen Begriff des *esse subsistens* als Gottesbegriff zu gebrauchen, durch den Hinweis begründet, der sprachliche Ausdruck »qui est« sei das »nomen maxime proprium Dei«, und dabei ausdrücklich auf den *Tractatus de Divinis Nominibus* des Dionysios Areopagita Bezug genommen.[2]

---

2 *Summa theologiae* (*S. Thomae Aquinatis opera omnia iussu Leonis XIII. P. M. edita*, Bd. 4, Rom 1888), pars I, q. 13, a. 11.

### *1. Die Invocatio Nominis als Sprachhandlung und die Konstituierung der religiösen Erfahrungswelt*

Unter den vielen Weisen, wie die Vokabel »Gott« im religiösen Kontext verwendet wird, hat die *Invocatio Nominis* den Vorrang. Denn von ihr her konstituiert sich sowohl das religiöse Subjekt als auch die Welt religiöser Erfahrung.

Die Anrufung göttlicher Namen hat nicht primär den Charakter einer Aussage, sondern den einer Sprachhandlung, durch die der Sprecher in die Korrelation mit der Gottheit eintritt (H. Cohen). Diese Sprachhandlung jedoch kann nur als Antwort auf die Selbstzuwendung der Gottheit vollzogen werden und wird durch diese im wörtlichen Sinne hervorgerufen. Diese Selbstzuwendung der Gottheit kann verbal, als *revelatio nominis*, oder non-verbal als »Zuwendung des Angesichts« vollzogen werden. In jedem Falle ist sie, wenn sie durch die Namens-Anrufung beantwortet wird, die Stiftung einer Korrelation, die über die gegenwärtige Gottesbegegnung hinaus ein lebenslanges »Gedenken« und »Suchen« möglich macht: Indem der Mensch die Gottheit beim Namen ruft, verknüpft der Rufende seine gegenwärtige Situation mit der Erinnerung an frühere Situationen, in denen der gleiche Gott sich von ihm anrufen ließ, und zugleich mit der Erwartung, daß die gegenwärtige Begegnungssituation sich künftig als »denkwürdig« erweisen wird. Erst dadurch aber fügt der Beter die Fülle seiner Erinnerungen, Erlebnisse und Erwartungen zur Einheit einer erzählbaren Lebensgeschichte zusammen. So stellt die Identität des Gottes, der sich ihm in immer neuen Weisen zeigt oder verbirgt, den Bezugspunkt dar, von dem her die Fülle der Taten, Leiden und Widerfahrnisse des Lebens erst ihren Zusammenhang gewinnt. Deshalb hat auch das Gedenken Handlungs-Charakter: Immer neu eintretend in die Korrelation mit dem gleichen Gott findet der Mensch erst zu seiner eigenen Identität, ja konstituiert er sich als das Subjekt, das von diesem Gott und vom eigenen Leben erzählen kann. Und sofern Identitätsgewinnung die Voraussetzung dafür ist, aus der Mannigfaltigkeit der Erlebnisse den Zusammenhang einer Erfahrung aufzubauen, ist die *invocatio nominis* die Bedingung für die Konstituierung einer religiösen Erfahrungswelt.[3]

---

[3] Vgl. R. Schaeffler, *Die Konstituierung des religiösen Subjekts in der Sprachhandlung des Gebets*, in: G. Larcher (Hg.), *Symbol, Mythos, Sprache*, Annweiler 1988, 59–83.

## *2. Die Revelatio Nominis und ihr normativer Charakter*

Nicht selten kommt es in religiösen Zeugnissen vor, daß von Begegnungen mit einer numinosen Macht berichtet wird, die dem Begegnenden bisher unbekannt war oder von ihm, wegen der überraschenden Weise ihrer Manifestation, nicht wiedererkannt wird. Um in eine Beziehung mit ihr einzutreten, muß der Mensch sie daher zuerst nach ihrem Namen fragen. Dabei hat die Selbstbenennung des Gottes nicht nur introduktorischen Charakter, indem sie dem Menschen die antwortende Namensanrufung möglich macht. Sie hat zugleich bleibend normative Bedeutung, weil sie die Eigenart der Korrelation definiert, in die der Mensch eintreten soll, indem er diesen Gottesnamen zur Anrufung benutzt.

Dafür soll hier ein biblisches Beispiel geboten werden, die Selbstbenennung Gottes am Beginn des Dekalogs: »Ich bin der Herr, dein Gott, der dich Herausgehenlassende aus Ägyptenland, aus dem Sklavenhaus«.[4] Diese göttliche Selbstbenennung hat drei Glieder: (1) Die zum Gottesnamen gewordene Gottestat, (2) die in Erinnerung gerufene Bundesformel, (3) die Wiederaufnahme des antizipatorischen Verheißungsworts aus dem Dornbusch. Ad 1: Die Gottestat der Herausführung aus Ägypten wird, durch die Partizipialform »der dich aus Ägypten Herausgehen-Lassende«, als immer neu präsentisch geschehend angesagt. So wird sie zum Inhalt normativer Erinnerung und immer neuer Vergegenwärtigung. Ad 2: Das Possessiv-Suffix »dein« (Gott) ruft, wie in einer Kurzformel, den Bundesschluß in Erinnerung: »Ich will euer Gott sein, ihr sollt mein Volk sein«[5], wobei der Bundesschluß selbst an die Freiheit dessen erinnert, der mit dem Volk diesen Bund schließen will: »Ihr sollt mir sein aus allen Völkern ein Sondergut, denn mein ist die Erde all«.[6] Ad 3: Die aus dem brennenden Dornbusch verlautende Selbstbenennung Gottes »Ich werde da sein« verweist, wie der Kontext bestätigt, verheißend auf die kommende Sinai-Offenbarung voraus; aber indem diese Selbstbenennung aus dem Verbum zum Nomen wird (»der bei dir Daseiende«), spricht sie Gottes bleibende Treue im Handeln aus, eine Treue, die auch dann Bestand hat, wenn Himmel und Erde vergehen.

---

4 Ex 20,2.
5 Lev 26,12.
6 Ex 19,5

Deshalb darf die zugesagte Beständigkeit der Treue zugleich als Ausdruck einer durch nichts beschränkten oder gar bedrohten Lebensfülle dieses Gottes verstanden werden, der sich durch diese seine Treue-Zusage als »der Lebende schlechthin« oder auch als »der Seiende schlechthin« zu erkennen gibt. (Von hier aus erklärt sich die spätere griechische Wiedergabe des Gottesnamens mit »Ich bin der Seiende«.)

Der normative Charakter dieser dreifachen Selbstbenennung Gottes tritt dadurch hervor, daß sie sich in die nachfolgenden Gebote entfaltet. (1) Die befreiende Freiheitstat Gottes, zum Anrufungsnamen geworden, bestimmt das Eintreten in die Beziehung zu diesem Gott zugleich als den Auftrag, dieses befreiende Wirken weiterzugeben an Sohn und Tochter, Knecht und Magd, Fremdling und Vieh. Gott als den Befreier anrufen (»unser Herausführer aus dem Sklavenhaus«) bedeutet zugleich: im Sabbatgebot unter den Auftrag gestellt werden, die empfangene Freiheit als befreiende Freiheit zu gebrauchen, damit auch Sohn und Tochter, Knecht und Magd, Fremdlinge und Vieh »aufatmen« können. (2) Die in der Selbstbezeichnung Gottes »Dein Gott« zusammengefaßte Bundesformel »Ich will euer Gott sein, ihr sollt mein Volk sein« bestimmt, wenn sie zum Anrufungsnamen wird (»unser Gott und Gott unserer Väter«), das Eintreten in die Beziehung zu diesem Gott zugleich als den Auftrag, Gottes freie Wahl unter den Völkern durch des Menschen freie Wahl unter den Göttern zu beantworten: »Ihr müßt wählen, welchen Göttern ihr dienen wollt«.[7] Der Mensch, dessen Gott dieser Gott geworden ist, darf nicht »andere Götter haben, ihm ins Angesicht«. (3) Die antizipatorische Treue-Zusage aber, die im Gottesnamen vom Dornbusch ausgesprochen ist, definiert, zum Anrufungs-Nomen geworden, das Eintreten in die Beziehung zu diesem Gott zugleich als Auftrag, den eigenen Bestand als Bundespartner dieses Gottes nirgendwo anders zu suchen als in der Beständigkeit der Treue zu ihm: »Glaubet ihr nicht, so bleibet ihr nicht«.[8] Dann aber verbietet es sich, den Namen dieses Gottes im Munde zu führen und damit den Bruch der Bundestreue zu verschleiern. »Du sollst den Namen des Herrn, deines Gottes, nicht für das Trughafte gebrauchen.«

---

7 Jos 24,14.
8 Jes 7,9; vgl. Joh 8,24.

### *3. Von den religiösen Gottesnamen zu theologischen Gottesprädikaten*

Die pragmatische Frage innerhalb des *Tractatus de Divinis Nominibus* lautet: Was tun Menschen, wenn sie Gott beim Namen rufen oder »in seinem Namen« anderen Menschen die Vergebung der Sünden zusprechen oder auch ihnen körperliche Heilung zusagen (»Im Namen Jesu sage ich dir, steh' auf«)[9], d. h. wenn sie eine Sprachhandlung vollziehen, deren handelndes Subjekt nicht der Mensch, sondern nur Gott selber sein kann? Diese Frage ist, so hat sich gezeigt, nicht zu trennen von der semantischen Frage, was die dabei verwendeten Gottesnamen bedeuten. Ein Name aber, der nicht nur etwas oder jemanden »bezeichnet«, sondern auch etwas bedeutet, kann zum Prädikat werden. Allgemein und sprachphilosophisch gesagt: Sprachhandlungen von der hier beschriebenen Art haben einen »propositionalen Gehalt«, der in nachfolgender Reflexion expliziert werden kann.

Angewandt auf die Anrufung Gottes bei anamnetischen Tätigkeitsnamen (»der die Väter aus Ägypten geführt hat«), kann diese nachfolgende Reflexion folgende Form annehmen: Wenn eine vergangene Gottestat, z. B. die Herausführung der Väter aus dem Sklavenhaus Ägypten, zum Inhalt einer Namens-Anrufung werden soll, durch die der Anrufende in eine gegenwärtige Gottesbeziehung eintritt, dann muß der Inhalt dieser Anrufung so verstanden werden, daß der gleiche Gott sich gegenwärtig am betenden Menschen als derjenige erweist, als der er in der Vergangenheit an den Vätern gewirkt hat. Das aber schließt ein: Was Gott einmal getan hat, erschöpft sich nicht darin, in ferner Vergangenheit geschehen zu sein, sondern gewinnt jedesmal eine neue Weise der Gegenwärtigkeit, wenn der mit dem Tätigkeitsnamen angerufene Gott dem jeweils gegenwärtigen Beter die Möglichkeit eröffnet, in eine Korrelation mit ihm einzutreten. Er kann nur deshalb mit diesem Tätigkeitsnamen angerufen werden, weil sein Handeln an den Vätern an neuen Generationen von Betern auf neue Weise gegenwärtig und wirksam wird. Nur deshalb kann die religiöse Anamnese die für sie charakteristische Gestalt der »Vergegenwärtigung des Erinnerten« annehmen (wie es etwa der hebräischen Bedeutung von »Zikkaron«, »Gedenken«, entspricht).

Der so explizierte propositionale Gehalt der Namensanrufung kann durch weitere Reflexionen ausgelegt werden: Die Anrufung Gottes bei

---

9 Apg 3,6.

derartigen anamnetischen Tätigkeitsnamen ist nur möglich, wenn die gleiche Tat Gottes für immer neue Menschen in immer neuen Begegnungen mit ihm immer neue Gestalten ihrer Gegenwart gewinnt und in diesem Sinne mit immer neuen Stunden im Leben des Einzelnen und der Gemeinschaft »gleichzeitig« wird. Sofern nun die Gleichzeitigkeit mit indefinit vielen, untereinander verschiedenen »Zeitpunkten« in der Geschichte »Ewigkeit« genannt wird, kann dieses Reflexionsergebnis auf die Formel gebracht werden: Die Anrufung Gottes bei anamnetischen Tätigkeitsnamen ist nur verständlich, wenn »Ewigkeit« zu den Prädikaten Gottes gehört.

Freilich gilt auch das Umgekehrte: Was das theologische Gottesprädikat »ewig« bedeutet, ist weder durch den Begriff »unbegrenzt dauernd« noch durch den Begriff »frei von Beziehung zur Differenz der Zeiten« angemessen zu beschreiben, sondern nur durch den Begriff der »Gleichzeitigkeit mit den unterschiedlichsten Zeiten, deren Differenz für alle Kreatur wesentlich ist«.

Schon dieser Fall läßt eine Regel erkennen, die in einer *zweiten These* zum Ausdruck gebracht werden kann: *Theologische Begriffe, z. B. der der »Ewigkeit«, eignen sich als Gottesprädikate nur dann und nur in dem Maße, wie sie als reflexive Explikationen dessen verstanden werden können, was im Vollzug der Namensanrufung Gottes (oder anderer, vergleichbarer religiöser Sprachhandlungen) implizit mitgesetzt ist. An diesem Kriterium müssen theologische Gottesprädikate sich bewähren, wenn sichergestellt werden soll, daß sie wirklich von Gott und nicht von etwas anderem sprechen.*

Ähnliche Reflexionen lassen sich an die Gottes-Anrufung »unser Gott« anschließen, sofern diese Anrede an den Bund mit den Vätern erinnert, die Gott in freier Wahl zu »seinem Volk« gemacht hat und so zu »ihrem Gott« geworden ist. Die Reflexion auf den Aussagegehalt, der in dieser Sprachhandlung impliziert ist, kann folgende Form annehmen: Wenn die wechselseitige Zugehörigkeit zwischen Gott und den Vätern, die »sein Volk« wurden, indem er sich entschloß, »ihr Gott« zu werden, für spätere Beter zum Inhalt einer Namensanrufung werden soll, dann muß es ihnen möglich sein, in immer neuen Situationen in den Bund einzutreten, den Gott mit den Vätern geschlossen hat. War aber jener Bundesschluß nicht die Folge einer naturhaften Zugehörigkeit eines Volksgottes zu seiner Nation, sondern eine Folge freier Wahl, dann können auch folgende Generationen in diesen Bund nicht aufgrund bloß naturhafter Abstammung von den Vätern eintreten, sondern nur dadurch, daß Gott sich, »um der Väter willen«, auch ihnen in freier

Gnadenwahl zuwendet. Was also den Kindern und Kindeskindern das Eintreten in den Bund der Väter möglich macht, ist nicht ein von den Vätern ererbter Rechtsanspruch, sondern Gottes freie Bundestreue. Andernfalls wäre es nicht der auf ungeschuldeter Freiheit gestiftete Bund der Väter, in den die Nachfahren eintreten, sondern ein mit Naturnotwendigkeit fortgeerbtes Gottesverhältnis; und dann wäre die Anrede »mein Gott« Ausdruck eines Rückfalls von der Religion des Bundes in die Verehrung eines Stammesnumens.

Auch dieser propositionale Gehalt einer Namensanrufung kann in weiteren Reflexionen ausgelegt werden: Die Freiheit der göttlichen Wahl, so wird man dann sagen können, ist in der einmaligen Entscheidung, ein Volk aus allen Völkern zu wählen, nicht untergegangen, als ob er fortan diesem Volk gegenüber keine Wahl mehr hätte und es aus aller Not befreien »müßte«. Selbst die Unwiderruflichkeit der göttlichen Treue ist keine Garantie dafür, vor dem göttlichen Gericht bewahrt zu bleiben. Wohl aber läßt diese göttliche Treue das Volk, das dieser Gott als das seine erwählt hat, um »sein Gott« zu sein, dessen gewiß sein, auch im Gericht einer unerwarteten Gestalt der göttlichen Zuwendung zu begegnen. Diese Aussage kann in Erzählungen entfaltet werden: Die Erzählung von der Bundeslade, die in die Hand der Philister geriet[10], zeigt einerseits, daß dieser Gott sich nicht zu einer Rettungstat zwingen läßt, auch nicht dadurch, daß das Zeichen seiner Gegenwart mit auf das Schlachtfeld genommen wird, andererseits aber, daß er die Niederlage, die dieses Volk als Folge des göttlichen Zornes erleidet, sich zugleich als seine eigene Niederlage zueigen macht und nicht nur das Volk, sondern zugleich sich selber der Hand der Feinde ausliefert. Die göttliche Anrede »mein Volk« und die antwortende Anrufung »unser Gott« schließt also die Aussage ein: Der treue Gott bleibt seinem Volke auch dann, wenn er dessen Untreue richtet, in freier Aneignung seines Schicksals verbunden. Die freie Treue Gottes hebt die Dialektik von Gnade und Gericht nicht auf, aber sie macht auch das Gericht noch zu einer Gestalt der göttlichen Weg-Gemeinschaft, die sub contrario, in der ihrer Eigenart entgegengesetzten Erscheinungsgestalt, als heilschaffende Zuwendung Gottes zum sündigen Menschen erhalten bleibt. Sofern nun jene heilschaffende Zuwendung Gottes, die von allem noch so überraschenden Wandel ihrer Erscheinungsgestalten unbetroffen bleibt, die »Wahrheit« genannt werden kann, mit der Gott auch im Gericht noch zu seiner Bundeszusage

[10] Vgl. 1 Sam 4–5.

steht, kann das soeben beschriebene Reflexionsergebnis auf die Formel gebracht werden: Die Anrufung Gottes als »unser Gott« ist in jeder Lebenssituation des Volkes, das er »das seine« genannt hat, deshalb möglich, weil »Wahrheit« zu den Prädikaten Gottes gehört.

Freilich gilt auch das Umgekehrte: Was das Gottesprädikat »Wahrheit« bedeutet, ist weder durch den Begriff der »Eindeutigkeit seiner Worte und Handlungen« noch durch den Begriff der »vollkommenen Kognoszibilität« angemessen zu beschreiben, sondern nur durch den Begriff der »freien, aber unwiderruflichen Wege- und Schicksalsgemeinschaft« mit dem Volk, mit dem er seinen Bund geschlossen hat.

Und so bestätigt sich auch an diesem Fall die oben formulierte *zweite These: Theologische Begriffe, und so auch der Begriff der »Wahrheit«, eignen sich als Gottesprädikate nur in dem Maße, in welchem sie als reflexive Explikationen dessen verstanden werden können, was im Vollzug religiöser Sprachhandlungen (insbesondere in der Namens-Anrufung Gottes) implizit mitgesetzt ist.*

## Zweiter Teil
## Philosophische Begriffe als »Gottesbegriffe«

Gerade am Beispiel der Begriffe »Ewigkeit« und »Wahrheit« läßt sich zeigen, daß diese Begriffe zwar im theologischen Kontext eine spezifische Bedeutung gewinnen, daß aber auch diejenige Bedeutung, die diese Begriffe im philosophischen Argumentationszusammenhang gewonnen haben, theologisch bedeutsam sein kann. Das aber beruht, wie sogleich zu zeigen sein wird, darauf, daß der spezifisch theologische Gebrauch solcher Begriffe seinerseits philosophische Bedeutungsmomente impliziert und dadurch in ein kritisches Wechselverhältnis zum philosophischen Begriffsgebrauch eintritt. Der Gebrauch von Begriffen, die im theologischen Kontext als Gottesbegriffe fungieren, wird, wegen des ihnen inhärierenden philosophischen Anspruchs, unvermeidlich in die Diskurse und Kontroversen involviert, die mit dem anders gearteten philosophischen Gebrauch dieser Begriffe verbunden sind.

### *1. Philosophische Implikate des theologischen Wahrheitsbegriffs und eine kritische Anfrage an die Transzendentalphilosophie*

Was zunächst die spezifisch theologische Verwendung des Begriffs »Wahrheit des göttlichen Wortes« betrifft, so lassen sich die philosophischen Implikate dieses theologischen Begriffsgebrauchs in folgender Weise explizieren:

Die Bekenntnisaussage: »Gott ist getreu und sein Wort ist wahr«, beansprucht Allgemeingültigkeit für alle Erfahrungstatsachen in der Geschichte derjenigen Überlieferungsgemeinschaft, in der bestimmte Verkündigungsinhalte als Worte dieses Gottes weitergegeben werden, z. B. das Wort »Ihr sollt mein Volk sein, ich will euer Gott sein«. Aber es handelt sich nicht um die Allgemeingültigkeit einer Regel, die für alle diejenigen Fälle, die »unter sie fallen«, Voraussagen gestattet und durch das Eintreten oder Ausbleiben des Vorausgesagten bestätigt bzw. widerlegt wird, sondern um die Allgemeingültigkeit einer Auslegungs-Anweisung, die es möglich macht, alle Tatsachenbehauptungen einer bestimmten Art in ein hermeneutisches Wechselverhältnis zu bringen. Was auch immer den Inhalt der Erfahrungen der religiösen Überlieferungsgemeinschaft ausmachen mag, kann und muß als die je neue Erscheinungsgestalt der Treue Gottes und der Wahrheit seines Wortes, z. B. seiner Bundeszusage »Ihr sollt mein Volk sein, ich will euer Gott sein«, verstanden werden.

Damit wird deutlich: jene »Wahrheit des göttlichen Wortes«, von der theologisch die Rede ist, ist nicht nur eine Wahrheit neben anderen Wahrheiten, sondern die Bedingung dafür, daß ein Zusammenhang zwischen allen Inhalten der Erfahrung aufgebaut werden kann. Diese Inhalte hängen untereinander zusammen, indem sie sich gegenseitig im Lichte des überlieferten Wortes auslegen. Und nur der Aufbau eines solchen allumfassenden hermeneutischen Kontextes macht es möglich, subjektive Erlebnisse der Individuen und der Überlieferungsgemeinschaften so zu begreifen, daß sie diesen Subjekten mit einem spezifisch religiösen Maßgeblichkeitsanspruch gegenübertreten. Nur die im Lichte der Bekenntnisaussage »Gott ist getreu und sein Wort ist wahr« interpretierten Erlebnisse machen Inhalte der im religiösen Sinne objektiv gültigen Erfahrung aus. Kurz: Der Allgemeingültigkeitsanspruch der erwähnten Bekenntnisaussage besteht darin, daß sie die Bedingung benennt, die das hermeneutische Wechselverhältnis von Überlieferung und je neuer Erfahrung möglich macht und damit zugleich die Kontinuität einer Überlieferung und die historische Identität einer Überlieferungsgemeinschaft begründet. Die Kontinuität einer Überlieferung und die historische Identität einer Überlieferungsgemeinschaft werden so zur Bewährungsprobe für den Allgemeingültigkeitsanspruch von Sätzen über Gottes »Treue« und über die »Wahrheit« seines Wortes.

Werden aber die Begriffe »Treue« und »Wahrheit«, theologisch angewandt auf Gott und sein Wort, auf solche Weise verwendet, daß sie die Bedingungen historischer Kontinuität bzw. Identität benennen, dann impliziert diese Begriffsverwendung zugleich eine Antwort auf ein zentrales philosophisches Problem: auf die Frage, wie sich die Bedingungen möglicher Erfahrung zu deren Inhalten verhalten. Sofern daher die Transzendentalphilosophie Aussagen über die Möglichkeitsbedingungen der Erfahrung im allgemeinen und der historischen Erfahrung im besonderen macht, spricht sie über ein Thema, über das auch die Theologen sprechen, wenn sie Gott »getreu« und sein Wort »wahr« nennen. Und wenigstens diese Gemeinsamkeit eines Themas gestattet es zu sagen: Wenn Philosophen über die Möglichkeitsbedingungen der Erfahrung sprechen und dabei den Anspruch erheben, auch die historische Erfahrung aus ihren Möglichkeitsgründen verständlich zu machen, sprechen sie zugleich von dem, was die Theologen »Gott« nennen, wenn sie ihm Treue und seinem Wort Wahrheit zuschreiben.

Selbstverständlich ist mit der Feststellung, daß Philosophen und Theologen zum gleichen Thema sprechen, nichts darüber entschieden, ob ihre Aussagen zu diesem Thema inhaltlich miteinander vereinbar oder unvereinbar seien.

Im vorliegenden Falle läßt die Gemeinsamkeit eines Themas, nämlich der Frage nach den Möglichkeitsbedigungen für den Aufbau eines geordneten Erfahrungszusammenhangs, Konvergenz und Divergenz theologischer und transzendentalphilosophischer Aussagen in folgender Weise erkennen: Theologen und Transzendentalphilosophen stimmen darin überein, daß der Aufbau eines geordneten Erfahrungszusammenhangs die Bedingung dafür ist, subjektive Erlebnisse und Inhalte objektiv gültiger Erfahrung voneinander zu unterscheiden. Nur was im geordneten Zusammenhang seine Stelle findet – im theologischen Argumentationszusammenhang: nur was zum Glied im Kontext einer erzählbaren Geschichte werden kann – ist nicht nur subjektiv erlebt, sondern auf objektiv gültige, für unser Urteil maßgebliche Weise erfahren. Divergenzen dagegen bestehen hinsichtlich der Frage: Sind Anschauungsformen und Verstandesbegriffe die zureichenden Bedingungen dafür, daß die Vernunft ihre selbstgesetzte Aufgabe auch erfüllen kann, all ihre Akte in die Einheit des Aktes »Ich denke«, alle Gegenstände, auf die diese Akte sich beziehen, in die geordnete Ganzheit der Erfahrungswelt aufzunehmen? Oder ist die Erfüllbarkeit dieser Aufgaben in solcher Weise kontingent, daß sie nur in der freien Treue eines Wesens zureichend begründet werden kann, das vom Ich ebenso verschieden ist wie von seiner Erfahrungswelt?

Die Frage kann spezieller gestellt und dadurch verschärft werden: Sind Anschaungsformen und Verstandesbegriffe die zureichenden Bedingungen, die die spezifisch historische Erfahrung möglich machen, in welcher die Identität der historischen Subjekte und die Kohärenz der historischen Erfahrungswelt sich immer neu als bedroht erweisen und die Erfüllbarkeit der Vernunftaufgaben als kontingent erfahren wird? Oder führt eine Transzendentalphilosophie, die die Anschauungsformen und Vernunftkategorien für die zureichenden Bedingungen für die Erfüllbarkeit der Vernunft-Aufgaben hält, immer wieder dazu, die historische Erfahrung in ihrer transzendentalen Radikalität zu verkennen, kraft derer sie die Einheit des Ich und die Kohärenz der Erfahrungswelt bedroht?

Das aber bedeutet: die Transzendentalphilosophie muß sich fragen lassen, ob sie angesichts der radikalen Bedrohung der Erfahrungsfähigkeit überhaupt, wie sie aus den Erschütterungen des historischen Selbstbewußtseins hervorgeht, die Bedingungen benennt, die gerade diese historische Erfahrung möglich machen. Erst unter der Voraussetzung, daß ein philosophischer Begriff sich als tauglich erweist, die Möglichkeitsbedingungen der Erfahrung im allgemeinen so zu bestimmen, daß er dabei auch der Radikalität der historischen Erfahrung gerecht wird, wird ein solcher Begriff sich auch dazu eignen, im theologischen Argumentationskontext Verwendung zu finden. Und nur in dem Maße, in welchem der Philosophie das gelingt, wird man von ihr sagen können, sie spreche von dem, was die Theologen »Gottes Treue und die Wahrheit seines Wortes« nennen, oder kurz: sie spreche von dem, »quod omnes dicunt Deum«.

### *2. Philosophische Implikate des theologischen Begriffs von »Ewigkeit« und ein Beitrag zur philosophischen Diskussion des Substanzproblems*

Zu einem vergleichbaren Ergebnis gelangt man, wenn man die philosophischen Implikate freilegt, die in der spezifisch theologischen Verwendung des Begriffs »Ewigkeit« enthalten sind.

Der spezifisch theologische Gebrauch des Begriffs »Ewigkeit« ist, so hat sich gezeigt, dazu bestimmt, einen Aussagegehalt zu explizieren, der in jeder Anrufung Gottes bei einem anamnetischen Tätigkeitsnamen (z. B. »der Herausführende aus Ägypten«) enthalten ist. Religiöse Anamnese nämlich hat den Charakter einer »Vergegenwärtigung des Erinnerten«; und durch den Gebrauch entsprechender Gottesnamen soll sich am Beter jeweils neu ereignen, was an den Vätern geschehen ist. Die vergangene Gottestat wird so als »gleichzeitig mit allen Stunden ihrer abbildhaften Vergegenwärtigung« begriffen; und diese Gleichzeitigkeit mit den indefinit vielen, untereinander verschiedenen Zeitpunkten in der Geschichte der Überlieferungsgemeinschaft ist es, die im theologischen Sinne »Ewigkeit« genannt wird.[11]

Zugleich aber ist in diesem theologischen Verständnis der Ewigkeit Gottes eine Aussage darüber enthalten, was es für den Menschen bedeutet, im anrufenden Eintreten in die Gottesbeziehung jene »Beständigkeit« (ὑπόστασις) zu gewinnen, die es ihm möglich macht, im Wechsel der Zeiten seines Lebens zur eigenen Identität zu finden: nicht dadurch, daß »etwas an oder in ihm«, ein »Ewiges im Menschen«, vom Wechsel der Zeiten und Zustände ausgespart bliebe, sondern dadurch, daß sich für ihn in der Gleichzeitigkeit mit Gottes heilschaffender Tat all dieser Wechsel der Zeiten und Zustände zur Einheit zusammenschließt. Die theologisch verstandene »Ewigkeit Gottes« wird so für den Glaubenden zum Grund, der ihm Identität im Wandel, Beständigkeit in immer neuen Weisen des Neuwerdens möglich macht.

Wird aber der Begriff der »Ewigkeit«, theologisch angewandt auf den mit indefinit vielen Stunden im Leben der Glaubenden gleichzeitigen Gott, in solchem Sinne verwandt, dann enthält er zugleich eine Antwort auf ein zentrales philosophisches Problem: auf die Frage, wie ganz allgemein Identität im Wandel, Beständigkeit im Wechsel der Neugestal-

---

11 S. o. S. 208 f.

tungen zu denken sei. Es ist diese Frage, die gewöhnlich als das philosophische »Substanzproblem« diskutiert wird.

Freilich hat sich das Substanzproblem in der jüngeren philosophischen Diskussion als ebenso unabweislich wie unlösbar erwiesen. Unabweislich ist es, wie schon in der klassischen Antike, aus zwei Gründen: Ohne die Bestimmung dessen, was der Vielfalt und dem Wechsel der Zustände und Eigenschaften, der Wirkungsweisen und Beziehungen »zugrundeliegt«, bleiben alle Beschreibungen von Ereigniskomplexen und Funktionszusammenhängen in einem wörtlichen Sinne »gegenstandslos«; sie verweisen auf nichts, was dem erkennenden Subjekt in der Eigenständigkeit eines Selbstseins gegenübertreten und entgegenstehen könnte. Und ohne solchen Eigenstand im Sein wäre insbesondere dem Menschen auch keine Selbstbestimmung im Handeln möglich; wäre der Mensch nichts als ein Bündel von Funktionen, dann wäre er durch das definiert, was sich an ihm und durch ihn ereignet, und träte diesen Ereignisreihen nicht in jener Distanznahme gegenüber, die nötig ist, wenn freies Urteil in der Theorie und freie Entscheidung in der Praxis möglich sein sollen. Ohne Substantialität gäbe es, wie schon Leibniz erkannt hat, auch jene *parfaite spontanéité* nicht, die das Kennzeichen der Subjektivität ist.

Andererseits hat das philosophische Substanzproblem sich als unlösbar erwiesen, weil jeder Versuch zu bestimmen, was »Substantialität« bedeutet, entweder zu viel oder zu wenig besagt. Nimmt man an, das Substanzsein der Substanz bestehe darin, daß sie, in ihrem selbstvollzogenen *actus primus*, jene Möglichkeiten bereitstellt, die sich teleologisch zur Vielfalt ihrer *actus secundi*, ihrer Tätigkeiten und Zuständlichkeiten, entfaltet, dann wird damit zu viel behauptet; denn die Geschichte der so verstandenen Substanz erscheint dann wie die Entfaltung (oder durch mißliche äußere Umstände herbeigeführte Nicht-Entfaltung) dessen, was der Potentialität nach durch die Vollzugsart ihres Seinsakts schon vorentschieden ist. Nimmt man dagegen an, das Substanzsein der Substanz bestehe darin, der inhaltlich ganz leere bloße »Bezugspunkt« zu sein, in dem alle Funktionen und Ereignisreihen »sich schneiden«, dann wird damit zu wenig behauptet; aus einer solchen bloßen Überschneidung von Funktionen läßt sich jener Eigenstand im Sein und jene Selbstbestimmung im Handeln nicht begreiflich machen, die man verstehen wollte, als man den Substanzbegriff in die philosophische Diskussion einführte. Aus der hier nur sehr skizzenhaft beschriebenen Aporetik aller Substanz-*Theorien* wird es verständlich, daß man in jüngerer Zeit dazu neigt, auf den Substanz-*Begriff* ganz zu verzichten, ohne freilich durch diesen Verzicht das Substanz-*Problem* aus der Welt schaffen zu können. Das deutlichste Anzeichen für die Unabweislichkeit dieses Problems besteht darin, daß im gleichen Maße, in welchem der Substanzbegriff aus der philosophischen Diskussion verschwindet, eine rein funktionale Betrachtung des Wirklichen Platz greift, innerhalb derer weder eine angemessene Theorie der Subjektivität noch eine angemessene Theorie der Freiheit entwickelt werden kann.

Die theologische Antwort auf dieses philosophisch ebenso unabweisliche wie aporetische Problem läßt sich in folgender Weise formulieren: Die Gottesbeziehung, in die der Mensch in Akten der Anrufung auf je neue Weise eintritt, ist, als Begegnung mit der Ewigkeit Gottes, der Grund jener Beständigkeit, mit der er im Wechsel seiner Lebensumstände auch immer neu sich selber wiederfindet, und der Grund jener Identität, die in der oft überraschenden Neuheit solcher Gottesbegegnungen auch ihrerseits erneuert wird und nicht verlorengeht. Darum gewinnt der Anrufende in solchem Eintreten in die Gottesbeziehung zugleich jenen Eigenstand, mit dem er all dem, was er tut und leidet, gegenübertreten und in Freiheit darüber entscheiden kann, ob und auf welche Weise er, im gelassenen Loslassen seiner selbst oder in vertrauensvoller Selbst-Annahme, sich selbst und seine Welt der Erneuerung aus ihren Ursprüngen anvertrauen will. Die »Substantialität« des Glaubenden, sein Eigenstand im Sein und seine Selbstbestimmung im Handeln, ergibt sich aus jenem Bodennehmen (*sub-sistere*, ὑφ᾽- ιστάναι) in der Gottesbegegnung, die ihn nicht aus Welt und Zeit entrückt, sondern ihn teilnehmen läßt an der Gleichzeitigkeit Gottes mit allen Augenblicken der Weltzeit, die freilich auch dann noch trägt, »wenn Himmel und Erde vergehen«.

Eine solche theologische Antwort ist nun gewiß kein Äquivalent zu einer philosophischen Substanz-*Theorie*. Aber sie ist gleichwohl eine Antwort auf das in der Philosophie aporetisch gewordene Substanz-*Problem*. Nicht weniger als bei der Behandlung der transzendentalen Frage, wie der Aufbau eines kohärenten Erfahrungskontextes möglich sei, wird also auch hier, bei der Behandlung des Substanzproblems gesagt werden müssen: eine Theologie, die ihre Begriffe aus der Analyse religiöser Sprachhandlungen, vor allem der *acclamatio nominis*, gewinnt, stößt dabei auf Fragen, die sie mit der Philosophie gemeinsam hat, und beantwortet sie auf eine Weise, die sich von jeder denkbaren philosophischen Antwort charakteristisch unterscheidet. Freilich kann in diesem Falle weniger von einer Divergenz der Antworten die Rede sein als vielmehr davon, daß eine solche Theologie auf ihre Weise eine Antwort auf eine Frage wagen kann, die sich für die Philosophie als ebenso unabweislich wie aporetisch erwiesen hat. Und die an anderen Stellen geläufige Identitätsbehauptung nimmt hier die paradoxe Form an: Dasjenige, wonach die Philosophie nicht aufhören kann zu fragen, auch wenn sie unter den gegenwärtigen Bedingungen diese Frage als unbeantwortbar beiseite zu setzen versucht, die Bedingung menschlicher Substantialität und Subjektivität ist es, was im theologischen Kontext »Gott« genannt wird.

### *3. Philosophische Begriffe im theologischen Kontext und ihre Funktion als »Gottesbegriffe«*

Sowohl bei der Behandlung der Frage, welche Bedeutung die Begriffe »Ewigkeit« und »Wahrheit« im theologischen Kontext annehmen, als auch bei der Entfaltung der transzendentalphilosophischen und substanztheoretischen Implikate dieses theologischen Begriffsgebrauchs hat sich zunächst die allgemeine Einsicht bestätigt: mit der Veränderung eines Kontextes verändert sich auch der Bedeutungsgehalt eines Begriffs. Das bedeutet für das hier behandelte Problem: Wenn es der theologische Kontext ist, innerhalb dessen geprüft werden soll, ob ein philosophischer Begriff wirklich von Gott und nicht von etwas anderem spricht, dann muß es zweifelhaft erscheinen, ob der jeweils untersuchte Begriff seine spezifisch philosophische Eigenart noch behält, wenn er in den Zusammenhang theologischer Argumentation aufgenommen wird. Diesem Zweifel kann jedoch mit dem Hinweis begegnet werden, daß die spezifisch theologische Verwendung dieser Begriffe ihrerseits philosophische Bedeutungsmomente impliziert, z. B. theologische Antworten auf transzendentalphilosophische oder substanztheoretische Fragen. Wenn nun aber die Theologie auch bei streng theologischem Gebrauch ihrer Begriffe unvermeidlich in philosophische Diskussionen eingreift, wird sie ebenso unvermeidlich durch diese philosophischen Diskussionen mitbetroffen. Daher muß sie auch anerkennen, daß überall dort, wo Philosophen derartige Fragen diskutieren, z. B. die transzendentale Frage oder das Substanzproblem, von ihrem eigenen Thema, nämlich von Gott, die Rede ist.

Nun scheint es kein Zufall zu sein, daß die beiden Beispiele derartiger philosophischer Implikationen des theologischen Sprechens, die soeben behandelt worden sind, solche philosophischen Probleme betrafen, deren Erörterung heute aporetischen Charakter angenommen hat. In solchen Fällen wird die theologische Reflexion gerade dadurch philosophisch bedeutsam, daß sie einerseits auf der Unabweislichkeit von Problemen beharrt, die die Philosophen gelegentlich, als vermeintlich oder wirklich unlösbare Probleme, aus ihren Erörterungen auszuklammern versuchen, andererseits aber von ihrem spezifischen Ansatz aus Denkmöglichkeiten entwickelt, die die philosophische Reflexion über ihren gegenwärtigen aporetischen Problemstand hinaustreiben könnten.

Das bedeutet nun freilich nicht, daß die Theologie sich als Lehrmeisterin verhalten könnte, die aufgrund höherer Einsicht Antworten auf solche Fragen geben kann, die zwar philosophischer Natur sind, zu deren Lösung aber der Verstand der Philosophen nicht ausreicht. Vielmehr wird sie, indem sie Antworten wagt, von den Aporie-Erfahrungen der Philosophen mitbetroffen und so davor bewahrt, in der Freude über gefundene Lösungen die Radikalität der Frage aus dem Auge zu verlieren, auf die sie antworten wollte.

Wenn sie beispielsweise versucht, die spezifische Struktur des Kontextes historischer Erfahrung zu bestimmen, wird sie sich von den Transzendentalphilosophen daran erinnern lassen, daß mit der bloßen Berufung auf normative Erinnerungszeugnisse die Konstitutionsleistungen des Subjekts noch nicht angemessen beschrieben sind, die zum Aufbau eines Erfahrungskontextes nötig sind. In diesem Sinne bewahrt die transzendentale Reflexion die Theologie vor der von ihr oft unbemerkten Gefahr der Subjektvergessenheit. Oder wenn die Theologie versucht, die Konstitution des religiösen Subjekts zu beschreiben und dabei auf jene Sprachhandlungen verweist, durch die der Beter in die Beziehung zu Gottes Ewigkeit eintritt, dann wird sie sich von Philosophen daran erinnern lassen, daß der Versuch, im Rahmen einer relationalen Ontologie das Verhältnis von Substantialität, Subjektivität und Geschichte zu bestimmen, nicht schon dadurch gelingt, daß als Bezugspol der konstitutiven Relation Gott und seine Ewigkeit genannt wird. Die Frage ist ja, auf welche Weise irgendeine Relation, und sei es die Gottesbeziehung, den Eigenstand und die Selbstbestimmung des Relatum begründet und nicht etwa von vorne herein unmöglich macht. In diesem Sinn kann der Hinweis auf die Aporien der Substanz-Diskussion den Theologen vor der oft unbemerkten Gefahr bewahren, die Gewißheit der Erfahrung, auf die er reflektiert – im vorliegenden Falle die Gewißheit der Selbstfindung in der Gottesbegegnung – schon für ein ausreichendes Anzeichen dafür zu halten, daß er die Schwierigkeiten überwunden habe, die der angemessenen theoretischen Deutung dieser Erfahrung im Wege stehen.

Für die Frage, ob und in welchem Sinne philosophische Begriffe, wenn sie im theologischen Kontext ihre Stelle finden, zu Gottesbegriffen werden und zugleich philosophische Begriffe bleiben können, besagt dies: Zwar ist, gemäß dem Phänomenologischen Grundgesetz, die religiöse Wirklichkeit nur im religiösen Akt »originär gegeben« und kann daher nur in derjenigen Sprache originär ausgesagt werden, in der dieser religiöse Akt seinen Ausdruck findet, z. B. in der Sprache der *acclamatio nominis*. Aber in der Reflexion auf den religiösen Akt und seinen sprachlichen Ausdruck können philosophische Bedeutungsgehalte impliziert sein. Philosophische Begriffe, die diese philosophischen Implikate der Reflexion auf den religiösen Akt und seine sprachliche Vollzugsform ausdrücklich hervortreten lassen, gewinnen dadurch den Bezug zur religiösen Wirklichkeit und können deshalb zu Gottesbegriffen werden. Dabei nehmen sie zwar, bedingt durch den veränderten Kontext, auch eine veränderte Bedeutung an. Gleichwohl verlieren sie ihre ursprüngliche philosophische Bedeutung nicht, sofern sie, innerhalb der Reflexion auf den religiösen Akt und seine sprachliche Vollzugsform, das Bewußtsein von denjenigen, nicht selten aporetischen, Problemen offenhalten, in deren Erörterung die theologische Reflexion aufgrund ihrer philosophischen Implikationen eingegriffen hat.

Und so ergibt sich die *dritte These: Philosophische Begriffe werden zu Gottesbegriffen, sofern sie Fragestellungen benennen, in deren Erörterung die Reflexion auf originar religiöse Akte und ihren sprachlichen Vollzug unvermeidlich eingreift. Sie bleiben philosophische Begriffe, indem sie deutlich machen, daß die philosophischen Probleme, die sie benennen, durch die Reflexion auf religiöse Akte und ihren sprachlichen Vollzug zwar auf neue Weise gestellt und möglicherweise sogar beantwortet werden können, daß die Zulänglichkeit solcher Antworten aber, da sie sich auf philosophische Probleme beziehen, nur im erneuten philosphischen Diskurs überprüft werden kann. Das philosophische Sprechen von Gott vergewissert sich seines Gegenstands, indem es auf solche Weise den hermeneutisch-kritischen Dialog zwischen der Philosophie und der Reflexion auf originäre religiöse Akte und deren sprachliches Zeugnis vermittelt.*

# Autoren und Herausgeber

Prof. Dr. phil. Dr. theol. MICHAEL ECKERT, geboren 1951 in Münnerstadt/Bad Kissingen; Studium der Philosophie, Theologie und Romanistik in Würzburg und Regensburg; 1979 Promotion zum Doktor der Philosophie in Regensburg; 1985 Habilitation im Fach Theologie ebenda; 1985 Privatdozent für Philosophisch-Theologische Propädeutik an der Universität Regensburg; 1987 Gastprofessor in Parma, 1988 in Jerusalem und 1991 in Seoul; 1991 apl. Professor an der Universität Regensburg; 1995 Professor für Fundamentaltheologie an der Universität Tübingen.

Veröffentlichungen u. a.: *Transzendieren und immanente Transzendenz* (1981); *Gott – Glauben und Wissen. Schleiermachers Philosophische Theologie* (1987); *Identität und Individualität. Spuren cusanischer Philosophie bei Schleiermacher* (1991), *Ästhetische Übergänge in Metaphysik und Mystik. Buddhistische Einflüsse in der Philosophie Schopenhauers* (1992); *Vernunftkritik und Ästhetik der Moderne* (1994).

Prof. Dr. theol. KONRAD FEIEREIS, geboren 1931 in Glogau, Schlesien; Studium der Theologie in Königstein i. T. und Freiburg i. Br.; Priesterweihe 1954; 1954–1965 Kaplan und Präfekt im Priesterseminar; Aufbaustudium; 1965 (in absentia wegen des Mauerbaus) Promotion zum Doktor der Theologie (im Fach Religionsphilosophie) in München; Weitere Seelsorgetätigkeit in Görlitz; 1967 Lehrbeauftragter am Philosophisch-Theologischen Studium in Erfurt; 1968 Dozent für Philosophie und Verwalter des Lehrstuhls für Philosophie; 1974 Professor für Philosophie; 1986–1991 Konsultor im Päpstlichen Rat für den Dialog mit den Nichtglaubenden; 1996 entpflichtet.

Veröffentlichungen: *Die Umprägung der natürlichen Theologie in Religionsphilosophie* (1965); diverse Beiträge zur Religionsphilosophie in der deutschen Aufklärung, speziell zu Hamann, Herder und Sailer; zahlreiche Veröffentlichungen über den Marxismus-Leninismus, dessen Religionskritik und über die Situation der Christen in der DDR, zuletzt in den Materialien der Enquête-Kommission *Aufarbeitung von Geschichte und*

*Folgen der SED-Diktatur in Deutschland*, hg. v. Deutschen Bundestag, Bd. VI, 1, 583-614 (1995); Mitherausgeber: *Erfurter Theologische Studien* (seit 1973), *Erfurter Theologische Schriften* (seit 1974), *Theologisches Jahrbuch* (Leipzig; von 1975-1991).

Prof. Dr. phil. GERD HAEFFNER SJ, geboren 1941 in Nürnberg; Studium der Philosophie in Pullach, der Philosophie und der Neueren Geschichte in München, der Theologie in Lyon und Tübingen; 1961 Eintritt in die Gesellschaft Jesu; 1973 Priesterweihe; 1971 Promotion zum Doktor der Philosophie in München; 1974 Lizentiat der Theologie in Paris. 1978 Professor für Philosophische Anthropologie und Geschichte der Philosophie an der Hochschule für Philosophie, München; Gastprofessor in Québec, Kinshasa, Frankfurt a. M., Tokyo, Paris, Innsbruck.

Veröffentlichungen: *Heideggers Begriff der Metaphysik* (1974, $^{2}$1981); *Philosophische Anthropologie* (1982, $^{2}$1989); zus. mit E. Coreth, P. Ehlen u. F. Ricken: *Philosophie des 20. Jahrhunderts* (1986, $^{2}$1993); zus. mit B. Grom u. N. Brieskorn: *Glück. Auf der Suche nach dem »guten Leben«* (1987); *In der Gegenwart leben. Auf der Spur eines Urphänomens* (1996); Herausgeber: *Schuld und Schuldbewältigung. Keine Zukunft ohne Auseinandersetzung mit der Vergangenheit* (1993); zus. mit F. Ricken: *Münchener philosophische Studien* (1987 ff.); Zahlreiche Beiträge in Fachzeitschriften und wissenschaftlichen Sammelwerken.

Prof. Dr. phil. MICHAEL-THOMAS LISKE, geboren 1954. Studium der Philosophie und Altphilologie in Freiburg i. Br.; 1983 Promotion zum Doktor der Philosophie ebenda; Wissenschaftlicher Mitarbeiter am Philosophischen Seminar der Universität Münster, 1990 Habilitation; 1991/92 Gastdozent in Leipzig; 1994 Professor für Philosophie an der Katholisch-Theologischen Fakultät der Universität Passau.

Veröffentlichungen: *Aristoteles und der aristotelische Essentialismus* (1985); *Leibniz' Freiheitslehre* (1993); Verschiedene Aufsätze zu Themen der antiken (Platon, Aristoteles), scholastischen (namentlich zu Thomas von Aquin) und zur heutigen analytischen Philosophie.

Prof. Dr. phil. ROMAN MALEK SVD, geboren 1951. Studium der Philosophie, Theologie, Sinologie und Religionswissenschaft am Missionspriesterseminar St. Adalbert Pieniezno sowie an der Katholischen Universität Lublin (Polen); Studienaufenthalt in Taiwan 1978-1980; 1969

Mitglied der Steyler Missionsgesellschaft (SVD); Priesterweihe 1976; Promotion zum Doktor der Philosophie 1984 an der Universität Bonn; Direktor des Institutes Monumenta Serica und Chefredakteur der sinologischen Zeitschrift *Monumenta Serica* sowie der Zweimonatsschrift *China heute. Informationen zur Religion und Christentum im chinesischen Raum* (beide in St. Augustin b. Bonn). Direktor des China-Zentrums e. V. und Dozent an der Philosophisch-Theologischen Hochschule SVD St. Augustin. Lehrbeauftragter u. a. in Lublin und Münster.

Veröffentlichungen u. a.: *Das Chai-chieh lu. Materialien zur Liturgie im Taoismus* (1985); *Das Tao des Himmels. Die religiöse Tradition Chinas* (1996).

Prof. Dr. phil. RICHARD SCHAEFFLER, geboren 1926 in München. Studium der Philosophie, der katholischen Theologie und der Psychologie in Tübingen und München; Promotion zum Doktor der Philosophie 1952 in Tübingen; 1953 Wissenschaftliche Abschlußprüfung – Fakultätsexamen – für katholische Theologie in Tübingen; Assistent an mehreren Instituten für interdisziplinäre Zusammenarbeit; 1961 Habilitation im Fach Philosophie in Tübingen; 1968 Professor für Philosophisch-Theologische Grenzfragen an der Ruhr-Universität Bochum; Emeritiert 1989.

Veröffentlichungen: *Die Frage nach dem Glauben im Werk von Karl Jaspers* (1952); *Die Struktur der Geschichtszeit* (1961); *Einführung in die Geschichtsphilosophie* (1973 $^{4}$1995); *Die Wechselbeziehungen zwischen Philosophie und katholischer Theologie* (1980); *Religionsphilosophie* (Handbuch der Philosophie, Bd. 4) (1983); *Das Gebet und das Argument – eine Einführung in die Theorie der religiösen Sprache* (1989); *Erfahrung als Dialog mit der Wirklichkeit – Eine Untersuchung zur Logik der Erfahrung* (1995). Zahlreiche weitere Veröffentlichungen zu den Themen Geschichtsphilosophie, Wissenschaftstheorie der Theologie, Religionsphilosophie und Analyse der religiösen Sprache.

Priv.-Doz. Dr. phil. habil. Dr. theol. (CAN) WERNER SCHÜSSLER, geboren 1955 in Altrich bei Wittlich; Studium der Philosophie, Katholischen Theologie und Pädagogik an der Universität Trier, der Theologischen Fakultät Trier, der Universität Tübingen und der Laval Universität in Québec, Canada; 1983 Promotion zum Doktor der Philosophie an der Universität Trier, 1988 zum Doktor der Theologie an der Laval Universität in Québec, Canada; 1991 Habilitation für Philosophie an der Universität Trier; 1981-1995 Wiss. Assistent für Philosophie an der Theologischen Fakultät Trier; 1987 Gastprofessor für Systematische Theologie an der Laval Universität in Québec; 1991 Privatdozent für Philosophie an der Universität Trier; 1995 Akademischer Oberrat und Ständiger Lehrbeauftragter für Philosophie an der Theologischen Fakultät Trier.

Veröffentlichungen u. a.: *Der philosophische Gottesgedanke im Frühwerk Paul Tillichs. Darstellung und Interpretation seiner Gedanken und Quellen* (1986); *Jenseits von Religion und Nicht-Religion. Der Religionsbegriff im Werk von Paul Tillich* (1989); *Leibniz' Auffassung des menschlichen Verstandes (intellectus). Eine Untersuchung zum Standpunktwechsel zwischen »système commun« und »système nouveau« und dem Versuch ihrer Vermittlung* (1992); *Jaspers zur Einführung* (1995); *Paul Tillich* (1997). Zahlreiche Aufsätze, Beiträge, Lexikonartikel und Rezensionen zu P. Tillich, K. Jaspers, G. W. Leibniz, zur Metaphysik, Erkenntnistheorie, Anthropologie, Natürlichen Theologie, Religionsphilosophie und Fundamentaltheologie.

Priv.-Doz. Dr. theol. habil. EBERHARD TIEFENSEE, geboren 1952 in Stendal; Studium der Theologie in Erfurt; 1979 Priesterweihe; Kaplan in Zwickau/Sachsen; 1982 Assistent in Erfurt; 1986 Promotion zum Doktor der Theologie ebenda; 1987 Studentenpfarrer in Leipzig; 1991 Lehrbeauftragter für Philosophie in Erfurt; 1996 Habilitation in Tübingen; dort seit 1996 Privatdozent.

Veröffentlichungen: *Die religiöse Anlage und ihre Entwicklung. Der religionsphilosophische Ansatz Johann Sebastian Dreys (1777-1853)* (1988); *»Erläuterung aus dem Beispiel der Naturgeschichte der Erde«. Naturphilosophische Wurzeln des Entwicklungsbegriffs bei Drey* (1994); hg. zus. mit E. Coreth und W. Ernst: *Von Gott reden in säkularer Gesellschaft*, darin: *Philosophie und Religion bei Franz Brentano* (1996); mehrere Beiträge in: *Erste Auskunft Religion in 1111 Stichworten* (1991), in: *Lexikon der Letzten Dinge* (1993), in: *Lexikon für Theologie und Kirche* (1994 ff.); verschiedene Aufsätze zur kirchlichen Soziallehre sowie zum schulischen Religionsunterricht und zur geistigen Situation in Ostdeutschland nach 1989.

Prof. Dr. phil. JOSEF VAN ESS, geboren 1934; Studium der Islamkunde und Semitistik, der mittelalterlichen Philosophie und Hispanistik in Bonn und Frankfurt a. M.; 1959 Promotion zum Doktor der Philosophie an der Universität Bonn; 1964 Habilitation an der Universität Frankfurt a. M.; Gastprofessor in Los Angeles und Beirut; 1968 Professor für Islamkunde und Semitistik an der Universität Tübingen; Inhaber verschiedener internationaler Gastprofessuren und Mitglied der Heidelberger Akademie der Wissenschaften, der Academia de Buenas Letras

(Barcelona), der Irakischen Akademie für Philosophie, der Iranischen Akademie der Wissenschaften und der Tunesischen Akademie der Wissenschaften, der Medieval Academy of America und der Academia Europea.

Veröffentlichungen: *Die Gedankenwelt des Ḥāriṯ al-Muḥāsibī* (1961); *Die Erkenntnislehre des ʿAḍudaddīn al-Īcī* (1966); *Theologie und Gesellschaft im 2. und 3. Jahrhundert Hidschra*, 6 Bde. (1991 ff.); zahlreiche weitere Publikationen.

Prof. Dr. phil. GEORG WIELAND, geboren 1937 in Prechlau, Pommern. Studium der Philosophie, Theologie und Geschichte in Walberberg, Köln und Bochum; 1969 Promotion zum Doktor der Philosophie; Mitarbeit an der Edition *Maimonides Latinus*; 1974 bis 1983 Wissenschaftlicher Assistent an der Universität Bonn; 1979 Habilitation ebenda; 1983 Professor für Philosophie an die Theologische Fakultät der Universität Trier; 1988 Professor für Philosophische Grundfragen der Theologie an der Katholisch-Theologischen Fakultät der Universität Tübingen; 1995 Prorektor der Universität Tübingen.

Veröffentlichungen: *Untersuchungen zum Seinsbegriff im Metaphysikkommentar Alberts des Großen* (1972 ²1992); *Ethica – Scientia practica. Die Anfänge der philosophischen Ethik im 13. Jahrhundert* (1981); Herausgeber und Mitherausgeber: *Sprache und Erkenntnis im Mittelalter* (1981); *Philosophie des Mittelalters. Entwicklungslinien und Paradigmen* (1987 ²1996); *Rechts- und Sozialphilosophie des Mittelalters* (1990); *Philosophy and Learning. Universities in the Middle Ages* (1995); *Aufbruch – Wandel – Erneuerung. Beiträge zur »Renaissance« des 12. Jahrhunderts* (1995); weitere Veröffentlichungen zu den Themen Philosophie des Mittelalters, Ethik und Anthropologie.

# Namensregister